ŒUVRES DE CLAUDE ROY

Aux Éditions Gallimard
(sauf indication contraire)

Poésie

LE POÈTE MINEUR, 1949.

UN SEUL POÈME, 1955.

ENFANTASQUES, poèmes et collages, 1974.

NOUVELLES ENFANTASQUES, poèmes et collages, 1978.

POÉSIES, dans la collection de poche Poésie/Gallimard, 1970.

SAIS-TU SI NOUS SOMMES ENCORE LOIN DE LA MER?
épopée cosmogonique, géologique, hydraulique, philosophique et pratique, en douze chants et en vers, 1979.

Romans

LA NUIT EST LE MANTEAU DES PAUVRES, 1949.

À TORT OU À RAISON, 1955.

LE SOLEIL SUR LA TERRE, 1956.

LE MALHEUR D'AIMER, 1958.

LÉONE ET LES SIENS, 1963.

LA DÉROBÉE, 1968.

LA NUIT EST LE MANTEAU DES PAUVRES (nouvelle édition), 1969.

LA TRAVERSÉE DU PONT DES ARTS, 1979.

Suite de la bibliographie en fin de volume.

PERMIS DE SÉJOUR
1977-1982

CLAUDE ROY

PERMIS
DE SÉJOUR
1977-1982

ELAGAGE

nrf

GALLIMARD

Il a été tiré de l'édition orginale de cet ouvrage vingt-huit exemplaires sur vélin d'Arches Arjomari-Prioux, numérotés de 1 à 28.

© *Éditions Gallimard, 1983.*

J'étais éloigné de tout par les circonstances et ce livre déjà composé quand j'ai découvert que j'avais, sans le savoir, dérobé son titre à un très beau récit. Je veux remercier Georgette Henry, auteur de **Permis de séjour,** *paru en 1950 dans la collection Espoir, de m'avoir généreusement autorisé à partager avec elle mon larcin involontaire.*

INTRODUCTION

Au début de l'été 1982, je fus menacé de me voir retirer mon permis de séjour sur la terre.

Être atteint d'un cancer est une situation assez répandue aujourd'hui, hélas, mais désagréable. Pour la supporter et remettre les choses en place, je pris des notes sur ce qui m'arrivait, façon de prendre ses distances, et j'écrivis des poèmes, essayant d'éclairer la nuit plutôt que de chanter dans le noir.

La science des médecins et la virtuosité des chirurgiens obtinrent une prolongation de mon permis provisoire de séjour, sans indication de durée, bien entendu.

Convalescent, je relus notes, poèmes, cahiers et carnets des années précédentes.

Ces cahiers et carnets sont rarement des « journaux » (sinon dans les périodes de crise), mais plutôt un chantier : esquisses, copeaux, ébauches, poèmes en train de naître ou poèmes déjà nés, brindilles, pense-bêtes, brouillons, notes de lectures, idées en l'air et idées à terre, formes mal dégrossies encore sur l'établi, observations d'oiseaux et de passants, etc. Tout cela éparpillé dans le désordre d'un atelier. C'est le vivier où je puise la matière d'articles, des thèmes d'essais, des *sujets*. Si je cède parfois au « journal », c'est pour ne pas céder au découragement. J'ai pourtant un peu de méfiance à l'égard du journal intime grippe-jours, nœud au mouchoir et livret de caisse d'épargne du temps qui passe.

Mais, en relisant le journal de mes ennuis de santé et les cahiers et carnets des années qui les ont précédés, je me suis aperçu d'une certaine constance dans la diversité apparente de mes préoccupations. Littérature, philosophie, musique, beaux-arts, politique, et les mœurs du temps : si tant me touchent, et si je me reproche parfois de sembler peut-être toucher à tout, c'est que tout ce qui me touche me touche au fond de la même façon. C'est que je cherche l'«image dans la trame», l'unité cachée qui lie et relie des domaines en apparence très éloignés. Devant le cancer et devant la Chine populaire que j'ai retrouvée (assez malade) en 1979, devant l'opération chirurgicale que j'ai subie en 1982 et l'opération de police qu'a fait subir à la Pologne le coup d'État militaire de 1981, le même problème m'intéresse : comment connaître la vérité? La vérité est-elle bonne à savoir? La vérité est-elle bonne à dire? Dans la vie publique, comme dans la vie personnelle, le même phénomène toujours me fascine : l'art qu'apportent les hommes à ne pas voir ce qui les blesserait, à ne pas savoir ce qui les dérangerait, à croire l'incroyable qui les *arrange*. Le fidèle religieux ou le partisan d'un système politique qui se crèvent les yeux pour ne pas voir le crépuscule de leur dieu ou les crimes de leur idole, l'amant qui se ment pour ne pas se voir désaimé, ou qui se cache à lui-même qu'il est épris d'un être médiocre, le malade qui ferme les yeux pour ne pas affronter directement sa situation ou pour avoir la force de supporter l'insupportable – partout j'observe avec perplexité les stratégies ambiguës de cet animal menteur qui a reçu la grâce ou la malédiction de pouvoir se mentir à lui-même.

Si on m'objecte qu'il n'y a pas *UNE* vérité, *LA* Vérité, mais *DES* vérités, j'y consens. Mais, au pluriel comme au singulier, les questions que j'ai à cœur et au cœur restent posées.

Essayer de vivre les yeux ouverts, rêver de ne les fermer qu'à la dernière minute, c'est sûrement difficile, mais c'est bien intéressant.

1977

Quand j'ai ouvert les volets ce matin, une brume blanche et claire attendait à la fenêtre. Espèce de gros chien frais, elle m'a léché les mains. Il était déjà tard, le soleil en transparence déjà fort. Il va faire très beau. Le brouillard translucide s'attarde en souriant. La vapeur d'eau lumineuse sait bien que la douceur de septembre aura le dernier mot. (Ce n'est pas la nature qui sourit, bien entendu : c'est moi. Mais si je lui souris, est-ce qu'elle ne me sourit pas en retour?) La chatte des Chartreux, couleur de cendre et fumée grise, sort de la brume opaline en sautant par bonds. Comme électrisée, elle secoue l'extrémité de ses pattes mouillées pour en exorciser l'eau. Puis elle entreprend de faire sa toilette, se lèche avec application afin de se donner une contenance, pendant que je prépare son lait, mon café. Dans le pré derrière la maison, les grives festoient avec les pommes tombées que j'aurais dû ramasser depuis deux jours. Tant pis pour nous, tant mieux pour elles.

Il y a trois jours déjà que les hirondelles ont pris la route du sud, après de longs colloques sur les fils télégraphiques. Leur nid accoté à la poutre, sous le plancher du grenier, est désert, ce nid que la chatte grise a tellement convoité sans pouvoir y pénétrer.

La chatte lève le nez avec moi vers la maçonnerie grise de

terre et paille. Elle se dit : « Quel dommage de les avoir ratées! » Je me dis : « Elles doivent avoir déjà atteint la côte tunisienne... » Quand elles couvent et que Myrna est tapie dans l'herbe à les guetter, le mâle et la femelle organisent des raids d'intimidation, foncent en piqué vers la chatte en poussant un cri de guerre aigu, l'effleurent presque, puis remontent.

Souvent, l'hiver, leur nid s'effondre en partie. Mais les beaux jours revenus ramènent les hirondelles fidèles. Vaillantes, elles reconstruisent ou retapent leur maison après avoir reconnu les lieux et refait connaissance avec nous.

J'ai vu en octobre, dans le Sud tunisien, des vols d'hirondelles rustiques, les mêmes que chez nous et peut-être exactement les nôtres, faire escale, épuisées, avant de reprendre leur route vers l'Afrique du Sud. Je ne cesse de m'émerveiller que sur un parcours aussi long et dur les survivantes puissent retrouver sans erreur « leur » site de nidification et se remettre au travail près de nous, comme si elles avaient seulement été acheter des allumettes au village voisin.

« TU VERRAS PLUS TARD... »   *29 septembre 1977*

Enfants, quand nous nous étonnons ou nous insurgeons, il y a toujours quelqu'un *qui a vécu* pour nous dire d'un ton suffisant ou apitoyé : *« Tu verras plus tard. »* Mais les gens qui ont réellement vécu, on s'aperçoit avec soulagement qu'ils n'ont *pas* vu. Enfin pas ce qu'on leur annonçait.

J'ai des doutes sur les vertus éducatives des épreuves. Si les gens qui en ont vu de toutes les couleurs devenaient tous d'excellents coloristes, ça se saurait.

MOTS DÉLICIEUX

La grande pimprenelle
la petite pimprenelle

*la saponaire rose
l'épervière auricule*

INTELLIGENCE *Septembre 1977*

L'intelligence, c'est la perception de liens exacts entre les phénomènes. L'amour et l'amitié, c'est l'établissement de liens justes entre les êtres. La science, c'est la découverte de liens encore in-vus entre les phénomènes et dont on peut déduire des lois vérifiables. La politique et la morale, ce devrait être l'invention de liens qui lieraient à peine, juste assez pour soutenir. L'art, c'est la révélation-suggestion de liens et d'associations demeurés inconscients.

TEMPS *Septembre 1977*

Un lettré chinois reçoit un jour d'un Immortel le don d'un oreiller magique. Il venait de mettre à cuire une marmite de riz. Il pose sa tête sur le coussin et s'endort. Il rêve pendant des années, il rêve qu'il voyage, est amoureux, devient ministre de l'Empereur, se marie, a dix enfants, accumule le savoir, les expériences et la sagesse. Quand il se réveille, il est blanchi, chenu, très vieux, approche des cent années. Il se lève, va goûter le riz, qui n'est pas encore cuit. L'Immortel est sur le pas de sa porte, qui lui dit : « Les affaires de ce monde ne sont pas différentes. »

CHOSES PEU SÛRES
D'ELLES-MÊMES *Septembre 1977*

Matin de gelée blanche. Un papillon ocellé d'ocre roux et de mauve s'est posé sur le coin de la cheminée éteinte. Il bat de temps en temps des ailes sans aucun élan, de plus en plus faiblement.

Le réveille-matin qui se met à sonner quand on a déjà refermé la porte de la maison, réveillé de soi-même à l'heure dite (l'heure à laquelle le réveil s'est tu).

Les bergeronnettes cet été, quand la grande sécheresse avait craquelé la berge et réduit le ruisseau à n'être qu'un filet boueux.

L'archevêque d'Armagh, James Usher, le jour de l'an 1648 où il déclare que la Terre fut créée en 4004 avant notre ère.

Le paon qui fait la roue dans le parc du château voisin. Passe alors un hélicoptère, et tous les gens lèvent le nez, laissant le paon penaud.

Et moi qui me demande de quel droit je me crois autorisé à faire comme si j'étais moi.

MARCHER   *29 septembre 1977*

Je croise presque tous les jours dans la campagne un promeneur qui a l'allure d'un vieux *squire* anglais congestionné, casquette à carreaux, très rouge, l'air très méchant. C'est un pensionnaire de l'asile d'anciens sous-off. Tous les matins, mon rougeaud part seul, à la même heure, et marche d'un pas vif, de neuf heures à midi. Une vraie horloge. Si je le croise à Denisy, je sais qu'il est onze heures, à Ponthévrard, qu'il est onze heures trente, dans la côte qui descend vers Sainte-Mesme, il est sûrement onze heures cinquante. Je me dis quelquefois que si je vis jusqu'à son âge, je serai peut-être comme lui. Ne restant pas en place. Un vieux dromomane. Pascal dit que *« tout le malheur de l'homme est de ne savoir demeurer en repos dans une chambre »*. Je dirais plutôt que tout le bonheur de l'être serait de savoir demeurer en repos sur un nuage.

Dieu a-t-il l'esprit critique? Depuis la création contestée d'un Dieu créateur, les théologiens en discutent. L'hypothèse officielle en Occident chrétien, c'est que Dieu crée en sept jours tout ce qui lui passe par la tête, un prodigieux fouillis de chats persans et de vermine, de sirènes et de culs-de-jatte, de coquelicots et de tumeurs malignes. Il invente pêle-mêle des saints et des sadiques, Aphrodite et Quasimodo, il donne la vie sans discussion à Rembrandt et à Jack l'Éventreur, à François d'Assise et à Staline, à la sangsue et au troglodyte mignon. Il ne critique son travail qu'après coup, séparant alors dans sa production le bon grain de l'ivraie, classant, cataloguant, *jugeant,* dans le grand rangement de printemps, le grand inventaire de fin d'année du Jugement dernier. Mais cette théorie du Créateur qui ne serait un critique judicieux qu'au terme de son œuvre a des adversaires. Ils estiment que ce serait pour Dieu avoir fait preuve d'un manque fâcheux de discernement que d'avoir donné naissance à des existants franchement mauvais pour s'aviser (un peu tard) que le mal était une erreur, et qu'il faut l'anéantir. De deux choses l'une : ou bien Dieu a commis des erreurs, ou bien il savait ce qu'il faisait, même quand il n'en avait pas l'air. À partir de ce dilemme fondamental, la porte est ouverte aux soixante-dix-sept mille systèmes religieux, aux soixante-dix-sept millions d'hérésies et même à la théorie de l'évolution de Darwin, au matérialisme dialectique, au bouddhisme et aux jeux métaphysiques de Jorge Luis Borges.

Un couple de chouettes chevêches a dû s'établir à nouveau dans le fouillis d'arbres et de ronces à l'est. Elles font silencieusement des huit à la tombée de la nuit, et l'on entend enfin leur note de flûte d'eau.

Il y a trois ans, quand la maison à côté était encore habitée par un des gardes-chasse de M. Saint, je vis arriver un matin le garde voisin avec sa gibecière. « Mme Loleh m'a dit qu'elle trouvait jolie la chouette chevêche qui niche dans le bosquet entre Duclos et nous. J'ai pensé que ça lui ferait plaisir que je la lui apporte. » Et il jeta sur la table de la cuisine une livre de plumes raides, tachées de sang, les yeux ronds cerclés de jaune ternis par un froid de mort : plus rien de ce qui enchantait Loleh au crépuscule, quand le couple voletait dans la pénombre, le mâle lançant le jappement liquide de son appel de chasse.

La gorge serrée, polie-hérissée, Loleh remercia le garde du don si délicat. Il expliquait : « Vous pouvez la faire empailler. Dans un salon, ça fait toujours bien. » J'entendis presque entre ses dents Loleh murmurer avec rage : « Je n'ai pas de salon. »

Pendant une de mes permissions de la drôle de guerre, Giraudoux me demanda ce qu'on pensait « aux Armées » de ses allocutions de ministre de l'Information. J'eus le triste courage de lui dire que ça passait en général à côté de la tête des soldats. Condamner Hitler parce que jamais un oiseau ne s'est posé sur son épaule persuadait mal les mobilisés de leur victoire prochaine. Giraudoux fut courtoisement triste de ma réponse.

Il avait pourtant symboliquement raison : sur tout ce qui est vivant les oiseaux se posent, même au milieu du Pont-Neuf les pigeons sur la tête d'Henri IV. Quoique de bronze, il reste vert et galant, et vivant.

La forme visible et vivante de l'« association libre » des psychanalystes, c'est pour moi les oiseaux. Ils dessinent sur la planète le filet conjonctif de la vie *une*. Quand je vois sur les rochers de Belle-Ile les beaux cormorans aérodynamiques se sécher au vent avant de reprendre leur pêche, je retrouve instantanément l'odeur d'épices et de goudron des barques de pêche au bord du Yang-tsé, et les cormorans pêcheurs dressés, leur anneau autour du cou, qui se sèchent à la proue du bateau.

CHANTS D'OISEAUX

Si on y prête garde, pas un oiseau dont le chant soit exactement semblable à celui de son frère de même espèce. Je retrouve une cassette où j'avais enregistré, il y a trois ans, le chant du couple de chouettes chevêches qui avaient élu domicile près de la maison. Elles chantaient en *do* mineur, le couple actuel chante en *ré* mineur.

1978

Il est infiniment probable   pour n'oser dire certain
(notre seule certitude est de n'être pas sûr)
que ce matin d'avril   le douze avril mil neuf
cent soixante-dix-huit   sur le calendrier du pape Grégoire XIII
(réglé pour rattraper les dix jours de retard   que le temps d'Occident
avait depuis Jules César pris sur le temps solaire
il est infiniment probable   que la clarté d'hiver de ce matin-ci
le soleil clair et vif du printemps encore froid
l'herbe givrée de gelée blanche   et les grives
qui picorent dans le pré les dernières pommes oubliées
et la chatte sinueuse à la robe gris tigré   qui marche
sur le muret avec douceur   et les cris des enfants
qui jouent sur le chemin   et le journal d'hier soir
près de la tasse de café   qui parle sur deux colonnes
d'une augmentation prochaine du prix du pétrole
et le sillage dans le ciel cru   d'un invisible avion
qui monte à la verticale   une aiguillée de long fil blanc
et le gros réveil en fer-blanc qui bat dans la cuisine
et tout l'etcoetera d'un dimanche matin ordinaire
— il est infiniment probable que tout cela   et toi et moi
a déjà eu lieu   a lieu   aura lieu de nouveau
a eu lieu   aura lieu   dans un matin presque pareil

hiver presque identique   presque aussi froid   à un degré près
dans un janvier très ressemblant à celui d'aujourd'hui
avec le même gel et les mêmes modèles de cristaux de givre
le même vert de l'herbe   avec la différence minime
de quelques brins seulement   en plus ou en moins
avec les mêmes grives ventrues piquant les mêmes pommes
pourries   la même chatte grise   et peu importe
si les tigrures ne sont pas exactement superposables
au chat d'il y a quelques millions d'années   ou au chat
d'un futur antérieur   analogue au présent
Et on peut tenir pour pratiquement négligeable
qu'il y ait entre les tic-tac des réveils tricotant
(les presque-mêmes dans la répétition du temps)
comme dans les battements des cœurs   des toi   des moi
une différence de rythme   si   infinitésimale
qu'aucune oreille même celle de Dieu s'il existait ne la percevrait
et que n'en tient pas compte le calcul sidéral
qui arrondit les chiffres   qui nie les différences et abolit
l'illusion que chacun est l'unique le seul le premier le dernier

Mais tout cela   et tout l'etcoetera   du catalogue des choses existantes
tout ce qui est ici   dans la même clarté pure
a eu lieu   a lieu   aura lieu   Chaque élément
de ce matin d'hiver   soleil   herbe   gelée   oiseaux
chat   enfants   journal   café   avion   réveil   et Loleh
et moi   chacun est habité   par le sentiment
qu'il n'y a qu'un seul matin   ici   jour fugitif
un seul soleil   à jamais son lever   et à jamais
son coucher   Mais la chatte et la grive   et le trait
blanc dans le ciel vif déchiré par l'avion
et le réveil   et ton cœur   et le mien se
sentent irrémédiables   les seuls   les sans-pareils
périssables   évasifs   effaçables   tellement uniques au monde
qui les a déjà vus et qui les reverra

Nous eûmes lieu   nous sommes   d'autres nous auront lieu
Innombrables   les ciels   les hivers   les chats   les battements

Innombrable l'amour   Je te nomme pourtant   la seule
qui eut lieu   qui a lieu   qui aura lieu toujours

DEUX POÈMES
« DE CIRCONSTANCE »   *Avril 1978*

Pour la 500ᵉ de la première pièce de Loleh, j'ai écrit pour
elle et pour Suzanne Flon deux poèmes « de circonstance ».
Paul Éluard répétait : « Tous les poèmes sont " de circonstance ". » Oui : si les circonstances sont celles de notre vie,
non celles de l'État ou du pouvoir. Les circonstances, cet été-
là, c'était à Bernantec, un hameau de Belle-Ile, un jardin
ensauvagé où Loleh écrivait *les Dames du Jeudi* et où je travaillais à la *Traversée du Pont des Arts*.

Élégie de l'été des « Dames du jeudi »

Cet été-là   c'était juillet la mer c'était demain la veille
Un mur de pierres sèches   il s'y posait une mésange
ou bien   buisson follet   les cheveux d'un enfant   un guidon de
*   vélo*
qui brillait au soleil   et dans le jardin d'herbes folles
les guêpes s'affairaient   en attendant la table mise
le thé   le pot de confitures   son ivresse sucrée
et la vieille vigne vrillée   devenue sauvage à force d'abandon
Et toi   ta patience d'hirondelle tisserande
le brin à brin du souvenir   le chaume mort du passé
qui reverdit   pensif   entre deux doigts légers   dans des clairières
*   d'enfance*
clair-entrevues   J'entendais ton silence de fileuse fil à
fil   et bourdonner la sourdine de l'été en ricochet d'écho
l'écho des échos des étés confondus à l'été immobile

Il n'y avait que toi et moi   juste un chat visiteur
ou un chien étonné   qui se sauvait en nous voyant
juste le cri des martinets   ou la sirène d'une fausse
voiture de police dans les jeux du petit garçon
Mais quand je levais les yeux de ma page au soleil
il y avait quelqu'un en visite assis en face de toi
une demoiselle qui te parlait très bas   tu lui tenais la main
Le lézard   cœur battant dans la gorge   me disait à mi-voix
« C'est Marie qui est là   Elle a du chagrin
Elles parlent de Jean   Ne les dérange pas »
Hélène était fâchée   Elle faisait grincer la girouette
pour que tu t'occupes d'elle   Mais tu lui souriais
et elle s'arrêtait un moment d'être si malheureuse
On entendait tournoyer des cris d'enfants   et les poules
caqueter dans le pré   Quelqu'un sciait du bois
dans une cour   Une mouette égarée   folle et vague courait
après la mer   ses vagues folles   Sonia marchait pieds nus dans
*   l'herbe*
en disant « M'aimes-tu   M'aimes-tu toujours autant? »
Il n'y avait à l'ombre bleue des murs de la maison rose
que toi et moi   et je t'aimais   d'être seule
et plusieurs   et d'avoir invité   (à force de patience
et la douceur apprivoiseuse des passants du passé)
trois Dames du jeudi à passer avec nous les vacances

Jeudi   vendredi   samedi   dimanche   lundi   mardi   mercredi
jeudi   et la vie avec toi   comme une petite fille dans sa
robe du dimanche   pleine de taches de mûres
et que personne pourtant n'a envie de gronder

PROFIL DE SUZANNE FLON

La grande Suzanne tient par la main la petite Suzanne
— As-tu bien travaillé aujourd'hui à l'école?
— Et toi   comment c'était   ton jour de grande personne?
— Nous avons répété   Ça commence à venir

L'oiseau téléphoneur fait les commissions à Hélène
les yeux clos le chat pensif surveille le silence
qui bat des ailes de cristal gris sur le jardin Vaneau
Une hermine qui croise les demoiselles sur le quai à l'Alma
dit tout bas   Tiens voilà mes deux sœurs   C'est Suzanne la grande
qui ramène de l'école Suzanne la petite
Elles parlent à mi-voix   Elles n'ont qu'un seul profil
à elles deux   si fin et pur et tracé net qu'un Japonais
qui passe et les entrevoit avenue Montaigne   se dit avec
un étonnement heureux   Ah je ne savais pas qu'Outamaro
avait aussi dessiné des jeunes femmes ici!
Il a bien du talent   notre ami Kitagawa

Alors comment ça fait   d'être une grande personne
demande en chuchotant la petite à la grande
C'est pareil   dit Suzanne   Il y a ce cœur qui bat
de la même façon   et quelquefois on met la main
sur la poitrine   on appuie doucement   poliment
pour le calmer   et que les autres ne voient pas
qu'on est triste à en rire ou heureuse à pleurer
On se détourne un peu (Les deux   Suzanne   avec
leurs deux profils dessinent le même sourire
Sourire qui sourit au sourire jumeau   Le même)
Mais ce que sentent les Suzanne   même contenu
passe et ricoche d'âme en âme   le sentiment tout nu
comme une cloche dans le jardin Vaneau
qui s'est tue   et vibre encore   déjà non-entendue
et si présente et résonnante   que le plus sot des moineaux
se met à parler comme un bouvreuil malin
et dit à cœur content à l'agent de la circulation
C'est Suzanne   Allô Suzanne   Bonjour bonjour   Merci Suzanne

La petite Suzanne dit   Quand je serai grande
est-ce que tu m'aimeras   toujours comme avant?
La grande Suzanne se penche et lui dit à l'oreille   Ma chérie
il n'y a pas d'avant ni d'après pour toi et moi ici
Tout ce qui m'est arrivé   t'est arrivé à toi

C'est toi d'abord   qu'ont aimée ceux qui m'aiment
Il n'y a qu'une Suzanne   Ceux qui ont l'oreille fine
savent qu'à travers le temps   nous nous entendons si bien
que dans ma voix de femme parle ta voix d'enfant

Forte-douce   Lisse-fine   Songe-rieuse   Grave-légère
Suzanne donne la main à Suzanne   toujours
et en les regardant   Dieu peu sûr d'exister
dit avec nostalgie   et un peu de plaisir
Si j'avais été Dieu   ç'aurait été très bien
d'inventer sur leur terre quelqu'un qui serait Suzanne

Tu es sûre que je suis là? demande l'enfant Suzanne
Oui   et je tiens ta main   ta main qui tient ma main
lui répond en silence   Suzanne souriant

POUR ME RÉJOUIR
DU PRINTEMPS
QUI VIENT...   *27 avril 1978*

... J'ai écrit cette semaine, à la campagne, un petit poème chaque matin, comme font les Japonais au moment des cerisiers en fleur (les nôtres ne sont pas encore fleuris, mais le printemps avance pieds nus dans l'herbe qui recommence à pousser...).

La mare dans les champs
Les grenouilles dans la mare
Elles ne se taisent pas quand nous passons près d'elles

Nos pensées vont pieds nus

*

J'ai allumé un feu
Je m'y chauffe les mains
Le feu s'éteindra

Partir et ne rien dire

*

Nos deux mains mélangées
Nos souffles confondus
Le silence

Trace des pas d'oiseaux dans le ciel clair

*

Parce que je baise ta main
à minuit dans le Hurepoix
(très doucement la paume
et doucement son dos)

sur l'île d'Ojima
dans la mer du Japon
une libellule rouge
se pose sur une fleur
d'acacia

*

Le champ de jeune blé encore vert,
heureux
parce que le vent léger le caresse
du bout des doigts

1978

Je passe mon doigt sur ta joue
doucement

*

Le dictionnaire Littré enseigne
qu'« en termes de fauconnerie
voler d'amour se dit des oiseaux
qu'on laisse voler en liberté
afin qu'ils soutiennent les chiens »

T'aimer d'amour

*

Au-dessus de la plaine et du temps
l'alouette suspendue à un fil de joie chante
respiration du vent
cachée dans la clarté

Je dis ton nom tout bas

*

La pluie
heureuse de rencontrer l'herbe
L'herbe
heureuse de recevoir la pluie

Le bien que tu me fais
fait que je te fais du bien

*

Les branches du noyer
Aucune ne dit rien

Le vent son chemin d'air
Personne ne l'entend
Le vent dans le noyer
Un long frémissement

Être ensemble

*

Il vaut mieux que deux soient ensemble
Et si possible toi et moi

ABSENTS
ET RÉUNIS   *Juin 1978*

Loleh répète son rôle dans la pièce voisine. Je travaille dans le bureau.

Grand silence de la campagne. Il a fait si beau.

La chouette chevêche dans le jardin de nuit, autour de la maison tapie,

l'oiseau qui ne possède que sa voix, qui ne recèle que son cri,

la voletante de velours qui dit (deux notes couleur d'eau) :

« Je suis je vole ici et là   je possède le noir et l'ombre m'abolit,

« j'habite le secret et minuit m'accomplit. »

La lampe allumée et le chat qui dort.

J'entends ta voix à travers la cloison qui murmure les mots de théâtre jusqu'à ce qu'ils soient devenus les mots de ta vie.

Ta voix qui dit redit répète reprend relit relie presse et supplie sombre surgit résonne revient lit et revit, ta voix qui dit

« Je suis celle-ci, une et plusieurs, l'autre et ici, et celle-là. »

La page blanche est devant moi. Le plateau nu est devant toi.

Mouvements d'aile dans la nuit, de ton travail à mon travail, de tes pensées à mes pensées, et un vif éclair de tendresse derrière le ciel sérieux.

Tu es. Je suis. Nous deux séparés, l'un de l'autre absents — et réunis.

*Carnet d'Italie
et de Grèce*

ÉTÉ 1978

En route vers la Grèce, nous faisons halte pour retrouver Y. B. qui est venu (revenu) « de mémoire » et de confiance à Riccione, sur la côte italienne. Il se souvenait, il y a vingt ans, de grandes plages vides et belles. Nous le trouvons coincé sur un mètre carré de sable douteux, où des centaines de corps entassés empêchent de trouver le chemin de l'eau. Rues embouteillées comme celles de Rome à sept heures du soir. L'eau, soupe sale. Dans l'Italie des vins chante-soleil, un immense « BIER GARTEN » à la mode de Munich, et partout des enseignes et des néons en allemand, vantant, dans la patrie de l'*espresso*, cette virgule de saveur, le triste et long et pâle café au lait à l'allemande...

CITÉ PARFAITE   *18 juillet 1978*

La perfection couleur de terre cuite d'Urbino, belle comme une poterie très pure, ou la courbe d'une admirable carapace d'insecte, dont chair et vie se sont retirées, mais dont la grâce est intacte. Villes fantômes sublimes, posées sur leur piton comme un bijou oublié par les fées de Toscane.

Pour que ces merveilleux décors, témoignages d'un art de société sans égal, *servent* encore, on y a installé des institutions. Ici une Université. J'entre dans le merveilleux palais qui abrite celle d'Urbino. Les murs sont couverts d'énormes graffitis à la bombe encreuse, les slogans de *Prima Linea* contre ceux du *Manifesto,* les invectives de *Lotta continua* contre les maos tendance ultra-Revo' cul', et les coups de gueule des vingt-sept fractions, tendances ou groupuscules de la « gauche révolutionnaire ». Une soupe innommable où l'écume de Mai 68, la niaiserie de Berkeley et le *pilpoul* marxisto-névrotique conjuguent leurs bêtises.

Piero della Francesca, pardonne-leur : ils ne savent ni ce qu'ils disent, ni ce qu'ils font.

ROUTES *20 juillet 1978*

Retrouvé Roger et Nicole Grenier à la Schega, et ils nous ont accompagnés jusqu'à Orvieto.

La maladie des cyprès. Grands arbres morts et déjà comme carbonisés. La révulsion que j'ai ressentie devant les graffitis gaucho-crétins d'Urbino me fait imaginer les insectes qui mettent à mort les beaux arbres toscans comme des millions de minuscules « étudiants » fanatiques et incultes, des « brigades » qui exécutent les sentences de mort prononcées contre les cyprès, coupables d'intelligence avec la beauté bourgeoise.

Orvieto. Ville navire sur son rocher, proue de cuirassé. Devant la cathédrale, des routards, de faux hippies et des jeunes par dizaines : il y avait hier un festival de jazz sur la place.

Luca Signorelli. Il prend un si vif plaisir sensuel aux beaux corps des garçons que son *Jugement dernier* est une fête masculine, où Dieu n'a à juger que des éphèbes musclés, qu'il absoudra sûrement : de si beaux jeunes hommes ne peuvent *pécher.*

POMPÉI *20 juillet 1978*

La vulgarité romaine et l'Ange de la mort par les cendres et la lave. Ils allaient mourir, et buvaient, bâfraient, baisaient.

Le rond des gobelets sur le comptoir du marchand de vin, qui n'a pas eu le temps de passer le torchon humide. Bonne humeur déjà italienne. Pompéi, c'est du Pagnol sur fond de chants funèbres. Villas balnéaires des nouveaux riches. Les affiches électorales du candidat, que la pluie de cendres et la lave vont mettre en ballottage jusqu'à la fin du monde.

LE RÊVE DE
FRÉDÉRIC II   *21 juillet 1978*

Je veux faire le détour de Castel del Monte, en l'honneur de l'empereur vaincu Frédéric II de Hohenstaufen, qui rêva de réconcilier autour d'un Empire romain ressuscité la culture chrétienne, la philosophie arabe, la poésie courtoise, la théologie talmudique et la musique arabo-andalouse. Il fut grand poète, politique audacieux et condamné; Dante le saluait comme le fondateur de la poésie italienne.

Mais symbole, cet après-midi, de l'échec de Frédéric, la route qui conduit au château fort serpente entre les arbres d'une forêt qui achève de se consumer. On roule dans un désert de suppliants noirs qui gesticulent...

À BORD DU S.S.
« CASTALIA »   *23 juillet 1978*

Nous n'empruntons pas la route de mon précédent voyage en Grèce, dont je raconte à Loleh la première impression, plus belle, il faut l'avouer, que la banale arrivée à Patras.

Quand le paquebot quitte soudain la mer libre qui chuchote sous le soleil pour s'engager entre les deux murailles du canal de Corinthe, l'odeur grecque prend soudain aux poumons. Dans les interstices des rochers entre lesquels est taillé le canal, les arbrisseaux qui embaumaient nos vieilles versions grecques ont poussé tenacement. La canicule les brûle sans que la nuit en fraîchisse l'exhalaison. Et dans ce buisson d'odeurs violentes et allègres, mastic, térébinthe, myrte, menthe, thym, arbousier et sauge, la petite cassolette du basilic et la rêverie de la lavande conjuguent leurs senteurs vives.

Après commence la Grèce, la bouteille à l'encre, le méli-mélo des races et de l'Histoire, ces Grecs qui ressemblent si souvent à des Turcs, ces ruines hypothétiques, Byzance là où on attendait Socrate, cette auberge espagnole de cinq mille ans de culture où on trouve ce qu'on apporte (et où l'on n'apporte pas toujours ce qu'on croyait), le chaos des marbres mutilés et des vénérations ressassées. Mais, pendant une heure, la Grèce s'est confondue glorieusement avec une odeur sauvage. Après, il arrive à la Grèce de parler de la Grèce. Mais aussi, bien plus souvent, de ceux qui crurent que la Grèce c'était bien davantage que la Grèce.

L'OISEAU DE
MINERVE   *24 juillet 1978*

En remontant le soir à pied vers l'hôtel Spap, l'oiseau de Minerve en plume et en silence, la petite chouette chevêche, *Athéna noctua*, volette, exactement comme sur la couverture des classiques jaunes de la collection Guillaume Budé.

MIRACLES
GRECS   *26 juillet 1978*

Olympie. Le soir, été nous baigner sur une plage. Conversation avec la petite Maria, native de Kyssaparia, mais qui travaille comme coiffeuse à Chicago. Elle est revenue au village passer ses vacances parce que la grand-mère va très mal :

« On l'emmènerait bien là-bas, mais les *funeral parlours* sont si chers en Amérique... »

Un des « miracles grecs », c'est aussi cette diaspora grecque à travers les continents. Quand nous séjournions à San Francisco, l'épicerie grecque du coin. À Londres, le petit restaurant où nous dînons souvent, chez Dimitrios.

Il n'y a pas eu au monde que le miracle grec. Nous aurions même tendance à voir partout des miracles qu'on ignora longtemps : Claude Lévi-Strauss serait tout prêt à nous parler du miracle Nanbikwara, et les préhistoriens du miracle néolithique, et Verrier Elwin nous explique que la façon dont vivent dans leur *ghotul* les adolescents Muria est un vrai miracle, et Samuel Noah Kramer soutient, lui, que le vrai, le premier miracle, c'est à Sumer qu'il eut lieu. Le miracle, somme toute, est la chose du monde la mieux partagée. Heureusement pour l'homme, précaire miracle.

Mais la Grèce, pour les hommes d'Occident, possède une vertu que ne possèdent, à nos yeux trop longtemps aveuglés, ni la Chine, ni Sumer, ni les sociétés primitives dont l'ethnographe analyse les miracles, ni les cultures précolombiennes ou africaines : elle est un de nos *lieux communs*. On croit d'ordinaire que ce qui caractérise les lieux communs, c'est en effet ce qu'ils ont de commun. Pas du tout : les sujets ressassés, les lieux visités, les thèmes rebattus ont ceci de passionnant qu'ils nous révèlent précisément la variété des spectateurs à travers la monotonie des spectacles. On y saisit la différence des générations et des âges, des individus et des esprits à travers leur constance. La Grèce, c'est ce que fut réellement la Grèce, plus l'idée que s'en firent tous ceux qui rêvèrent à la Grèce.

MISTRA   *28 juillet 1978*

Les Byzantins sont partis hier, laissant un grand désordre. Ils doivent espérer revenir vite. Une vieille nonne du monastère de Panthalassa appelle ses poulets, en leur parlant le grec des poules : « Trrion, trrion, trrrion. »

Ces villes abandonnées, Pompéi, Antigua du Guatemala, Ostia Antica, Mistra, je sais à quoi toutes me ramènent : à ces villages de Lorraine évacués en 1940, où nous pénétrions avec nos chars dans les fameuses (et vaines) « opérations de retardement ». La cuisinière était encore chaude, les pots de confiture bien rangés dans l'armoire à linge et le balancier de la pendule allait et venait comme si de rien n'était.

MYCÈNES   *29 juillet 1978*

La citadelle farouche l'est doublement : ses rochers-murailles et les rafales d'un vent furieux qui coupe le souffle. Du rempart, Clytemnestre surveillait la mer qui devait écumer comme ce matin. Le facteur sonne toujours deux fois, et la bourrasque de mer souffle une seule.

Sur l'énorme porte de blocs pélagiques, le vent joue des grandes orgues. Qui donc s'est posé, s'égosillant plus clair que la bourrasque qui blanchit la mer sur laquelle la reine guettait les voiles de la flotte grecque? Un traquet-pâtre noir et blanc qui chante en grec archaïque, le linéaire B, ignorant d'ailleurs l'histoire et la tragédie grecque.

Petits villages à demi morts, où de vieux hommes boivent le café turc sur la place. Grèce de bourgades et de hameaux, plus balkanique qu'hellène... Mais la Grèce antique, ce n'était peut-être que *ça*, un ramas de bourgades agitées, crasseuses, de bavards assez féroces, avec des temples bariolés et des philosophes qu'on empoisonnait à la ciguë quand le pouvoir était excédé de leurs discours. Cléopâtre n'était peut-être qu'une grosse Orientale lascive, avec un nez crochu. Mais l'Histoire a beau avoir eu successivement pour elle les yeux d'Antoine, puis ceux de Shakespeare, puis ceux de Bernard Shaw, le nez de Cléopâtre est un fait historique qui dépasse en importance l'existence réelle d'une petite reine d'Asie, de son profil et de son règne.

Le plus beau spectacle que nous ayons vu à Épidaure, ce ne sont pas *Les Phéniciennes* hier soir, dans une mise en scène des plus académiques, mais, hier matin, le chœur brechtien des femmes de ménage en jupe et caraco noirs, blancs, ocre, gris, commençant à balayer, déployées en cohorte bavarde, à partir des gradins du sommet, et descendant lentement vers le plateau. Admirable ballet des balais, et le cascadant bavardage grec des commères s'activant. Oui, Brecht aurait aimé.

Brecht avait d'ailleurs *sa* Grèce. Au cours des âges, chaque génération s'est inventé une Grèce, utile sur le moment.

Les hommes ont beaucoup moins besoin d'avoir des lumières sur les âges révolus que d'utiliser la lumière qui peut venir du fond des âges éclairer leur présent. Racine et Oscar Wilde n'avaient pas recours à la même Grèce : il fallait au premier une Phèdre consumée à la fois par le désir de la jeune chair et l'horreur du vieux péché; il fallait au second une Grèce ignorante de la chute, où de beaux adolescents lustrés d'huile et d'innocence se caressaient à la face souriante de dieux sans courroux. Les enfants jouent aux Indiens et aux cow-boys, mais les grandes personnes de la Révolution et de l'Empire ont joué à être des Romains. Le Premier Empire choisissait dans le passé romain César comme modèle, quand le Second Empire préférait les Romains de la décadence. On a l'Âge d'or de ses nostalgies autant que l'âge de ses artères.

Le XIXᵉ siècle avait élu une Grèce à la mesure de ses idéaux et de ses curiosités. Il en est de l'archéologie comme du Dieu de Pascal : on ne chercherait pas, si l'on n'avait déjà trouvé. Schliemann découvre Troie parce qu'il a voulu découvrir Troie, comme Evans découvre précisément le palais de Minos dont ses contemporains avaient besoin. La Grèce d'il y a cent ans offre un miroir à la fois complaisant et ironique aux mythes dont se nourrit le xix⁰ siècle. La déesse que révère Renan, comme le Phidias que Stendhal oppose à Canova sont autant des machines de guerre que des objets de rêverie. Pour Renan, Pallas Athéna fait honte au christianisme de sa barbarie, comme Phidias pour Ingres fait honte aux romantiques de leur sauvagerie. On s'enchante d'un antique Siècle des Lumières, Périclès gouvernait une cité modèle, dont un Platon vaguement préchrétien avait tracé les plans.

Le tableau de la Grèce que peignaient nos devanciers n'était ni absurde, ni inexact. Simplement aussi différent de la perspective que nous prenons de la Grèce que la vision de Burnouf est différente de celle de Winckelmann. Nous n'héritons pas de la Grèce tout entière, mais de ce que les Alexandrins, Byzance, les temps barbares et le Moyen Âge jugèrent nécessaire de sauver. Mais nous-mêmes ne sommes plus séduits seulement par ce que les Grecs avaient de civilisé, mais nous sommes intéressés aussi par ce qu'ils avaient de « barbare ».

ATHÈNES   *31 juillet 1978*

Horreur, le Parthénon cerné par Pigalle. Les *korê* sont rongées par la pollution industrielle, l'air empuanti par les flonflons du *bouzouki* et par la musique de Theodorakis, insupportable de vulgarité.

Je console ma rage devant le gâchis athénien en me disant qu'Athènes sous Périclès n'est probablement qu'une petite ville de torchis, où les cloaques alternent avec la poussière, stagnant dans les odeurs fortes, la friture des braseros, l'urine des ruisseaux d'écoulement, les latrines publiques. L'hiver, les habitants grelottent ou s'enfument. « *Ô noblesse! Ô beauté simple et vraie! Déesse dont le culte signifie raison et sagesse...* » se met à ronronner suavement M. Renan, quand il débarque sur l'Acropole pour y moudre ses célèbres patenôtres.

Sophocle, Aristophane, Épicure sont certes *raisonnables* et *sages.* Mais on chasse en Laconie l'esclave comme les cerfs à Rambouillet. Mais, le matin même de Salamine, on égorge, en offrande à Dionysos Mangeur-de-chair-crue, trois prisonniers, neveux du Grand Roi. Mais Démocrite voulait que les filles, au moment de leurs menstrues, courent trois fois autour des champs pour fertiliser leur sol. Mais les cités démocratiques entretenaient soigneusement quelques déchets humains pour les sacrifier, au cas où le besoin se ferait sentir de *boucs émissaires.*

Renan a pourtant raison, comme avaient raison André Chénier et avant lui Racine, et avant lui Amyot, et avant lui le clerc médiéval. Ils s'inventaient chacun la Grèce dont ils avaient besoin. Le miracle grec a duré cent cinquante ans, mais on en a rêvé pendant cinq ou six mille ans. Avant d'être le récit de ce qui fut, l'Histoire est le compte rendu des rêves de l'humanité à propos de ce qui fut peut-être. Le premier des mythes grecs, c'est la Grèce elle-même. La façon dont, à travers les millénaires, les hommes révérèrent leurs dieux, nous informe assez bien sur ce que furent, sinon les adorés, du moins les adorateurs.

UN VILLAGE

Du 6 au 21 août, nous venons d'habiter chez des paysans de Miliès, Mio et Kostas Kostakis. Nous ne les voyions que le soir tard, ou le matin très tôt, parce qu'ils descendaient chaque jour dans leur jardin fruitier de la plaine, pour la récolte des pêches. Le matin, Loleh et moi travaillions dans le jardin, à l'ombre d'un énorme figuier. Nous allions boire l'*ouzo* de midi au café de la place, près de l'église. Nous saluions le pope, Pater Sosterios Papaapostropoulos, le patron du café, nos amis du village, Michaili Pappas, Lena, Andrea, le marin anarchiste. C'est à Miliès que nous nous sommes réconciliés (il y en avait besoin), après les routes du tourisme et la souillure d'Athènes, avec la Grèce et une certaine façon des hommes de vivre avec les hommes.

Il est vrai que les Grecs ont inventé beaucoup de choses : des dieux raisonnables, des temples médités, d'heureux procédés d'administration, et même les atomes ou la machine à vapeur. Dix-huit siècles avant Denis Papin, vingt siècles avant Parsons, la première turbine à vapeur fonctionne sur l'établi d'un ingénieur alexandrin. À quoi l'utilise-t-il? À faire bouger les poupées d'un petit manège-jouet. Mais ce que les Grecs ont inventé de plus précieux peut-être, et qui reste vivant sur la place de Miliès, c'est une certaine façon d'être ensemble et de considérer l'ennemi lui-même comme cet *ami* auquel s'adresse Achille quand, levant son épée sur Lycaon, il s'écrie : « *Meurs donc, ami, Patrocle est bien mort, qui valait beaucoup mieux que toi.* »

Ce peuple, extrêmement pauvre, habitué à se contenter de peu, qui avait mis sa sobriété dans sa vie et son opulence dans ses statues, s'est constamment réjoui du plus grand des luxes, celui des beaux rapports humains. Pour les Grecs, *« ce qui nous aide dans l'amitié n'est pas tant l'aide que nous donnent les amis que notre confiance dans cette aide »*. Si être grec, c'est vivre sous un ciel bienveillant, entre des oliviers gris et une mer bleue, la Grèce serait seulement un folklore agréable, une sorte de félibrige historique et les Eskimos seraient condamnés par leur naissance même à une damnation immanente.

Mais la Grèce propose à tous une sagesse à la portée de chacun. Ici, les hommes ont regardé les hommes et se sont réjouis de les considérer. Les cigales de l'Attique ne chantent qu'en été, mais la pitié, l'amitié, la bienveillance et le respect sont de toutes les saisons.

KOSTAS   *21 au 26 août 1978*

Kostas (Papaioannou) l'enchanteur, le charmeur d'amis par la vertu de la parole, Kostas le bavard glorieux, Kostas dont les paroles qui, en effet, *volent* avec gaieté et une grâce ailée, Kostas dans son île de Skyros, couronnement heureux d'un voyage qui ne le fut pas toujours. (L'été, la Grèce est couverte de touristes comme un âne de mouches et de taons. Il fallait à Delphes se lever à l'aurore, arriver dans les ruines avant la ruée des foules, pour sentir un moment respirer la grandeur.)

Kostas m'a fait comprendre le sens véritable de l'adage latin : « *Verba volant, scripta manent.* » Je l'avais toujours interprété comme une affirmation de la supériorité du texte écrit sur la parole. Est-ce ce que voulaient dire les Anciens? Vivant avec Kostas, j'en doute. Non que je ne place très haut quelques-uns de ses livres, ses travaux sur Marx, son *Art grec,* mais le *vol* des paroles, comme celui des oiseaux, c'est la grâce des jours. Les mots volent, vont, viennent, s'élèvent, planent, piquent. Ils éveillent, ils incitent, ils suscitent l'écho, la réponse, le prolongement. La conversation avec Kostas, sur la plage, à la *taverna*, dans le patio de sa maison au bord de la mer, fait s'envoler, joyeuses, amicales, les idées et les suggestions, le grand froissement d'ailes de l'intelligence et de l'imagination. Oui, les écrits demeurent (et parfois pesamment), mais les mots volent.

Automne
aux oiseaux

Les bruits de la nuit de la campagne d'Ile-de-France (dont la somme fait le silence de la nuit) : au-dehors la chouette chevêche, son appel bref; la hulotte, qui a l'air de souffler dans un verre d'eau; la chouette effraie; un froissement dans les buissons et la haie (renard? belette?). Plus tard un coq, qui croit le jour levé; une voiture au tournant. Le vent.

Dedans : les loirs dans les boiseries creuses, sous et sur le toit. Le réveil. Les souris dans le placard. Un meuble qui « joue » (comme on fait craquer ses phalanges quand on est « sec »).

FAUVETTES À
TÊTE NOIRE   *4 octobre 1978*

Il y a plusieurs jours que je n'ai pas revu les deux fauvettes à tête noire. Elles ont dû prendre leur route annuelle vers l'Afrique, le sud du Maghreb ou la vallée du Nil (plus tard qu'à l'accoutumée, mais l'automne a été exceptionnellement chaud).

Une dizaine d'années avant sa mort, j'ai dîné avec Saint-John Perse chez nos amis Henry et Hélène Hoppenot. Soirée

intimidée-intimidante, malgré l'amicale et adroite chaleur des
Hoppenot à dégeler chez les uns l'empesé du respect admi-
ratif, et chez le poète l'attitude en retour, qui cherchait son
naturel, à se délivrer du ton engoncé de celui qui reçoit les
hommages. Pendant le début de la soirée, j'avais un peu
l'impression de me trouver en face, non pas de l'ancien secrétaire général du Quai d'Orsay, mais du nouveau secrétaire
général d'une invisible fondation Saint-John Perse (qui sera
créée, en effet, dix ans plus tard), le délégué aux relations
extérieures d'un grand poète. Henry Hoppenot brisa une
première fois la glace en allant chercher le tirage à part sur
papier de Chine d'un rapport d'Alexis Léger envoyé en 1917
à son ministre. C'était le compte rendu de l'évacuation d'un
général-président et de ses concubines dont le jeune diplo-
mate s'était chargé au cours d'une révolution de palais. Hoppenot avait eu l'idée de le faire imprimer hors commerce à
Pékin. Le récit, preste, ironique et acide, se termine par ces
mots : « *Je ne sais, Monsieur le Ministre, ce qu'il convient de louer
le plus dans le maintien des principaux acteurs : de la décence de
ceux qui n'eurent à maîtriser que leur peur, ou de la correction de
ceux qui eurent à maîtriser leur rire.* » L'humour du jeune Léger
fit rire à distance le Prix Nobel septuagénaire. Mais c'est un
peu plus tard que je vis vraiment s'animer et s'aviver Saint-
John Perse, oubliant les précautions de la représentation et
le marbre de la gloire. J'avais mis la conversation sur une de
ses passions secrètes, que je partage : les oiseaux. Je découvrais
un ornithologue amateur d'excellente qualification, un *bird
watcher* que l'étendue de ses voyages et la constance de sa
curiosité avaient mis en présence d'espèces très variées, depuis
les frégates, pétrels et sternes de l'Atlantique jusqu'aux oiseaux
verts et jacasseurs de la Guadeloupe, des limicoles de Camargue
aux aigles marins du littoral américain de Géorgie. L'enfant
perçait derrière le masque du Maître, quand il se targuait de
mérites qui n'avaient rien à voir avec son génie d'écrivain.
Saint-John Perse assurait ainsi, avec une fraîche fierté, avoir
identifié, rareté extrême, un gypaète barbu sur un col des
Alpes, et avoir observé, inattendue sur une île de la côte

américaine, une aigrette d'Afrique, « *sans doute portée là par un ouragan* », disait-il.

À cette époque, la publication des travaux de Franz Sauer et de sa femme sur l'orientation en vol des fauvettes noires était encore toute fraîche. Ils avaient enthousiasmé la communauté des amateurs d'oiseaux. Saint-John Perse connaissait, bien sûr, ces expériences et en parlait avec une excitation contenue. Il eut même à ce propos un mot qui me laissa perplexe et charmé. « Tout récemment encore, me dit-il, le directeur de la Station ornithologique de Camargue m'a *présenté* une fauvette à tête noire. » J'entendais bien ce qu'avait voulu dire Léger, mais j'aimais l'ambiguïté ici du mot *présenter*. J'imaginais le poète avec ses jumelles d'observation à la main, et la fauvette perchée sur un buisson, pendant la courtoise cérémonie des *présentations*. Dans cette « présentation »-là, le très léger oiseau et le très grand poète sont à égalité.

En sciences de la nature, j'admire les grands perceurs de mystères. Ils savent très bien qu'il faut chercher la raison de tout, même du comportement des êtres vivants les moins *raisonnables* en apparence, en n'oubliant jamais que l'ultime raison ne nous sera pas révélée. Audace de la pensée, modestie de l'attitude, patience de la démarche, les *traducteurs* contemporains du dessein et des règles qui gouvernent les voyages et les migrations animales m'inspirent autant de respect que les très grands artistes. Karl von Frisch a consacré ainsi sa vie à comprendre et à traduire la danse-langage des abeilles. G. Ising et V. C. Wynne-Edwards ont établi le rôle de l'orientation par rapport au soleil chez un grand nombre d'espèces d'oiseaux migrateurs. Gustav Kramer invente un système de miroirs pour démontrer enfin que les étourneaux font le point sur leur route en fonction d'une horloge physiologique intérieure qui leur donne l'heure exacte et de leur angle par rapport au soleil. Grâce à leurs expériences de Francfort, Roswatha et Wolfgang Wiltschke permettent de découvrir dans le cou des pigeons voyageurs de minuscules particules ferromagnétiques qui fonctionnent pendant leurs vols au long cours comme des micro-aimants, des instruments de navigation.

Mais l'ingéniosité, la patience (et la gaieté) de Franz Sauer et de sa femme me ravissent. Acharnés à comprendre comment les fauvettes à tête noire, qui voyagent individuellement et de nuit, peuvent chaque année franchir sans presque aucune erreur de cap des milliers de kilomètres, du nord, de l'ouest et du centre de l'Europe aux sources du Nil, les Sauer partent d'une hypothèse qui fit se récrier beaucoup de leurs collègues : les fauvettes se dirigent en lisant la carte du ciel. Cela supposerait que les fauvettes peuvent avoir l'heure exacte, savent reconnaître les constellations dans le ciel et, selon la date et l'heure, déduire de la configuration des étoiles la direction sud-est. Pour vérifier leur hypothèse, les Sauer inventent un perchoir circulaire sur lequel, quand l'instinct migrateur agite les fauvettes, celles-ci prendront (même encagées) la position de départ qui, si elles étaient libres, les conduirait vers le sud-est. Ce perchoir circulaire, ils le placent dans un planétarium que met à leur disposition l'École de navigation maritime de Brême. Pendant des mois et des mois, manœuvrant le planétarium pour mettre leurs oiseaux dans toutes les situations possibles, couchés immobiles pendant des heures sur le sol pour observer les fauvettes sans les troubler, pendant que leur planétarium « construit » le ciel de Brême, de Prague, de Budapest, d'Istanbul, de Chypre, les Sauer vérifient que chaque fois les oiseaux prennent sur le perchoir circulaire la position de départ vers le sud-est. Si les Sauer font une contre-expérience (intellectuellement cruelle) en inventant un ciel qui ne peut exister nulle part, les fauvettes sont désemparées, battent des ailes sans savoir quelle position choisir. C'est ce que Franz Sauer appelle *« leur compliquer un peu la vie »*. Si, au contraire, les Sauer inscrivent dans le pseudo-ciel du planétarium la configuration des étoiles au-dessus du Nil, les fauvettes se croient enfin arrivées, mettent leur tête sous leur aile et s'endorment paisiblement.

Ces expériences ne vont pas sans crises affectives entre les fauvettes et le couple d'ornithologues : les oiseaux semblent comprendre qu'on les dupe et les « tourne en bourriques ». Ils boudent Sauer quand celui-ci s'est trop fait voir pendant le « travail ». Ils refusent de picorer dans sa main, sont fâchés. De leur côté, les Sauer perdent le sommeil, sont moulus par les positions inconfortables que leur impose la guette, épuisés par les calculs astronomiques nécessaires au programme de manœuvres du planétarium, les yeux fatigués de prendre des notes à la faible lueur des étoiles artificielles.

Mais vient le jour où, après des années d'observation, d'épreuves, de contre-épreuves, la démonstration est sans faille : les fauvettes lisent l'atlas du ciel avec plus de précision que la plupart des humains, et leur « cervelle d'oiseau » est *aussi* celle d'un savant astronome.

Et quand, l'été, j'ai mis des miettes sur le balcon de mon bureau et que de ma table je vois s'y poser une sœur des élèves des Sauer (qui d'ailleurs préfèrent de beaucoup les insectes au pain), je me dis qu'il y a plus de chose dans une cervelle d'oiseau que la philosophie parfois voudrait nous le faire croire.

UN ONCLE
AUX OISEAUX   *6 octobre 1978*

J'ai retrouvé en rangeant de vieux papiers le « cahier d'oiseaux » que m'apprenait à tenir mon oncle Samuel. Mon écriture a changé depuis mes treize ans. Mes goûts et plaisirs, pas tellement.

Mon oncle Samuel n'était pas mon oncle. J'avais seulement décidé, tout petit, qu'il l'était. C'est lui qui m'a le premier enseigné à regarder vivre les oiseaux. L'oncle Samuel était devenu aveugle. J'appris à voir pour deux avant d'y voir tout seul.

L'oncle Samuel habitait, depuis qu'il avait perdu la vue, chez son vrai neveu, le pasteur. Il y avait apporté sa bicyclette de cyclotouriste, quatre vitesses et pneus ballons, qu'il conti-

nuait à graisser et à astiquer sans espérer jamais plus s'en
servir. Il avait rangé dans sa chambre ses quelques affaires et
accroché au mur un coucou de la Forêt-Noire qu'il remontait
soigneusement et qui chantait à l'heure, aux quarts et à la
demie. « Quand tu seras grand, mon vélo sera à toi », disait
l'oncle Samuel. Aveugle, il ne s'apercevait pas que j'étais déjà
devenu grand, bien assez pour pouvoir me servir du cyclomoteur si on en descendait la selle. Je n'osais pas le faire
remarquer à l'oncle Samuel, ni lui avouer que mon rêve ce
n'était pas un lourd engin comme le sien, mais un vrai vélo
de course, léger comme une hirondelle, avec des boyaux et
un guidon de coureur brillant comme un éclair en forme de
cornes de buffle, un vrai guidon de champion. (J'admirais peu
de grands hommes autant que les frères Pélissier, Charles et
Francis, héros des Tours de France de mon enfance.) « Quand
je serai mort, ajoutait le vieil homme, c'est toi aussi qui auras
mon coucou. Je t'ai couché sur mon testament. » Je n'aimais
pas cette idée d'être « couché sur un testament », comme un
gisant. Le coucou me plaisait bien. Je préférais pourtant qu'il
chante chez l'oncle Samuel, et moi rester debout, plutôt que
couché sur son testament.

Les saisons grises et froides étaient bien longues pour le
vieil homme aveugle. Son neveu et sa nièce lui avaient donné
une « T.S.F. », mais il pestait contre les bêtises qu'on disait
« au poste » et n'était pas musicien. Il fallait attendre les beaux
jours pour qu'en rentrant du collège et courant le voir, je le
trouve installé dans le jardin près des lauriers-cerises, à l'ombre
d'un tilleul. Même seul, il n'était jamais seul, quand il était
dehors. Je m'asseyais dans l'herbe à ses pieds.

— Dis-moi ce que tu vois, demandait l'oncle Samuel.

— Il y a une araignée qui a fait sa toile entre les branches
des buissons de groseilles et le mur d'angle. On dirait un filet
de pêcheur. Non, c'est plutôt comme une spirale autour d'un
rond. L'araignée, je ne vois pas où elle est.

— Cherche bien dans le coin. Elle est embusquée quelque
part à un angle de sa toile. C'est l'araignée épeire. Tu l'as
trouvée? Regarde bien comment elle est faite. Combien de

pattes? Six? Non, compte mieux... C'est ça, huit. S'il se prend un moucheron dans sa toile, il va gigoter et faire bouger les fils. La mauvaise sera prévenue et viendra le manger... Attends un peu, nous avons le temps, tu verras...

Nous attendions. Nous avions le temps. Et, en effet, une bête distraite et affairée allait s'engluer dans le réseau de soie.

– Elle descend le long du fil... Elle est toute blonde et petite... Le moucheron est plus gros qu'elle. C'est drôle, ce qu'elle fait...

Et ce que je voyais, le vieillard aux yeux éteints, prenant la relève, me le décrivait :

– Tu vois l'épeire? Elle tisse des fils qu'elle tire de son jabot... Elle les carde et les tisse avec ses pattes de derrière... Elle emmaillote la moucheronne... Elle la ligote. Elle va la manger petit à petit...

– C'est une sale bête! disais-je avec réprobation.

– La sale bête risque d'être mangée à son tour. Qu'elle se trouve sur la route d'un crapaud, qu'une hirondelle la voie, la sale bête sera croquée. Il y a même une espèce d'oiseaux, le pic épeichette, qui ne mange presque que les épeires.

– C'est quand même une sale bête!

– C'est toi qui es la grosse bête, disait l'oncle. Tu manges bien du poulet, et tu aimes ça!

– Ce n'est pas la même chose.

– Ce qu'on fait soi, et qu'on trouve mal chez les autres, ce n'est jamais la même chose...

« ...Le soleil nous rejoint, disait l'oncle.

– Voulez-vous que je déplace votre fauteuil?

– Non. Un peu de chaleur fera du bien à mes vieux os. Donne-moi plutôt mon chapeau de paille et parle-moi de ce qui se passe dans le jardin!

– Il y a une fauvette qui vient d'entrer dans le trou du vieux cerisier.

– Ce n'est sûrement pas une fauvette. Les fauvettes font leur nid dans les arbres ou dans les fourrés. Regarde bien si tu vois sortir ton oiseau, et dis-moi comment il est habillé.

Nous attendions en silence. Je me sentais important, chargé

d'une grave mission. Je gardais les yeux fixés sur le cerisier
où le soleil du matin, au fur et à mesure qu'il montait, chan-
geait lentement sa façon de se faufiler à travers les feuilles
encore claires. Il y avait des pétales blancs fanés dans l'herbe.
Je surveillais le trou dans lequel l'oiseau avait plongé. Le
merle vif et noir luisant venait de se poser dans l'herbe et
sautait malicieusement. Je lui en voulais de me distraire de
ma guette. Je chuchotais : « Va-t'en, et laisse-moi regarder. »
    — Le voilà!
    — Dis-moi comment il est.
    — Il a une tête noire, avec de grosses joues blanches. Il s'est
accroché de traviole au tronc, au-dessus du trou. Il est vert
sur le dos, avec le ventre jaune et une queue très bleue. Voilà,
il s'envole! Il a les ailes noires... non, bleues...
    — Ta fauvette est une mésange. La mésange charbonnière...
    — Pourquoi l'appelle-t-on « charbonnière »? C'est plutôt le
merle qu'on devrait appeler comme ça, avec ses plumes qui
ont l'air d'être de l'anthracite mouillé!
    — C'est que la charbonnière se débarbouille au charbon!
    L'oncle Samuel m'expliquait comment distinguer toutes les
espèces de mésanges en regardant à quelle hauteur des arbres
elles aiment se tenir : la mésange charbonnière, la plus lourde,
préfère fouiller le sol et la base du tronc pour y chercher des
vers; la mésange nonnette chasse un peu plus haut; et les
mésanges bleues ou noires cherchent leur nourriture dans les
hautes branches.
    — Comme ça, tout le monde est content, et personne ne se
gêne.
    L'oncle m'apprenait aussi à reconnaître le son de la petite
enclume claire sur laquelle frappe la grande charbonnière, le
cri liquide et doux de la petite charbonnière, l'appel de la
nonnette, et les cris de souris affairée de la mésange à longue
queue.
    La femme du pasteur passait avec Marie, portant à elles
deux, en s'arrêtant très souvent pour souffler, une lourde
lessiveuse de linge essoré qu'elles allaient étendre au fond du
jardin. Elle grondait doucement le vieux monsieur de me

distraire trop. « Claude a ses devoirs à faire. – Oh, madame, j'apprends des tas de choses avec l'oncle Samuel. » Sa nièce souriait, en haussant les épaules, et s'éloignait avec la vieille bonne.

Celui qui ne voyait plus apprit ainsi à voir à mes yeux neufs. Peu à peu j'apprenais à reconnaître sans me tromper les habitants du jardin, les familles de rouges-gorges, la bande maligne des merles noirs, les grives musiciennes qui se gorgeaient de fruits tombés, lorsque venait l'automne, et les moineaux friquets avec leur calotte de moines futés. Je saluais le pinson quand il prend ses couleurs de noces et monte tous les tons de sa robe de plumes afin de plaire à son épouse, lorsque son gris vire au bleu, que son beige devient rose et que son ocre tourne au fauve. Dans le hangar aux outils, nous allions surveiller l'éclosion des cinq œufs d'hirondelle que j'avais été compter en grimpant à l'échelle, pendant que les parents menaçants tournaient autour de moi en m'enjoignant avec des cris aigus de laisser tranquille leur nichée. Le jour venu de l'envol des petits, il y en a toujours un qui reste le dernier à la maison, pendant que ses frères et sœurs s'amusent à prendre devant lui des virages audacieux pour lui montrer combien il est facile de voler. Le retardataire s'accroche au rebord de boue sèche, battant des ailes, hésite à s'abandonner, renonce et rentre au nid, piteux, frileux... l'enfant qui voudrait ne jamais quitter le bon chaud du foyer. Quand l'oisillon avait enfin franchi le pas et pris son vol, j'annonçais triomphalement la nouvelle à l'oncle Samuel.

Mais, en septembre, quand les hirondelles se préparaient à appareiller et se rassemblaient en groupes de voyageurs organisés, attendant le départ, sur les fils du téléphone, j'étais triste, parce que leur envol annonçait la rentrée et qu'il allait falloir retourner au collège. Alors, pour me consoler, le vieil homme me demandait de le conduire dans la prairie, au bord de la rivière. Là, je lui rendais compte de tout ce qui passait entre les roseaux, l'eau, les aulnes et le ciel : les vives couleurs filées du martin-pêcheur lancé comme à la fronde, les rousserolles accrochées aux joncs, en équerre ou la tête en bas, ou bien la bergeronnette, hochant la queue comme un équilibriste, qui va à ses affaires, preste, dans la boue encore humide des débarcadères.

L'hiver revenu, l'oncle Samuel, dans sa chambre, me faisait faire l'inventaire des trésors qu'il pouvait toucher encore et reconnaître avec ses doigts : une pierre d'améthyste, la montre en or, qui, lorsqu'on la remontait, jouait, fantôme de clavecin grêle, *Il pleut, bergère,* des nids d'oiseaux et des œufs soigneusement rangés dans des boîtes en carton, les éléments d'une paire de petites balances d'orfèvre que je remontais sous sa direction, les dix cahiers d'un herbier enrichi pendant des années, et dont je lisais à haute voix les noms français et latins, lui décrivant une à une les fleurs. L'oncle se souvenait seulement de la couleur du jour le matin où il les avait cueillies.

Un après-midi de mars, en arrivant chez lui, je croisai le docteur qui s'en allait. Les persiennes de la chambre étaient fermées, et le vieil homme au lit. L'oncle avait eu une attaque. Il ne pouvait plus parler. Son visage était tout de travers, effrayant comme une chambre effondrée et disloquée après un tremblement de terre. Il était couché dans la pénombre de la pièce aux volets clos. Sa bouche, sans son dentier, était déformée par une grimace de douleur, et il s'en exhalait une plainte saccadée. Quand il sentit ma main dans sa main, l'oncle Samuel essaya de dire quelque chose que je ne compris pas. Mais je répétai doucement : « Oui... oui », comme si j'avais saisi le sens des mots que le malade ne parvenait plus à prononcer, à travers des raclements de cailloux entrechoqués, des hoquets angoissés. Je restai longtemps à tenir la main du vieillard. On m'obligea à aller me coucher vers minuit.

Quand je revins le matin suivant, l'oncle Samuel était mort. On lui avait attaché une mentonnière. Le visage avait retrouvé un calme derrière les yeux mal clos. En m'en allant, j'entendis dans l'abreuvoir de pierre, près de la pompe, un ébouriffement d'ailes exténuées par un long voyage : des oiseaux migrateurs enfin revenus. « Tiens, les fauvettes à tête noire

sont là de nouveau, pensai-je. L'oncle Samuel n'aura pas vu
leur retour. »

J'ai conservé longtemps le coucou pour lequel l'oncle Samuel
m'avait « couché sur son testament ». Il s'est arrêté de chanter
en septembre 1939, à la déclaration de guerre. Je l'ai porté
à réparer chez un horloger avant de partir vers la Lorraine.
Revenu de captivité, après mon évasion, je trouvai la boutique
fermée. L'horloger était mort, me dirent les voisins. J'ai perdu
le coucou de la Forêt-Noire, mais j'ai gardé le goût des vrais
oiseaux. Quand je les regarde, à l'œil nu ou à la jumelle, il
me semble parfois que je continue à y voir pour deux, et à
ouvrir les yeux aussi pour une ombre, pour le vieil homme
qui perdit la vue avant de perdre la vie.

LES PROCHES   *7 octobre 1978*

Dans la vie de famille, vis-à-vis de nos proches, il y a toujours, comme en voiture, un « angle mort ». Nos *proches* ne
sont presque jamais que des *connaissances*, c'est-à-dire ceux
qu'on ne connaît pas vraiment. La force de la cellule familiale,
dont aucune levée d'écrou ne libère tout à fait, réside d'abord
dans la sécurité qu'elle assure parfois à l'enfant. Mais, autant
que la chaleur du sein et que cet amour aveugle qui éclaire
et allège les jours, c'est cet aveuglement réciproque des parents
et des enfants, trop proches les uns des autres pour se voir
clair, qui fait de la famille (même celle des parents terribles)
le lieu d'un étrange repos : le repos de l'ignorance mutuelle.
Le charme des proches, c'est qu'il n'est pas nécessaire de les
connaître, ni pour les aimer, ni pour les haïr.

Mon voisin Maurice Duclos laboure au tracteur la pièce qui jouxte le petit pré et nos pommiers. Une bande de corneilles noires suit à saute-sillon et « oiseau vole » la charrue tractée, qui leur ouvre un festin de vers. Il y a six ou sept ans, c'était notre chat Mi Fou qui suivait le tracteur de Maurice, la queue bien droite, et faisant demi-tour à chaque sillon terminé. Mi Fou portait le nom d'un lettré, peintre et poète du XIe siècle, dont il avait la sagesse et l'humour. Mi Fou aimait tant Maurice qu'il le suivait aux champs, effrayé seulement par les engins trop féroces, moissonneuses-lieuses-batteuses, ou ceux qui vaporisent des insecticides et des engrais liquides.

Maurice Duclos ne refuse pas de venir prendre un verre avec moi. Nous aimons bien faire ensemble le tour des nouvelles du village, et des non-nouvelles, avec juste ce qu'il faut de malice bienveillante, de méchanceté polie et de curiosité échangeuse. Comme les gosses en récré échangent des timbres ou de petites autos, je troque ce que j'ai appris à Rambouillet sur le futur aérodrome dont on nous menace contre des détails sur l'accouchement de Denise, qui vient de mettre au monde un beau gros bébé un peu bronzé, et de père inconnu, un bébé qui pourrait bien ressembler à un des ouvriers algériens qui ont travaillé dans notre coin l'autre été, quand on a refait la route. (Le rêve d'une France enfin irriguée de sangs autres, richement métissée, mêlant les gènes arabes, asiatiques, africains aux souches beauceronnes, ce beau rêve, hélas, ce n'est pas demain la veille que nous le verrons réalisé.)

Pendant que nous devisons, j'aperçois dans le jardin un oiseau familier. « Vous voyez, là-bas, la fauvette à tête noire?

– P't-êt'e ben », dit Maurice sans se compromettre. J'ai remarqué depuis longtemps que les paysans de chez nous, comme les peuples archaïques d'ailleurs, ne donnent de noms qu'à ce qui a une fonction pour eux, faste ou néfaste. La perdrix et le faisan ont un nom, parce qu'on les chasse et les mange. Le corbeau ou les étourneaux ont un nom, parce qu'ils font du dégât aux semailles et aux récoltes. Mais le reste de ce qui vole, ce sont « des oiseaux ».

Voilà le couple revenu, les fauvettes qu'on nomme aussi babillardes, à cause du bavardage clair de leur chant, le mâle avec « son bonnet de travers » dont parle le père Hugo, sa calotte noire de jeune juif orthodoxe, et la femelle avec son béret roux. Leur nid très fin était installé cet été dans la haie d'aubépine. La femelle a l'amour maternel rusé. Si elle croit sa nichée en danger, elle se laisse tomber du nid et fuit en traînant l'aile douloureusement, comme une grande blessée. Quand elle a suffisamment écarté l'intrus, elle s'envole à tire-d'aile.

« Ces bêtes-là, c'est plus malin que ça a l'air », opine Maurice Duclos. Je ne suis pas sûr qu'il ne soit pas un peu sceptique sur ce que je viens de lui dire.

La conversation avec Maurice se termine toujours par une vérification de nos âges réciproques, que nous connaissons très bien. Leur énoncé me permet de me récrier sur la jeunesse de Maurice Duclos, pourtant de cinq ans mon aîné, et lui donne l'occasion de me trouver *un gamin* en comparaison de lui. La plaisanterie finale est également rituelle, sur le voisinage au cimetière du village des places qui « nous attendent », et où le premier arrivé se préparera à faire des blagues à l'autre.

SE DONNER SON ÂGE   *11 octobre 1978*

Les miroirs et les autres me donnent sûrement mon âge, mais je ne me le donne que quand j'y réfléchis, ou qu'on me le demande. Je suis un déjà vieil homme qui a seulement l'âge de ce qui l'habite et le traverse. Ce qui me peuple, traverse, relie et soutient est encore tellement vivant que j'ai beau avoir déjà parcouru un bon bout de la descente, la vie pourtant ne semble pas se retirer de moi, qui dois être pourtant en train de me retirer insensiblement de la vie. Les aimés amis, les maîtres de vie, les poèmes, les musiques, les oiseaux, les bêtes, le peuple des vivants et le peuple des images ne m'ont jamais laissé prisonnier de moi-même. Si j'ai connu ma part de douleurs et de deuils, jamais cependant je ne me suis senti seul au monde, et jamais non plus dégagé de toute responsabilité dans le destin, heureux ou déplorable, des êtres les plus éloignés de moi.

RELIGIONS　　　　　　　　　*15 octobre 1978*

　　Les religions m'inspirent plus d'affection et d'incrédulité que de foi. Leurs dogmes (mot redoutable), leurs mystères (mot-aveu), leurs métaphores-devinettes essaient de dire l'indicible, de donner le sens des mots au profond non-sens du dessus des mots. Leurs pratiques codifient d'excellentes recettes millénaires de sagesse concrète, les beaux *abêtissez-vous* de la prière, des mains jointes, du silence et du chant, de l'agenouillement ou du *zazen*, le souffle réglé, le baiser de paix qui fait le geste de réconcilier, la confession qui délivre, la réunion des vivants pour bercer la douleur du départ des morts, les cérémonies apaisantes et « *l'oubli de cette chose encombrante que j'appelle moi* », comme disait Thomas More.

　　J'ai connu quelques-unes de ces expériences qu'on dit « spirituelles », à l'improviste d'une soudaine transparence, données plutôt que cherchées et poursuivies (encore moins *méritées*). Le genre chute libre à l'envers, qui remonterait – un saut en parachute tourné à rebours par la caméra, un doux arrachement, le suspens du temps, l'extase, quoi. En déduire la moindre *croyance* me paraît présomptueux. Les ravissements me semblent tout nous ravir, et d'abord la notion même de Dieu, les credo, etc. Du parfait silence et du désintéressement parfait, légèreté suprême, il n'y a rien à dire.

Je comprends très bien l'agacement de sainte Thérèse d'Avila devant la moniale qui voyait Jésus lui apparaître tous les jours. « Qu'on lui donne de la viande à tous les repas », ordonna Thérèse. Conduite avisée : la nonne cessa d'embêter le couvent avec l'excès théâtral de ses visitations quotidiennes.

Je n'ai de religieux que le sentiment très fort d'être *relié*. Relié au présent des autres, au passé de mémoire et d'immémoire, aux éléments et aux saisons, aux bêtes et aux plantes, au cosmos.

BONHEUR ET IDÉOLOGIES   *16 octobre 1978*

Je rêve parfois d'une immense enquête ethnologique qui examinerait les doctrines, les idées, les idéologies, les théories et les religions d'un point de vue strictement hygiénique, biologique. On regarderait vivre les gens, on essaierait de mesurer leur bonheur, leur aptitude à vivre, leur état de santé morale et physique, leur longévité, leur façon de mûrir, d'aimer, d'avoir des relations avec leurs proches et leur société, leur façon d'affronter la vieillesse, la mort, etc. On ne se demanderait pas si le bouddhisme est plus *vrai* que le christianisme, si l'existentialisme est une philosophie plus *solide* que le structuralisme, si le marxisme est plus *scientifique* que le personnalisme. Mais on essaierait de voir si ceux qui professent (ou croient professer) ces religions, ces systèmes, ces doctrines, ont le teint frais, le sommeil reposant, les rapports amènes, s'ils sont anxieux ou sereins, exagérément agressifs ou exagérément atones, s'ils sont névrotiques ou harmonieux.

« Toute vie est un processus de destruction. » La seule réussite concevable dans ce processus de désagrégation lente ou rapide des cellules, d'acheminement vers la mort, ce serait de réussir à se défaire, à vieillir, à s'en aller, avec sérénité. Avoir aimé quelques êtres assez intelligemment pour leur avoir donné un peu de bonheur. Avoir, comme disent les pancartes dans les forêts domaniales, *« laissé cet endroit aussi bien ou mieux que vous l'avez trouvé pour les autres promeneurs ».* Avoir fait son temps, et prendre congé le plus naturellement possible.

Mais celui qui dirait trop facilement de sa vie qu'il l'a réussie, je le soupçonnerais d'en avoir attendu si peu, un fruit si médiocre, une moisson si mesquine, que ça n'en valait vraiment pas la peine. Il me semble que plus une vie a été riche, féconde, «bien remplie», comme on dit, plus le projet, les projets de cette vie étaient ambitieux, énormes, presque démesurés – plus le décalage entre ce qu'on a souhaité et ce qu'on a accompli est grand. Shakespeare devait en même temps savoir parfaitement qu'il était Shakespeare, ce que nous savons tous, et être le seul à savoir que Shakespeare n'avait pas réalisé complètement l'image de Shakespeare que se formait le jeune William.

PÉCHÉ DE RÉPONSE   *20 octobre 1978*

Un jour où il s'était surpris à être plus affirmatif qu'à l'accoutumée, Yves Bonnefoy murmure en souriant : *« J'ai commis le péché de réponse. »* Si tous ceux qui ont commis ce péché s'en accusaient, même à mi-voix, quel tumulte, quel grondement de tonnerre!

OISEAUX   *21 octobre 1978*

J'aimerais être un véritable ornithologue, et digne d'exercer une des plus belles professions qui soient. Dans mon enfance, notre voisin charentais de la Branderaie de Garde-Épée était Jacques Delamain, l'auteur de très gracieux livres, *Pourquoi les oiseaux chantent, Les Jours et les Nuits des oiseaux.* Il vivait entre pins et vignes, les jumelles au cou, devenu lui-même une sorte d'oiseau pensant. Je crois qu'il avait, comme on disait alors, « des rentes », entre la maison d'édition Stock, Delamain et Boutelleau, et le très bon cognac Delamain. Mais le « métier » essentiel de Jacques Delamain était d'être le correspondant ornithologique du *Times* de Londres. Dès qu'un vol de migrateurs faisant route vers les côtes anglaises passait au-dessus de Garde-Épée, le veilleur du ciel décrochait le téléphone, appelait Londres. Le matin suivant, en se rendant à leur bureau de la City, les Londoniens apprenaient l'imminente arrivée d'un vol de harles huppés remontant du sud de la France pour aller prendre leurs quartiers d'été en Angleterre.

Dans les années 30 de mon enfance, un homme comme Jacques Delamain était un observateur solitaire et sédentaire. Qu'aurait-il dit en lisant ce numéro du *New York Times* du 4 mars 1975, que m'avait envoyé un ami? On y annonçait « à la une » que des milliers d'amateurs s'étaient retrouvés la veille sur les plages de Newburyport, dans le Massachusetts, où on avait signalé l'arrivée de la très rare mouette rose arctique inexplicablement émigrée de la lisière du *pack* des glaces. Notre maître à tous, le grand Roger Tory Peterson, l'homme qui connaît *tous* les oiseaux du monde, était là. Et, dans la foule des *bird watchers*, le secrétaire d'État à la Défense d'alors, James Schlesinger.

DES AILES POUR VOLER   *22 octobre 1978*

Deux rêves des hommes : voler, être immortel. De quel prix faudrait-il payer leur accomplissement? L'homme « éternel » serait sans doute en proie à l'excès de temps, ne s'attachant à rien puisque rien ne le requerrait de s'attacher : « Il sera encore temps demain. » Quant au désir de voler, on voit bien avec les oiseaux ce dont les ailes dispensent : des calculs de l'intelligence. Pour échapper à la majorité des périls, l'oiseau n'a pas besoin de réfléchir : il n'a qu'à s'envoler. L'amour de Tristan pour Iseult suppose qu'ils sont mortels. L'invention de la houe, du levier et de l'ordinateur suppose un corps plus lourd que l'air, qui a besoin d'idées plus légères que lui.

PETIT FAIT VRAI   *Rome, 27 octobre 1978*

Sur les marches, place d'Espagne, sous la Trinité-des-Monts, deux jeunes hommes riches et négligents, tandis que je lisais, ont prononcé votre nom, Selvaggia Barbara Borromeo.

Deux jours plus tard, au Pincio, j'ai demandé à Graziana si elle connaissait une jeune fille nommée Selvaggia Barbara Borromeo.

– Je ne l'ai plus revue depuis que nous étions à l'école. On dit qu'elle est très belle et fait courir les jeunes hommes.

« En revenant de classe, un jour, elle descendait du filobus, un homme l'a entraînée très vite dans les arbres.

« Elle avait neuf ans quand elle fut violée.

« Mais peut-être n'était-ce pas vrai, peut-être l'avait-elle inventé? Comment savoir?

« Barbara, en ce temps-là, aimait inventer des histoires. »

C'est tout ce que je sais de vous, votre nom, les deux prénoms, et la voix des deux jeunes hommes riches et négligents, place d'Espagne, sous la Trinité-des-Monts, disant, tout près de moi, en passant : « Selvaggia Barbara Borromeo. »

MARIAGE   *7 novembre 1978*

Ne vous mariez pas par amour, enseignent les faux sages : on se réveille de l'amour. C'est comme si les médecins conseillaient de ne pas dormir, parce qu'on se réveille du sommeil. Un homme qui a dormi est de meilleure humeur. Il reste au couple qui a connu la folie d'amour plus de ressources qu'à celui né du mariage de raison. Tout ce qu'on pourrait conseiller, si les conseils avaient ici un sens, c'est d'aimer de préférence qui on aimera toujours lorsqu'on ne l'aimera plus. L'amour crée la tendresse, qui survit à l'amour.

UN COUPLE   *10 novembre 1978*

R. et H. viennent dîner pour le plaisir de donner le spectacle de leur querelle permanente, mise en scène éprouvée (et éprouvante). Ils se font des scènes et crient « Bravo! ».

Il voulait une reine, qui serait son esclave. Elle voulait un maître, qui serait son serviteur. Ils furent heureux et eurent beaucoup d'orages.

À leur manière, ils illustrent l'axiome de Nietzsche : leur mariage est une longue conversation. Ils se sont tout dit, même des horreurs. Ils finiront par ne rien se dire, puis par se dédire.

ÉTONNEMENT   *Novembre 1978*

Dans le fameux questionnaire de Proust, à la question : « Quel est pour vous le comble du malheur? », je crois que je répondrais aujourd'hui : « Ne plus s'étonner de rien. » La seule chose qui m'étonne, c'est qu'on ne s'étonne pas. Qu'on prenne l'habitude. Qu'on tienne pour acquis, pour donné. Tout. Son existence à soi, celle des autres, la « société », les règles du jeu. On peut être bien disposé. Mais posé, jamais. Il faut se retourner dans le lit de la vie, dans le lit du fleuve. Pour se maintenir en forme, en forme de vivant, il est préférable de ne pas se laisser prendre forme comme le ciment *prend*. Un vivant, c'est une énigme qui se pose des questions, une devinette qui se pose des devinettes, un questionneur-questionné.

Tout le malheur de l'homme, et toute sa pauvreté, résident dans la *suffisance*. Les pierres, dit-on, sont malheureuses comme des pierres. Si c'est vrai, c'est parce qu'il leur suffit d'être pierres. Malheureuses, les pierres? On les soupçonnerait plutôt d'être seulement un peu refermées sur elles-mêmes. Elles doivent rater le plaisir d'« être ouvert », ouvert sur la vie, sur les autres, sur le mystère d'être là tous ensemble, en train de s'étonner.

REGARD   *2 décembre 1978*

Le romancier aime son prochain comme lui-même. L'autobiographe s'aime lui-même comme un prochain. Proust a exactement le même regard pour Charlus que pour Marcel, et pour Marcel que pour Charlus : même attention, même affection, même ironie, même indulgence et même sévérité.

Le travail d'écrire

DÉCEMBRE 1978

Genève, 12 décembre 1978

Madeleine Milhaud me donne l'hospitalité dans la maison genevoise de l'allée des Clochettes où elle vécut avec Darius jusqu'à sa fin. Je voulais terminer, loin de tout, cet *Entre-temps* (devenu depuis *La Traversée du Pont des Arts*) sur lequel je travaille depuis trois ans, en même temps qu'au long poème qui est « parallèle » au roman, *Sais-tu si nous sommes encore loin de la mer?* Madeleine, qui va d'un pas allègre vers ses quatre-vingts ans, plus vive et rieuse que jamais, Madeleine est le compagnon parfait de retraite; et Genève me semble à l'autre bout du monde – un bout du monde où cependant on parlerait français. Pour finir ce livre sans fin, pour achever ce voyage hors du temps ou à rebours du temps, le temps suisse, un temps à l'écart du temps, est idéal.

Genève, 18 décembre 1978

Je n'aime plus écrire, si écrire c'est « faire des livres » pour les regarder ensuite et les faire regarder en disant : « Comme c'est joli, ce que j'ai fabriqué là », si écrire c'est fignoler son style et lécher sa page. Écrire et lire, pour moi, ce n'est pas une façon de se retirer de la vie pour faire une œuvre d'art.

J'aimerais mieux essayer de faire de l'œuvre d'art une œuvre de vie, multiplier la vie, ses expériences. Je n'écris pas pour me faire plaisir ou faire plaisir (quoique je ne pense pas du tout que le plaisir à vivre et à agir et à aimer soit un mal en soi). J'écris comme je lis, pour essayer de vivre mieux, dans tous les sens du mot *mieux* : pour sentir plus de choses, et plus profondément, pour observer mieux et plus attentivement, pour comprendre mieux les gens et les choses, pour y voir plus clair et me tirer au clair, pour donner et recevoir, recevoir et donner, pour « faire passer », pour tenter de savoir vivre et pour apprendre à me tenir de mieux en mieux. Pour jouer aussi, parfois, pour le plaisir de l'imaginaire, pour jouir de la liberté ludique d'éluder la vie quotidienne. Mais le jeu lui-même n'est-il pas, dans son apparente gratuité, une façon ambiguë de s'affronter au réel, un apprentissage ? Il me semble qu'en règle générale la littérature ne sert à rien et ne vaut rien quand elle se veut utile, utilitaire et au service de « valeurs ». Mais qu'en même temps la passion d'écrire devrait être une passion morale. Cela peut aller de la gourmandise de vivre de Colette, qui écrit pour mieux savourer et pénétrer le goût des choses de tous les jours, la saveur d'un fruit, le velouté d'une chair, le pelage électrique d'un chat, à la leçon de tenue de Kouznetsov, qui écrit au Goulag pour survivre, pour garder ses distances avec ses bourreaux, pour garder l'échine droite face à ceux qui veulent le briser. La passion d'écrire, ce n'est pas une façon de vivre un peu moins pour créer un peu plus. Cela devrait être un art d'éclairer (pour soi et les autres) un peu plus la vie, afin de la vivre davantage.

LE TALENT ?   *Genève, 19 décembre 1978*

Le talent, ça n'existe pas. Le style, ça peut se perfectionner, mais ça ne se *travaille* pas. Le premier venu a ce qu'on appelle en art « du talent » dès qu'il est porté par la passion, le naturel et la nécessité. Vrais mots d'enfants, vraies paroles d'hommes et de femmes, mots d'amour : le *talent* court les rues. Le talent, c'est quand celui qui parle ne s'aperçoit même pas qu'il a du talent, et quand celui qui écoute n'y songe pas non plus. C'est lorsque ce qui est dit est l'évidence même, le naturel même et coule de source. Le style, en écriture, ça vient sans effort, sans y penser, quand ce qu'on a à dire est plus fort que la question : « Comment le dire? »... C'est comme en automobile les belles carrosseries : on sait bien que les voitures les plus belles ne le sont pas parce que les ingénieurs ont voulu les « faire jolies », mais parce qu'ils ont voulu les faire efficaces. Pas décoratives, mais aérodynamiques.

LES ÉCRITS VAINS   *Genève, 20 décembre 1978*

En France, tout le monde écrit, sauf les enfants de moins de six ans, qui n'ont pas encore appris à l'école que $b + a = ba =$ nrf et que l'on commence avec l'abécédaire pour terminer à *Apostrophes*. Grâce à Jules Ferry, à l'école laïque et à plusieurs générations d'admirables instituteurs (les seuls hommes de plume qui puissent s'entendre appeler « maître » sans avoir à rougir), chaque Français trouve en naissant dans sa giberne une plume sergent-major (ou une pointe Bic) – ce qui vaut, bien sûr, tous les bâtons de maréchal. Dans une patrie quasiment sans analphabètes, chaque citoyen est investi, sans avoir besoin d'être ministre, du saint ministère de la communication avec autrui. Une école primaire de première classe a fondé cette terre où l'« instit » et le facteur (mot bien plus noble que « préposé ») sont les deux piliers amicaux de la conversation nationale.

Tout le monde écrit. Mais, comme on dit en « Lacan », il n'y a que les auteurs d'écrits vains qui puissent avoir le front de se croire constamment écrivains. Les apparences en cela sont trompeuses. Dans la salle du courrier d'un grand journal ou d'une maison d'édition, où déferlent les lettres de lecteurs et les manuscrits d'écriteurs, on peut avoir l'impression que la France est peuplée de soixante-dix millions d'écrivains, que tous les écoliers français sont poètes, que toutes les demoiselles françaises ont un roman en train dans leur tiroir et que chaque habitant de ce curieux hexagone aspire, secrètement, à un uniforme d'académicien.

Car si l'école primaire, honneur de nos villages et de nos quartiers, met dans la main de chaque Français les armes modestes et primordiales de l'écriture-information, les enseignements secondaire et supérieur ont chez nous une assez fâcheuse tendance à se croire chargés de former des *écrivains*. La littérature française a inventé plusieurs « genres », de la chanson de geste à la tragédie en cinq actes et en alexandrins, du roman d'analyse au roman de gare. L'université française, croyant peut-être (la pauvre) imiter la coutume chinoise de recruter les bureaucrates parmi les « lettrés », a créé les deux genres littéraires les plus redoutables de l'histoire des écritures. La dissertation (ou composition) française est l'art de remplir une copie avec des phrases sans intérêt, mais correctes et élégantes, sur un sujet qui n'intéresse absolument ni le scripteur ni le lecteur : « *Racine peint les hommes tels qu'ils sont, Corneille tels qu'ils devraient être* », etc. La thèse est une discipline analogue aux coutumes matrimoniales de certains primitifs qui engraissent de force les futures épouses afin que le mari puisse les consommer dodues. L'obèse thèse classique française consiste trop souvent à gonfler en mille pages ce qui pourrait être dit en deux cents. « Bien écrire » sans avoir rien à dire, tirer à la ligne sans jamais tirer juste, disserter de tout en ne pensant à rien, composer le néant, polir le banal, enfler de vent des manuscrits mafflus, enfiler en vain des perles de culture en toc, produire à la chaîne le sempiternel modèle dont parlait Mallarmé, « *aboli bibelot d'inanité sonore* » — cette « formation » nous vaut le privilège d'être le peuple le plus riche en écriveurs, écrivistes, écrivants, écritsvents, écrivagues, écritiques, écrivoques, écriphages et autres écrimoires.

Je sais de quoi je parle. Quand, descendant la colline, je fais le bilan du travail de ma vie, il m'arrive souvent de regretter de n'avoir pas été un écrivain sauvage, un autodidacte, et de maudire les bénédictions de la « culture universitaire ». Si je suis parvenu à écrire trois ou quatre romans où je peux me reconnaître, quelques poèmes où j'entends ma voix sonner juste, quelques essais où je serre du plus près qu'il est possible « ma part de vérité »; si j'ai réussi enfin, ici et là, à pouvoir me dire que j'ai accompli la tâche que je m'étais fixée, sans pouvoir lui assigner évidemment une valeur absolue, mais en sachant que du moins j'ai été au bout de ma ressource, que j'ai tiré de mon fonds tout ce qu'il pouvait donner, et qu'on ne me donnera plus la note « *élève doué, pourrait mieux faire* », parce que j'ai fait le *mieux* dont j'étais capable – oui, si je peux me dire ça, cela n'a pas été sans mal, et je reviens de loin. Car, comme des centaines de milliers d'adolescents de ma classe qui ont été nourris au lait écrémé de l'Alma Mater, j'ai su « écrire » avant de savoir même ce que ça pourrait signifier que d'être un écrivain. Degas, grand peintre qui se distrayait à être mauvais poète, confiait à Mallarmé la difficulté qu'il rencontrait à écrire des vers : *« J'ai pourtant des idées! »*, soupirait-il. À quoi Mallarmé répondit : *« Mais, Degas, ce n'est pas avec des idées qu'on écrit les poèmes : c'est avec des mots. »* J'étais à seize ans comme Degas : j'avais des idées ou je croyais en avoir. Et si j'avais entendu Mallarmé me conseiller plutôt de chercher des mots, j'aurais compris tout de travers le conseil. Car je n'avais pas de difficulté à trouver mes mots : les mots me trouvaient avant que je les cherche. J'étais un de ces innombrables petits singes savants, dont l'espèce n'est certes pas éteinte, jeunes monstres froids, que six ans d'humanités inhumaines, la classe de philo, et parfois la khâgne, ont rompus à la gymnastique de ces essais qui ne seront jamais transformés. J'étais capable, dès le petit déjeuner, de trousser un commentaire de commentaire, une dissertation en trois points rédigée en phrases ternaires, nourries de cette « richesse de vocabulaire » qui propose toujours trois adjectifs plutôt qu'un. Sans avoir jamais réfléchi ni pensé, je n'étais jamais à court d'idées.

C'est cet enseignement et le triomphe des professeurs qui

ont donné à la France actuelle cette sinistre « littérature » de pseudo-idées qui se chassent l'une l'autre à la vitesse des succès *pop* du *hit-parade*, ce bavardage d'idéologues sur lequel glosent sans fin des universitaires impuissants mais prolixes. Cet intarissable brouillamini d'idéocrates fait passer pour des *écrivains* des pédagogues en goguette et des scolâtres en dérive. Que reste-t-il du Moyen Âge? Les grands scolastiques? Bérenger, Roscelin, Thierry de Chartres, Hélinand de Froidmont, Guillaume de Conches, Hugues de Saint-Victor, autant de noms fondus avec les neiges d'antan, quand deux vers de Rutebeuf ou de Villon restent frais comme lilas en juin. Une page de Colette ou de Julien Gracq durent et dureront davantage que toute notre bibliothèque des « penseurs du siècle de la semaine ».

Je sais de quoi je parle : le mal que je pense des « maigres penseurs », je le pense des pensées qui m'ont trop souvent dépensé sans que je les dépasse. J'ai écrit des centaines de vers sans intérêt avant que quelques vers me soient *donnés*, qui m'ont fait entrevoir ce que pourrait être la poésie (et sans jamais être assuré de ne pas retomber dans l'insignifiance). J'ai écrit beaucoup de pages de prose parfaitement brillantes et vides, avant que quelques pages me *viennent*, qui me laissaient pressentir ce que serait un écrivain (et sans être certain de toujours en rester digne). Les premiers poèmes dont je n'ai pas eu très vite honte, le premier roman que je n'ai pas jeté au panier ont été écrits sous l'effet de chocs affectifs : la guerre, la mort d'êtres que j'aimais, le chagrin et la compassion, la colère ou la nostalgie. Entre les premiers vers que publia Pierre Seghers pendant la « drôle de guerre » dans *Poètes casqués*, la petite revue qui précéda *Poésie 40*, et ceux qu'il publia après 1940, et que Max-Pol Fouchet réunit dans mon premier recueil, *L'Enfance de l'art*, je retrouve le sentiment que je ressentis à l'époque, de passer des balbutiements du petit singe savant à (si gauche soit-elle et encore incertaine) une voix de grande personne : c'est que j'avais été cogné par le deuil et le malheur, et que l'adolescent aux idées trop claires (si claires qu'on voyait le vide à travers) avait pénétré enfin dans les zones d'ombre de la vie. J'avais enfin oublié d'avoir des « idées », et je m'apercevais de l'existence en nous de ce grand fond nocturne que l'éducation et l'enseignement avaient tenté de m'apprendre à ignorer.

Quand j'étais jeune, Roger Leenhardt m'appliquait, en changeant simplement le prénom, un vers d'Henri Franck dans *La Danse devant l'arche* :

> *Et Claude qui riait tout le long de la route*
> *avait l'esprit trop clair pour bien comprendre tout.*

J'ai au moins appris une chose : à comprendre que je n'ai pas tout compris, et que les « idées » ne sont pas cet ouvre-boîtes universel dont rêvent les idéologues.

Je ne pense pas du tout que la littérature puisse se passer d'idées. Mais les idées elles-mêmes ne peuvent passer que si passe en elles l'électricité des émotions. Descartes n'est pas un grand écrivain parce qu'il avait des *« idées claires et distinctes »*, mais parce qu'il était aussi habité par les songes. Le génie de Pascal ne repose pas simplement sur son agilité dialectique, mais sur la passion que faisait surgir en lui sa vision des « contrariétés » de l'homme. Si Sartre n'avait exprimé que des « idées », il n'aurait écrit que *Les Communistes et la paix*, et pas *L'Être et le Néant*, ce cri de rage d'être-pour-rien, et *La Nausée*, cette vague de fureur.

Il est évidemment plus facile de feindre de délivrer un « message » éphémère que de créer une œuvre d'art véritable, et plus aisé de donner l'apparence du sérieux à un topo d'« idées » qu'à un roman, à un poème ou à une œuvre d'*imagination*.

La différence entre l'idéologie et la littérature, entre les moulins de la parole et le mouvement des mots qui viennent du cœur et y vont droit, le *déclic* qui fait qu'on se sent soudain en face d'une parole qui n'est pas vaine, je l'ai ressenti un jour au Caire. J'avais écouté sagement un égyptologue très savant m'exposer longuement une nouvelle théorie de la religion héliopolitaine. J'étais resté très froid, et l'Égypte ancienne

me demeurait lettre morte. Le lendemain, un autre égyptologue ami me traduisait le texte de la stèle mortuaire d'une
petite fille. Le poème hiéroglyphique fait simplement dire à
l'enfant morte (elle avait dix ans, il y a quatre mille ans) :

J'étais petite, et pourtant j'ai dû m'endormir
L'eau coule près de moi, et pourtant j'ai soif
J'ai quitté ma maison, sans avoir apaisé ma faim
C'est dur, le noir très noir, pour une petite enfant
Haute est la poitrine qui étouffe ma bouche
Les gardiens de la porte empêchent les vivants de venir me voir
Mon cœur serait heureux pourtant de voir des gens
J'aimais le bonheur
Maître des Dieux, Maître d'Éternité
Donne-moi du pain, de l'encens et de l'eau.

Être capable un jour d'écrire le poème que le scribe thébain
inscrivit sur la stèle de la petite disparue, devenir digne de
trouver la parole exacte qui est le plus court chemin d'un
millénaire à un autre, d'un homme à un autre, c'est la seule
ambition que devrait former celui qui rêve d'être *écrivain*.
Car quelques vers d'un poème amoureux de Paul le Silentiaire
dans l'*Anthologie grecque* nous émeuvent toujours, quand les
traités de théologie byzantine sont devenus de l'archéologie
idéologique, un langage mort depuis des siècles. Rien n'est
plus vrai ni plus durable que la fragilité des sentiments, l'éphémère des émotions et les sensations fugitives.

AU PÉRIL DE
L'IMAGINAIRE   *Genève, 20 décembre 1978*

Remis « à plat » *La Traversée du Pont des Arts* pour essayer
d'en trouver la *résolution*, ce « dernier mouvement » dont j'en-
trevoyais la couleur et la tonalité il y a trois ans, quand j'ai
entrepris le livre, et qui m'échappe depuis deux mois.

Si je défais les fils que j'ai tressés, enlacés et confondus dans le roman, il y en a trois ou quatre. Il y a le fil d'une espèce d'enquête biographique, presque policière, où l'enquêteur, un historien de la culture, cherche à reconstituer la vie d'un révolutionnaire dadaïste allemand, Schabel, et rencontre en chemin Charles Rivière, un musicien français oublié qu'il essaie aussi, d'ailleurs en vain, de pénétrer, de « reconstituer » et de comprendre. Il y a le fil d'une vie d'artiste, de l'œuvre méconnue d'un compositeur, le fil d'une création, l'obsession d'un homme qui depuis l'enfance cherche avec son art non pas un *passe-temps*, mais un *dépasse-temps*. Et le fil central, le fil d'Ariane de la construction, c'est une histoire d'amour, l'histoire d'un homme et d'une femme qui se rencontrent, se perdent, se retrouvent, traversent ensemble un long chemin de temps, puis se perdent irrémédiablement, parce que Louise meurt et que Charles reste seul. Mais sa passion de musicien, pour qui la musique était un moyen de suspendre le temps, et sa passion d'amant se confondent dans un même refus. Charles refuse l'absence de Louise. Il tente de nager à contre-courant du temps, de se retrouver au temps du *nous-deux-ensemble*. Il y parvient peut-être. Louise morte est de nouveau là, vivante – et c'est le dernier fil du roman, le fil d'un récit « fantastique ».

Mais je le sais parfaitement, la difficulté que je rencontre à terminer ce livre n'est pas d'ordre *technique*. Le blocage que je ressens est d'un autre ordre : en racontant la mort de Louise, je ne peux m'empêcher de m'accuser de *jouer* avec le destin. Je fais vivre à Charles la mort de la femme aimée en utilisant les ressources qui en moi existent pour *imaginer* et redouter la mort de la femme que j'aime. Avec ma peur la plus profonde je fais « de l'art », et la superstition première me fait craindre de mettre en péril celle qui me tient à cœur afin de mettre noir sur blanc une femme imaginaire – qui ne l'est pas tout à fait. Le travail de la fiction est une opération d'alchimie intérieure, un risque invisible et cependant extrême : je mets Loleh en danger en mettant Louise en péril. Et je ne me sentirai absous de jouer ici avec le feu, avec le pire, que si je réussis dans mon livre l'opération salvatrice de *transmutation.*

C'est la musique en elle-même, davantage que les musiciens de ma vie, mes amis, qui m'a *donné* ce roman qui s'achève. Charles Rivière n'a pas été « copié » dans la réalité. Ce n'est pas un personnage à clef ou « d'après nature ». C'est le premier venu. Ce premier venu, nous tous, qui ne se fait jamais à ce que le temps passe sans retour, et qui poursuit le rêve obstiné d'Orphée, de Chateaubriand, de Proust, de tout le monde, le rêve du temps retrouvé.

Mon premier usage de la musique, dans ses rapports avec le souvenir et le temps, usage naïf, ignorant et irréfléchi, fut celui d'un aide-mémoire. Une phrase de Schubert ou la chanson à la mode d'une saison *accrochaient* pour moi des images de ma vie, ramenaient, quand je les entendais à travers les années, un visage disparu, la lumière d'une journée effacée, la vibration d'un sentiment qui m'avait quitté.

Une fréquentation plus attentive de la musique la détacha bientôt de ces attachements superficiels, de cette façon de la vivre passivement comme une « musique à programme », le programme égoïste de notre propre destin, et de l'habitude d'utiliser la durée sonore comme une « petite madeleine » qui fait resurgir, mémoire involontaire et contingente, des fragments engloutis de ce que nous fûmes. Je m'aperçus enfin que ce n'était pas dans ce qu'elle *évoquait* que la musique était un art du temps, mais dans sa substance même : la pure musique, la musique pure du temps.

Comme tout le monde, Charles Rivière s'est nourri de ses rencontres et de ses choix. Il s'est souvenu avec moi d'avoir observé son ami Pierre Schaeffer en train d'inventer, dans les tâtonnements passionnants des premiers « bricolages » électroniques, la musique concrète. Il se revoit fasciné par le travail de Darius Milhaud, qui mettait alors en musique mon poème *La Rivière endormie,* en train de « manipuler » sur la console les aller et retour et les mixages des bandes. Charles Rivière a écouté, avec moi, les subtils pièges-à-temps et les légers attrape-silence de Webern. Il a poursuivi, à travers les œuvres de tous les temps et de tous les continents de la musique, ces instants où la matière sonore semble s'ouvrir sur un suspens du temps. Il s'est émerveillé, comme moi, de découvrir l'image dans la trame, la structure dissimulée par Beethoven dans les variations et les trilles de la *Sonate* op. 111, où le temps semble s'arrêter, se suspendre, se réfléchir en lui-même, et où la partition révèle que les accords de septième diminuée de l'*Adagio* sont le *renversement,* la remontée en sens inverse du thème exposé au début. Oui, Charles Rivière a *pris* partout, et beaucoup. Il n'a pourtant pas eu de *modèles.* Sinon ce modèle de la condition générale des passagers du temps, qui cherchent constamment à lui échapper. Et qui en ont parfois, dans l'amour, la poésie, la musique et leurs traversées du Pont des Arts, l'illusion. Ou la certitude?

FANTASTIQUE RÉEL   *Genève, 24 décembre 1978*

Rien n'est plus réel que ce qui apparaît fantastique. Tout ce que les hommes ont imaginé est réel parce que tout ce qu'ils ont désiré profondément est vrai. Je ne suis pas sûr de l'existence des hommes d'État qu'on voit à la télévision, mais je suis sûr de l'existence des fées, parce que nous rencontrons tous les jours des fées, de bonnes fées et de mauvaises fées. Les revenants ne sont pas des créatures de fable, parce que nous avons tous l'expérience de sentir que quelqu'un que nous avons aimé *revient,* pour nous bénir ou nous maudire. Les magiciens ne sont pas des inventions absurdes, parce que tout le monde pratique à un moment ou à un autre la magie, la magie blanche et or qui donne vie et force à ceux qu'on aime, et la magie noire, qui fait que nous fusillons du regard quelqu'un, ou l'envoyons au diable. Les mythes, la légende, les fables, les religions, tout est plus vrai qu'on ne croit. Les langues de feu du Saint-Esprit, ça tombe sur le premier venu, il se sent transporté. La communion des saints et la communion des pécheurs, c'est une expérience commune, celle de tenir à tous, d'être liés à tous, et que tous soient liés à nous, tiennent à nous. Dans *La Traversée du Pont des Arts,* quand Charles, après la mort de Louise, rencontre à nouveau Louise, ce n'est pas un épisode fantastique. Il nous arrive à tous d'être un instant incrédules devant la mort des êtres chers.

LE BOUT DU CHEMIN
Genève, 28 décembre 1978

Terminé hier soir la *Traversée.* Ai relu le manuscrit toute la journée. Je ne sais pas si ce livre sera « entendu » et, à vrai dire, j'en doute, sinon par les cinq mille lecteurs constants qui me prêtent l'oreille. Mais je sais simplement que j'ai fait, ici, exactement, ce que j'avais projeté de faire, que les quatre versions du livre et les trois années de travail m'ont permis d'aller au bout de ma ressource, et que je ne peux pas faire *mieux.*

C'est ça aussi, le bonheur : savoir qu'on a fait tout ce qu'on pouvait.

Vais revoir maintenant le « livre jumeau », *Sais-tu si nous sommes encore loin de la mer?*

LE TRAVAIL DE L'AMITIÉ
Genève, 28 décembre 1978

Rangé toute la journée les lettres que j'avais laissées s'accumuler depuis des mois sans les trier ni classer.

Dans la chemise où je garde celles de Roger Grenier, il y a des feuilles de papier blanc couvertes de chiffres. Ce ne sont pas des lettres, mais, aussi précieuses, les notes prises par Roger sur mes manuscrits à peine achevés, pour me signaler les fautes, les erreurs, me suggérer les corrections.

La pratique de l'amitié, chez les chats, ce n'est pas seulement de partager la même écuelle, de jouer et de dormir ensemble. C'est aussi de s'entre-toiletter. Ma chatte et le chat du dessous se nettoient mutuellement les oreilles, la nuque, le dessous du cou, ce que chacun ne peut atteindre en soi. Ainsi l'amitié entre amis pour se donner à voir mutuellement ce qui serait resté dans notre *angle mort*. C'est Roger qui m'a permis de corriger la construction, fautive dans le premier jet, de *Léone et les siens*. C'est Hector Bianciotti qui m'a suggéré de remplacer les « scènes d'amour » assez conventionnelles de la première version de *La Traversée du Pont des Arts* par leur « équivalent musical ». Et c'est Florence Delay qui a fait naître l'idée de l'épilogue, que j'ai écrit en quelques heures, et qui *conclut* en effet le livre jusque-là suspendu en l'air. Chaîne sans fin de l'amitié.

UNE SORTE DE
TESTAMENT   *Genève, 31 décembre 1978*

Sais-tu si nous sommes encore loin de la mer?, je l'ai écrit comme une sorte de testament. Ça sonne funèbre, le mot testament. Mais ça ne l'est pas si ça consiste à faire la somme de tout ce qui, pour un homme, a été le oui qu'il dit à la vie, les temps forts parmi la grisaille des temps morts. Je pense qu'on peut peut-être accepter la mort si on a su vivre jusqu'au fond sa vie. On peut accepter de disparaître si on est parvenu à apparaître vraiment. On peut se défaire si on a réussi à se rassembler. Ce poème-testament, c'est la récapitulation de toutes mes raisons de vivre – pour être prêt, le jour venu, à la déraison de mourir.

J'ai écrit ce poème en même temps que la *Traversée,* au long des mêmes années. Comme la *Traversée,* c'est au fond un récit, un poème qui raconte une histoire. Les trois fils d'une histoire mêlés brin à brin. L'histoire de la planète, une histoire géologique et cosmogonique, une *histoire naturelle.* L'histoire des paroles-réponses que l'humanité a données à l'énigme de vivre, aux délices et à la souffrance d'exister. Et, tout à fait subjective, l'histoire d'un individu, d'un passant de la terre parmi des milliards et des milliards de passagers de la planète, l'histoire de Claude Roy, la moins importante sûrement, mais celle dont j'ai l'expérience la plus sûre.

1979

Retourné, dans la même journée, au British Museum et chez Pollock's. Le musée des Jouets de Mr. Pollock, dans Scala Street, est une minuscule maisonnette de deux étages. Le British Museum, à Russell Square, est un immense édifice. Passer de l'un à l'autre, c'est tenir les deux extrémités du « complexe de Noé ». Pollock's, fondé en 1851, réunit une des plus belles collections du monde de jouets et de maisons de poupée. La maison de poupée, c'est cette copie parfaite de la maison des grandes personnes. La vraie maison est tellement grande que les petits enfants s'y sentent trop petits. On leur donne alors une maison de poupée où ils seront les maîtres : une cuisine, un salon, des chambres à leur mesure, à leur portée, à leur main. Mais que demandaient d'autre les morts égyptiens ou chinois dont les salles du British Museum rassemblent les « modèles réduits » de demeures, les villas d'Amarna à l'échelle de maquettes, ces maisons de poupée en bois qu'on disposait au pied du sarcophage, avec leurs serviteurs, leurs archers, leurs joueuses de harpe, l'écuelle de blé, les minuscules jarres, les outils des travaux et les instruments des plaisirs ? Ces maisons-jouets des morts étaient l'aide-mémoire de ceux qui n'ont plus la mémoire, le concentré de vie de ceux qui n'ont plus la vie. Comme l'étaient, des Han à la dynastie Tang, ces palais miniatures de terre cuite, avec leur peuple de servantes, de danseuses, de joueuses de flûte, leurs animaux familiers, leurs réserves de semble-victuailles, et le chat sacré de la demeure, grand comme une souris, chat amical qui continue depuis des millénaires à ronronner dans le silence des nécropoles – ou des musées.

Les morts, pour ne pas oublier le temps de la vie, ont besoin de pouvoir tenir, dans les mains qu'ils n'ont plus, la maison de leurs jours et les compagnons de leur temps. Les enfants, afin de pouvoir affronter l'avenir-temps qui leur sera donné, ont besoin, pour ne pas se sentir lilliputiens, mais pour se donner le pouvoir de Gulliver, de dominer la maison de poupée devant laquelle – *dans* laquelle – ils sont déjà des *grands*. Il s'agit toujours de « garder en vie », de garder la vie, de posséder un temps ce monde qui nous déborde.

FANATIQUE   *Londres, 23 janvier 1979*

David Frost cite une lettre de lecteur publiée par le *Times*, à propos de la « Waterloo Cup » de chasse au lévrier disputée à Altcar (Lancashire). La discussion était ouverte entre partisans de la chasse à courre et adversaires. Ceux-ci soutenaient que le renard ou le lièvre souffrent abominablement quand les chiens les coursent, puis les dépècent. Le colonel sir Lancelot Rolleston affirme, au contraire : « *Si les renards disposaient, comme les femmes, du droit de vote, je suis certain qu'ils voteraient à l'unanimité pour le maintien de la chasse à courre. J'ai connu un renard qui était absolument fanatique de cette chasse. Après l'avoir couru plusieurs saisons, je regrette d'avoir à dire que je l'ai tué.* »

MUSIQUE   *8 février 1979*

L'usage de la musique aujourd'hui me paraît tout à fait significatif de ce qu'est la société dans laquelle nous vivons (si on peut appeler vivre l'acharnement à survivre dans un émiettement perpétué de l'esprit). Il s'agirait, paraît-il, d'une « société de consommation ». Mais, pour rester dans le domaine des arts, si on considère la « consommation » de musique qui est faite à la radio, à la télé, dans les juke-boxes, dans les ascenseurs, dans les rues, dans les grandes surfaces, dans les aérodromes et au téléphone de Radio-Taxi, au standard du groupe Presses de la Cité ou de Radio-France, d'Air France et de Péchiney, dans le métro, dans les festivals (et même dans les concerts), jamais en effet on n'a *consommé* autant de musique depuis les débuts de l'Histoire. Je pousse mon caddie au supermarché dans le fracas des « Clash ». J'attends mon « correspondant » pendant que Vivaldi ou un impromptu de Schubert est déchiqueté durement par une voix douce qui me supplie de « ne pas quitter l'écoute ». Mais cette consommation de musique est, nous le savons très bien, une non-consommation. Un courant ininterrompu de sons, d'images, de mots, s'écoule sans fin. Ces sons, ces images, ces mots ne sont pas destinés à être écoutés, regardés, perçus, mais à tuer le temps, à meubler le vide, à faire oublier les temps morts (ou la mort) en oubliant de vivre. On vend au rayon épicerie des magasins un assortiment de noisettes, raisins secs et noix de cajou destiné à être mâchouillé devant le petit écran, et qui porte le beau nom de « mélange télévision ». Cet aliment pour ruminants humains est vraiment emblématique : mélange musique, mélange paroles, mélange images, mélange idées, mélange tout, mélange rien, avec l'écran qui s'agite, que personne ne regarde, la musique qui s'écoule, que personne n'écoute, la parole qui se parle, sans qu'on sache ce qu'elle dit, le fil du temps écharpillé pendant que la mâchoire bovine broie le « mélange télévision ».

TROUBLE (COMMUNIQUER LE) *Mars 1979*

La pensée de Marc Aurèle : *« Il est indigne d'une grande âme de communiquer le trouble qu'elle ressent »*, est un excellent pré-

cepte pour les capitaines à la guerre, mais risquerait de faire
taire la moitié des écrivains. Les plus *désespérants* des grands
écrivains, des tragiques grecs à Kafka, communiquent peu à
peu autre chose que le désespoir : une sorte de paix, de
confiance, d'énergie... Ce sont des décourageurs qui encou-
ragent, des démoralisateurs qui remontent le moral.

SILENCE IMPOSÉ   *Mars 1979*

Le poète socialiste iranien Farokhi est envoyé mourir dans
un hôpital de prison par Réza Shâh, mais, quelque temps
auparavant, la tribu des Qashquay lui avait cousu les lèvres
pour le faire taire. Tous les États meurent d'envie de coudre
le bec des gêneurs, mais tous n'ont pas l'innocence de la tribu
des Qashquay.

ŒUFS ET OMELETTE   *Mars 1979*

Les métaphores gastronomiques de la « Révolution » : on
ne fait pas d'omelette sans casser d'œufs, la Révolution n'est
pas un dîner en ville, ont ceci de juste que souvent la Révolution dévore, mais sans que le repas profite à personne.

Guérir qui?
Les pseudo-révolutionnaires, partis pour « guérir » la société.
On s'aperçoit à la fin qu'ils n'avaient besoin que de guérir
leurs névroses.

Permis de conduire
Un examen pour le permis de conduire les peuples.

Une théorie politique consiste en général à faire comme si un élément capital n'avait pas d'importance, et comme si un élément avait seul de l'importance. Le capitalisme fait comme si l'argent était tout et la dignité rien. Le conservatisme fait comme si les hommes étaient enclins à conserver ce qui est valable et comme si l'envie de ne pas conserver ce qui est sans valeur était un vice. Le communisme, comme si le pouvoir de l'État était la panacée et l'autonomie des citoyens un crime. Le nationalisme, comme si *ma* nation était la meilleure parce que *ma* nation, etc.

LE POUVOIR
C'EST LE VOL

« La propriété c'est le vol. » Non : le pouvoir, c'est le vol – et le viol. Le pouvoir d'un clergé c'est le vol des fidèles, le pouvoir d'un monarque le vol des sujets, le pouvoir d'une classe le vol des autres classes, le pouvoir des techniciens le vol des ignorants, etc.

ERSATZ

On n'a plus de conversation   mais on a des colloques
On n'a plus de dialogue   mais on a des débats
On ne sait plus écrire   mais on sait disserter
On n'a plus de maîtres   mais des séminaires

On a des notions sur tout   et un savoir sur rien

On n'a plus d'innovateurs   mais une avant-garde paten-
                                     tée et des poètes maudits
                                     garantis par l'État

On n'écrit plus de livres   on enregistre des entretiens
                                     au magnétophone

On ne publie plus   on s'occupe de la promotion

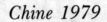
Chine 1979

Mai-juin 1979

Pékin. Comme les cigales en Provence, les centaines de
sonnettes de vélos sur l'avenue de la Longue-Paix.

Place Tian'an men, le mausolée de Mao coupe brutalement
la belle perspective sur les portes Qian Men et Zheng Yang
Men. Architecture « stalinienne », le mausolée ressemble à un
immense congélateur. Face à l'entrée de la Cité Interdite, les
sempiternels portraits de Mao, Lénine et Staline.

— Vous ne reverrez pas tous vos amis..., me dit Z. en nous
accueillant.

Lao She est bien mort. Les propagandistes maoïstes, de
Han Suyin à Michelle Loi, assuraient que la nouvelle de son
« suicide » était une calomnie du Kuomintang et de la C.I.A.,
ou (comme disait Loi) que ce n'était pas *une question tellement
intéressante »*.

Hu Jieqing, la veuve de mon ami, a été convoquée par la
police pour reconnaître le corps de son mari. Le cadavre était
étendu sur le sol, sous un drap, près d'un des bassins du Parc
du Nord. Elle a voulu soulever le drap. Les policiers l'en ont
empêchée. « Reconnaissez-vous ses chaussures? — Oui. »

Lao She attendait de la « libération » qu'elle *libère* en effet

---

1. C'est à partir des matériaux de ce carnet que fut écrit *Sur la Chine*, publié en
1980 dans la collection de poche « Idées » (Gallimard édit.).

son peuple. Il brûlait du zèle de « servir le peuple ». Sa foi
révolutionnaire me faisait même un peu peur à l'époque. Je
craignais qu'il ne se mutile ou ne s'appauvrisse, dans sa volonté
de se « mettre au service » des masses. Qu'au lieu de les élever,
il ne parvienne qu'à s'abaisser, sans profit pour personne (il
écrivit, en effet, trois ou quatre pièces d'*agit-prop* bien
médiocres, mais se reprit vite).

Au cours de mon premier et long séjour dans la Chine des
grandes espérances, celle des *bonnes années*, Zhao Shuli était
le plus populaire (et le plus « peuple ») des écrivains. Fils de
paysans pauvres, instituteur, volontaire dans la VIIIe Armée
de Route, des années de combat contre les Japonais, en prison
dans le Kuomintang, vingt ans de Parti communiste. Je ne
verrai plus jamais son regard vif et malicieux. « *Camarade Roy,*
disait-il, *le peuple chinois soulèvera les montagnes...* » Zhao repose
sous les montagnes. Il vivait en ascète, faisait don de ses
énormes droits d'auteur au Parti, passait sa vie « immergé »
dans les « masses ». Les « masses » l'ont assassiné pendant la
Révolution Culturelle.

— Je n'étais pas à Pékin quand Zhao est mort, me dit Z.
J'étais « à la campagne » — déporté. On m'a dit au retour
que Zhao avait été promené avec une pancarte de « contre-
révolutionnaire ennemi du peuple » suspendue à son cou
pendant trois jours dans les rues. On l'a ramené chez lui
avec cinq côtes cassées, le visage tuméfié, aveugle, les yeux
collés par le sang. Une des côtes avait perforé un poumon.
Sa femme a demandé qu'on l'admette dans un hôpital. On
lui a répondu qu'il n'y avait pas de lit dans les hôpitaux du
peuple pour un ennemi du peuple. Zhao est mort quelques
jours plus tard...

J'apprends en deux jours la disparition à la même époque
de Deng Tuo, de Tao Zhu, de Wu Han. Le poète Ai Qing
est à l'hôpital n° 1 de Pékin, où on le soigne à la suite des
mauvais traitements qu'il a subis. Mon vieil ami Lo Takang
se remet mal de ses années de déportation à la campagne.

Tous les matins, le *Renmin Ribao* publie les réhabilitations des victimes. Les cendres des plus célèbres sont transférées solennellement au Cimetière des Héros de Babaoshan.

Inimaginable saignée de la Révolution Culturelle, qui s'accompagne d'une régression dans tous les domaines. Les résultats obtenus pendant les premières années de la Chine populaire (« les bonnes années », disent nos amis chinois) sont remis en question.

Le besoin de « raisons rationnelles » pour expliquer les conduites aberrantes est si fort que, pour chaque « Terreur » dont l'Histoire donne le tableau, on voit les contemporains et la postérité chercher (et trouver) des « raisons ». Robespierre fait régner la Terreur *parce que* l'ennemi extérieur menace et *parce que* l'adversaire intérieur s'agite (mais, au plus fort de la Terreur, l'ennemi extérieur est déjà vaincu). Staline lance les purges et peuple le Goulag *parce que* l'U.R.S.S. est une « citadelle assiégée ». Mao lance la Révolution Culturelle *parce que* la Chine est encerclée, etc. Mais, quand on y regarde de près, ces rationalisations se révèlent absurdes, et les résultats désastreux : la Terreur de la Grande Révolution amène Thermidor. Le stalinisme laisse l'U.R.S.S. exténuée et si arriérée que mon amie Lena me disait : « Le jour où je suis sortie de chez nous pour la première fois et où j'ai découvert la Finlande, franchir la frontière c'était comme passer en une heure du XVIIᵉ siècle au XXᵉ... » Quant à la Révolution Culturelle chinoise, elle laisse les campagnes affamées, l'industrie stagnante ou en recul, la démographie plus galopante que jamais, l'enseignement démantelé, la culture étouffée.

Ce qui est déraisonnable, c'est de vouloir trouver seulement des raisons raisonnables aux grandes dérives démentes que provoquent l'appétit de pouvoir, les plaisirs de la cruauté, le goût du sang, les délices du mal – et les voluptés de la bêtise toute-puissante.

Les Chinois. Peuple admirable. Malin. Subtil. Courageux. Patient. Suprêmement *civilisé.*
Comme de tous les peuples, on peut en faire une horde

féroce. Il suffit d'une bonne technique de manipulation des masses, d'une police efficace, d'une propagande grossière mais bien martelée. On fait passer les Allemands de Beethoven et Schubert à Hitler et Eichmann, les Russes de Tolstoï et Tchekhov à Iejov et Beria, les Chinois de Lu Xin à Mao. Si Doriot avait pris le pouvoir en France et Oswald Mosley en Angleterre, on aurait peut-être vu une proportion impressionnante de Français et d'Anglais se transformer en *chiens*.

Faut-il désespérer pourtant? Quand une éducation *humaine* a marqué assez longtemps et assez profondément un peuple, il peut échapper à la tentation de la sauvagerie d'État. Même fasciste, l'Italie reste relativement tolérante et débonnaire. La Hollande et le Danemark occupés donnent l'exemple d'une tenue collective admirable.

– En 1945, me dit B., on sous-estimait seulement le nombre de millions de Soviétiques déportés, exécutés ou morts pendant les purges et les grandes famines. Mais, hors de l'U.R.S.S., on connaissait à peu près exactement le nombre et l'emplacement des camps. Aujourd'hui, en Chine, personne (sauf au ministère de la Sécurité publique) ne peut dire combien il y a de camps de « rééducation », de « fermes d'État » et de prisons, où ils se trouvent, combien de déportés y sont détenus. Mais, de toute façon, une carte précise des camps et un état numérique de la population concentrationnaire ne rendraient pas compte de ce qu'a été la répression pendant la Révolution Culturelle. De même que pendant le Grand Bond en Avant la sidérurgie chinoise avait été éparpillée en centaines de milliers de petits hauts fourneaux, d'unités, de brigades, de villages, de communes, de même pendant la G.R.C.P. la terreur était « décentralisée ». Il y avait, il y a encore certainement un système central du Goulag chinois. Mais, de 1966 à 1976, chaque « unité de travail » avait sa prison artisanale, son « mitard » improvisé, ses geôliers amateurs, son tribunal populaire, ses tortionnaires bénévoles, ses exécuteurs volontaires. On n'était pas encore parvenu à abolir complètement la distinction manuel-intellectuel, villes-campagnes. Mais on avait déjà réussi à effacer complètement les différences entre « civil » et « judiciaire », citoyen et policier, camarade et bourreau. Les écoliers apprenaient en même temps que les caractères de l'écriture à tenir à l'œil les suspects, à les dénoncer, à « critiquer », à enfermer, garder, battre et, si le tribunal populaire l'avait décidée, à assister à l'exécution comme à une fête. La terreur intériorisée et extériorisée ne cessait jamais. Pendant une saison on traquait les liu-shaoqistes... Puis on pourchassait les gens soupçonnés de faire partie du « Groupe du 16 mai »... Puis c'était le tour des complices de Lin Biao... De toute façon, les morts étaient bien morts, et les vivants pouvaient d'ailleurs cumuler sur leur tête plusieurs chefs d'accusation...

Bruits de la Chine

Le *ahi-ho!* de deux hommes demi-nus et en sueur tirant un charreton chargé de grandes caisses et devant franchir un dos-d'âne sur le chemin de terre battue.

Le *floc-fluic* d'un buffle aux cornes calligraphiées comme par un artiste des Song, qui s'enfonce dans l'eau jusqu'au cou pour échapper à la brûlure du soleil.

Le *hao* de gorge raclée des spectateurs de l'opéra, qui approuvent la performance d'un chanteur ou les sauts périlleux à l'envers d'un « soldat » d'opéra historique.

Le gong qui fait *gong* quand on appelle les paysans à l'assemblée du village ou de la commune, et quand au théâtre l'armée va prendre d'assaut la forteresse ennemie.

Le froissement des ailes d'un héron au-dessus de la rivière de Guelin.

La rumeur d'un « marché libre » où les ménagères marchandent longuement un maigre poulet attaché avec du raphia.

Un Chinois qui crache, deux Chinois qui crachent, trois Chinois qui crachent.

Les haut-parleurs de la commune populaire qui « expliquent le plan » aux masses. Les haut-parleurs du train qui expliquent le voyage aux voyageurs.

Les haut-parleurs qui expliquent qu'il n'est pas hygiénique ni correct de cracher par terre.

Plaisirs de Pékin

Manger l'hiver un bol de nouilles chaudes, l'été une tranche de pastèque à l'échoppe d'un marchand des rues.

Se faire photographier avec son amie par un photographe ambulant sur la place Tian'an men, dans un parc ou dans la Cité Impériale.

Aller canoter sur un des lacs des parcs.

Se lever très tôt et aller avec un groupe pratiquer la culture physique du *taijiqan* près de la Cité Impériale.

Jouer aux échecs, le *xiang qi,* le *weigui* ou le *go,* dans les jardins ou sur les marches d'un ancien temple, ou sur le trottoir.

Pour les femmes, bavarder avec les voisines en allant chercher de l'eau à la pompe commune du *hutung.*

Faire bouillir soi-même, au restaurant mongol, la tranche de mouton dans la marmite commune et l'assaisonner de sauce piquante.

Une grande limousine aux rideaux de soie soigneusement baissés passe à vive allure : comme à Moscou, les dirigeants vivent à l'abri des regards du peuple. L'ancienne Cité Interdite est ouverte aux badauds et aux touristes, mais à côté d'elle le *bunker* des officiels du régime, Zhongnanhai, est une nouvelle Cité Interdite, plus jalousement isolée que l'autre.

Malgré la haine que les Chinois vouent aux Russes, un « stalinisme aux yeux bridés » demeure un stalinisme. La Chine populaire, creusée de souterrains dans la crainte d'une invasion russe, où, dans les films d'espionnage et d'aventures, le *vilain* est toujours un sinistre Soviétique, demeure institutionnellement *soviétique,* c'est-à-dire un pays sans soviets du peuple. De la structure du Parti-État à l'organisation de l'« Intourist » chinois, la Lüxingshe, de la « langue de bois » au rituel des parades, défilés, assemblées, de la presse stéréotypée à l'isolation aseptique du pays par un « rideau de bambou », de la hiérarchie pyramidale d'un « appareil » qui quadrille chaque atome d'espace et chaque seconde de temps à l'architecture officielle, la Chine est le décalque de la société soviétique.

Choses très précieuses dans une maison chinoise

Une bouteille thermos de couleurs vives, décorée de chrysanthèmes écarlates.

Une tasse d'eau très chaude pour économiser le thé.

Une photo du président et du puissant du jour (Mao, Liu Shaoqi, Lin Biao, Hua Gofeng, Deng, etc.) pour n'avoir pas d'ennuis avec les cadres du Comité de Rue et n'être pas classé « mauvais élément ».

Un ventilateur électrique offert par la belle-sœur de Hong Kong.

Lu. Vingt-sept ans. Son père était professeur de français à l'université de M. En raison de sa « mauvaise origine de classe », Lu n'a donc pas pu faire d'études secondaires. Il est forgeron. Il a beaucoup lu, tout ce qu'il a pu trouver, et il réfléchit sans arrêt. Garde Rouge, il a voyagé en criant sa révolte, avec des centaines de camarades, à travers toute la Chine. Un peu trop « révolté ». On l'a envoyé se rafraîchir les idées à la campagne pendant cinq ans. Il y a étudié la vie des paysans en vrai « sociologue sauvage ». Il a sept jours de congé par an, en dehors des dimanches. Une journée pour le Nouvel An. Trois jours pour la fête du Printemps. Sept jours, dont plusieurs sont occupés à défiler obligatoirement (le 1er mai, le 1er octobre). Ne dispose que de ses soirées pour lire, discuter avec ses amis et aller au Parc avec son amie. Il l'épousera : 1) le jour où ses cadres et son « unité de travail » et ceux de sa fiancée auront consenti à leur mariage; 2) lorsqu'ils auront trouvé un logement; 3) lorsqu'ils auront pu acheter un lit, de la vaisselle, une cuisinière, une seconde bicyclette pour la jeune fille, une machine à coudre, etc. Lu peut lire le français que son père lui a enseigné à la maison. Il le parle un peu. Il apprend maintenant l'anglais (en écoutant très tôt, avant d'aller au travail, les leçons diffusées par la « Voix de l'Amérique », dont l'anglais, dit-il, est meilleur que l'anglais des leçons de langues de Radio-Pékin).

Lu a une théorie personnelle de la Chine populaire. Tout le bien, dit-il, vient de ce que le président Mao a conduit la Chine à passer du semi-féodalisme et de la décomposition sociale au socialisme. Tout le malheur, c'est qu'il a voulu forcer la marche vers le communisme. Lu se souvient ici du mot d'ordre lancé en 1958 : *« Aller au communisme chaussé de bottes de sept lieues! »*

Le socialisme, dit-il, a augmenté en une dizaine d'années l'espérance de vie moyenne d'un Chinois à sa naissance, qui a dépassé soixante ans, contre quarante-sept ans au Bangladesh, et ramené la mortalité infantile à un des taux les plus bas des pays du tiers monde.

Le communisme a diminué, et très sensiblement, cette moyenne en faisant périr de famine des millions de paysans à la suite du Grand Bond en Avant, en tuant des centaines de milliers d'innocents dans la répression de la Révolution Culturelle et pendant les années du règne des « Quatre ».

Le socialisme a réussi à apprendre à lire et à écrire à quatre-vingt-quinze Chinois sur cent et à développer considérablement l'enseignement primaire, secondaire et supérieur.

Le communisme a aussitôt supprimé à peu près totalement les livres, a fait des librairies un désert peuplé de milliers d'exemplaires des œuvres de Mao, a fait des journaux et des revues des « moulins à prières » monotones et vides.

(« J'ai honte et regret d'une chose, avoue Lu. Pendant la Révolution Culturelle, j'ai brûlé tous les livres classiques de ma bibliothèque, de peur que, si on les trouvait, on me traite de « contre-révolutionnaire ». Et puis, ajoute-t-il, parce que j'avais réussi à me persuader que ces livres étaient des « herbes vénéneuses ». Aujourd'hui, quand on les réimprime, le tirage est épuisé en une matinée, et on ne les trouve plus jamais... »)

Le socialisme, poursuit Lu, a réellement libéré les femmes de leur sujétion séculaire, même s'il reste beaucoup à faire. Il a réellement libéré les paysans de leur asservissement aux propriétaires fonciers.

Le communisme a aussitôt assujetti tous les citoyens aux ordres, virages et caprices de l'appareil d'État, contraint tous les Chinois à crier un matin « À bas Liu Shaoqi! », le lendemain « Vive Lin Biao! », et puis le mois suivant : « À mort Lin Biao! », puis un peu plus tard : « *Pi Lin! Pi Kong!* À bas Lin Biao, à bas Confucius! », puis aujourd'hui : « À bas la Bande des Quatre! »

Le socialisme a affranchi les masses d'un grand nombre de superstitions, de coutumes néfastes, d'ignorances entretenues.

Le communisme a immédiatement érigé de nouveaux autels, transformé le culte des ancêtres en culte de Marx, Engels, Lénine, Staline et Mao.

Le socialisme a réussi en quelques années à réduire les inégalités dans le peuple, à organiser une vie austère mais assez équitable, à donner à la masse des Chinois le sentiment du devoir civique, le goût du travail en commun, l'enthousiasme, la fierté nationale.

Le communisme est parvenu, comme en se jouant, à reconstituer une bureaucratie et une classe dirigeante privilégiée, à reconstruire un système d'inégalités rigides, inégalités du savoir et de l'information, inégalité des salaires, inégalité du pouvoir, etc.

W. L., dessinateur, a eu des ennuis pendant la Révolution Culturelle. « Que vous reprochait-on? – Dans une affiche, j'avais représenté un groupe de travailleurs qui allait de gauche à droite, symbole évident d'une volonté de retour au capitalisme. »

Dîner à l'Union des Écrivains avec quelques confrères chinois. La règle actuelle du jeu social : contourner le problème Mao. On laisse sa statue présente, mais comme en creux. À part cela, conversation remarquablement directe et franche. On n'en est pas encore (en tous les cas, devant un étranger) à tenter une analyse des causes du gigantesque dérapage de la Révolution. Mais au célèbre slogan de Lin Biao : « *Chaque parole du président Mao est une vérité, et a plus de valeur que dix mille autres* », on oppose actuellement le mot d'ordre : « *Laissons parler les faits. C'est la pratique et non l'idéologie qui est le critère de la vérité.* » Cao Yu, auteur d'*Orage* et d'*Aurore*, tableaux de la décomposition de la société chinoise écrits et joués pendant les années 30, a repris la direction du Théâtre de la Capitale. Son théâtre a été fermé pendant des années. Il rouvrait parfois pour une représentation d'un des huit « opéras révolutionnaires » de Mme Mao. Plus heureux que beaucoup de ses confrères, Cao Yu, dont les pièces avaient été retirées des théâtres et de l'édition, est cependant resté dans son théâtre de la rue Wang Fu Jing. « *Il était concierge et balayeur* », me précise discrètement une de ses collaboratrices.

Comme la plupart des Chinois, intellectuels ou non, aucun des convives de ce soir n'a pu éviter hier, à un moment ou à un autre, l'autocritique rituelle, ni la « critique » accusatrice des « *herbes vénéneuses* » d'autrui. « *C'est après ma troisième auto-critique*, me confie le vieux maître Ba Jin (Pa Kin), *que j'ai commencé à me dire que ce n'était pas moi qui étais dans l'erreur, mais eux...* » Wu Han lui-même, le plus lucide et le plus courageux critique de la « Folie Mao », publie en juillet 1957 dans le *Renmin Ribao*, sous le titre *Je hais, j'accuse*, une violente « critique » de deux « libéraux » mis au pilori pendant la répression des Cent Fleurs, Zhang Bojun et Luo Longji. Huit ans plus tard, c'est lui qu'on *Hait*, lui qu'on *accuse*. Lui qui va périr...

Un de mes interlocuteurs, comme on parle de l'étendue de la répression, qui n'a épargné aucune catégorie sociale, se demande si le chiffre de 400 000 victimes de la Révolution Culturelle, avancé par Zhou Enlai dans une interview avec

Edgar Snow, n'est pas en dessous de la réalité. Il semble l'être, de beaucoup.

Cao Yu plaide pour les voyageurs occidentaux maophiles qui ont apporté en Europe des témoignages aujourd'hui si dérisoirement démentis. Je lui dis que moi-même, en 1952, j'ai probablement cédé à l'« *illusion lyrique* » dont parle Malraux. « *Oh*, dit-il, *cette époque-là, c'était ce que le peuple chinois appelle encore* " *les bonnes années* ". » Mais depuis... Il ajoute : « *Il ne faut pas en vouloir à ceux de vos compatriotes qui ensuite ont embelli le tableau. Ils ont cru ce qu'on leur disait...* »

Mais ils n'ont *vu* que ce qu'ils *voulaient croire...*

Hier, au Théâtre de la Capitale, la *Maison de Thé* de Lao She, dans la mise en scène de Jiao Juqing, victime lui aussi de la Révolution Culturelle.

Après la représentation, les acteurs et l'assistant de Jiao Juqing, qui a repris la mise en scène du disparu, s'excusent de leur travail – qui est d'ailleurs excellent : « *Nous n'avons pas joué pendant tant d'années. La plupart d'entre nous étaient* "*à la campagne*"... »

Ce soir, opéra. Là aussi les acteurs s'excusent des faiblesses de leur travail : ils ont été « à la campagne » si longtemps...

Rien n'a fait mieux ressentir au peuple chinois l'absurde fanatisme de la Révolution Culturelle que la tentative d'extermination totale de l'opéra d'un bout de la Chine à l'autre, où les centaines d'œuvres du répertoire traditionnel et les dizaines de styles provinciaux ont été remplacés autoritairement pendant quelques années par les mêmes modèles rabougris d'« opéras révolutionnaires » (huit en tout, pour près d'un milliard d'habitants...).

Le Mur de la Démocratie, sur l'avenue Chang'an jie, à dix minutes de Tian'an men et de la Cité Interdite, n'est plus qu'une curiosité déjà anachronique. Le « Printemps de Pékin » n'en a plus pour longtemps, avant le retour d'un rude hiver. Le temps n'est plus où les *dazibaos* qu'on pouvait y lire étaient des textes politiques virulents.

C'est devant l'un de ceux-ci, nous a raconté la sinologue

Marie Holzman, qui travaillait alors à l'A.F.P. de Pékin et servait d'interprète à une équipe de la télévision française, que Han Suyin donna un exemple superbe d'impudence. Interrogée par le journaliste français sur le sens d'une affiche manuscrite, Han Suyin y jeta un coup d'œil, découvrit bien entendu qu'il s'agissait de revendications politiques et répondit d'un ton détaché : « Ce sont des gens qui ont à se plaindre de leur logement... » Ceux qui, comme Marie Holzman, lisaient le chinois restèrent bouche bée devant le tranquille cynisme de Han Suyin.

— Le quadrillage chez nous est si parfait, la surveillance de chaque Chinois si serrée, me dit T., qu'aucun geste, aucune initiative ne peut échapper à la Sécurité et au Gouvernement. Si le Mur de la Démocratie a eu un moment de vitalité, aucun doute : c'est que Deng et la direction du Parti trouvaient cela utile – ne fût-ce que pour tâter le pouls de la jeunesse...

Un des derniers poèmes-*dazibaos* affichés sur l'avenue Chang'an jie est écrit sur le ton des « poèmes d'adieu » de la poésie classique. Mais le départ ici n'est sans doute plus l'exil vers lequel s'éloignaient les poètes T'ang, mais plutôt la prison ou le « camp de travail »...

> *Ami, le temps est venu*
> *de nous séparer*
> *Adieu, Mur de la Démocratie*
> *Que pourrais-je te dire?*
> *Parler des gelées de printemps?*
> *Du vent froid qui souffle sur les rues?*
>
> *Mieux vaudrait parler de l'avenir*
> *du bonheur qui naîtra demain*
> *du ciel pur couleur d'orchidées*
> *des boutons-d'or sauvages*
> *des yeux brillants d'un enfant*
> *Il faut nous séparer maintenant*
> *Quittons-nous donc, avec dignité.*

La grande librairie de la rue Wang Fu Jing. Livres français au rayon étranger : les *Poésies choisies* d'Eugène Pottier, et un manuel de conversation qui enchanterait Ionesco :

DURAND. — *Votre grand pays m'a laissé une impression impérissable et je me réjouis sincèrement que le peuple chinois se soit donné un dirigeant clairvoyant, en la personne de Hua Guofeng et qu'il ait remporté de grands succès dans la révolution socialiste et l'édification du socialisme.*

Acheté la traduction chinoise des *Mémoires* de Nixon.

Yu se promène au Parc de l'Ouest avec sa « fiancée ». Il attend pour se marier, dit-il, d'avoir économisé assez pour lui offrir les « Trois qui roulent » et le « Un qu'on porte » : une bicyclette, une montre-bracelet et une machine à coudre — qui toutes trois roulent. Et un transistor — qu'on porte.
— Cela représente combien, au total ?
— De 800 à 1 000 yuans.
— Et vous gagnez combien par mois ?
— Je suis camionneur. Je gagne 46 yuans par mois. Mais je travaille aussi *par la porte de derrière* (c'est-à-dire au noir : tout ce qui permet de vivre malgré et contre le système est englobé par les Chinois dans l'expression *la porte de derrière*.)

Rue Da Sha La, une des plus commerçantes et vivantes de Pékin, des jeunes gens pratiquent un petit commerce sans doute « privé » : la vente de photos de films grandes comme des timbres-poste. Acheté pour l'envoyer à Barbara Laage une photo d'elle dans *La P. respectueuse*, un des trois ou quatre films français que les Chinois ont pu voir.

Panneau de publicité dans une des cours du Palais d'Été : « *Come and buy.* »

— Pendant des années, dit T., on ne pouvait trouver dans les librairies que les œuvres de Mao, de Marx et d'Engels.

Quand on a commencé à réimprimer d'autres livres, des classiques, des romans, les queues étaient si longues que les librairies avaient édicté la règle suivante : chaque client n'avait droit qu'à deux livres et sans pouvoir les choisir. À la sortie des librairies, des « entreprises privées » organisaient sur des caisses un service d'échange de livres.

Ding Ling, la célèbre romancière, vétéran de Yenan et de toutes les luttes du Parti communiste d'avant la libération, est en ce moment à l'hôpital n° 1 de Pékin, où on « remet en état » les notabilités de retour de la « campagne » ou des camps. En 1957, Ding Ling avait subi vingt-sept « séances de critique » consécutives. Accusée de pornographie et d'« uni-livrisme » (crime bizarre), d'être un agent du Kuomintang et une contre-révolutionnaire, on l'avait exclue du Parti, de l'Union des Écrivains, et envoyée se « réhabiliter par le travail » dans le Nord-Est, aux bords du fleuve Sungari. Elle y éleva des poulets pendant sept ans. Puis, transférée à la frontière russe, elle fit des travaux de force pendant six ans, avant d'être ramenée en 1970 dans une cellule du quartier de sécurité d'une des prisons de Pékin. Dont elle ne sortit qu'après cinq ans.

— Et maintenant ? ai-je demandé à T.
— Ding Ling est complètement réhabilitée.
Il ajoute, après un silence :
— Mais sa santé n'est pas excellente.
Elle a soixante-seize ans.

On le voit partout. On y pense toujours. On n'en parle jamais. Le président Mao, dans la Chine de 1979, bénéficie d'un étrange statut : celui d'une présence-absence, d'un Existant-non-existant. Une sorte de Saint-Esprit, formellement révéré, pratiquement évacué. Pour tous les Chinois que je rencontre, de la rue au sommet, la Chine sort d'un cataclysme comparable seulement aux malheurs de la guerre contre le Japon, d'un désastre analogue à ce qu'aurait été un tremblement de terre de dix ans. Un bon génie tutélaire, Mao et la pensée-maozedong ont, pendant toutes ces années, veillé paternellement sur la Chine. Ignorant d'ailleurs totalement que sous leur égide une inimaginable succession de canailles fascistes rouges étaient en train de torturer le corps pantelant de la fille bien-aimée du président. Génie tutélaire distrait, le Grand Timonier ne s'entourait que de criminels : Liu Shaoqi, Lin Biao, la Bande des Quatre (dont l'âme damnée était d'ailleurs l'épouse elle-même du Grand et Sage Dirigeant).

Le Chinois du Nord et le Chinois du Sud ne parlent pas le même chinois. Les Chinois n'ayant pas tous le même accent, on observe partout un geste quotidien : en parlant, dessiner de l'index d'une main sur la paume de l'autre le caractère du mot qu'on prononce, afin que votre interlocuteur comprenne bien ce que vous voulez dire.

Shaoshan (Hunan). Maison natale de Mao. Riche et sobre demeure de paysan aisé, avec ses beaux meubles, ses objets, ses outils qui font penser à une reconstitution pleine de goût pour un musée des Arts et Traditions populaires chinois.

Tout le monde dans le village s'appelle Mao. Comme le guide qui harangue les colonnes de visiteurs est très ennuyeux, Loleh et moi allons rendre visite à la voisine, une autre Mᵐᵉ Mao. Elle nous accueille avec grâce, dans une très modeste maison. Elle nous offre le thé vert. Elle tient à faire cadeau à Loleh d'un de ses objets de prix, un gobelet pliant en plastique rose qui est un des plus touchants et des plus beaux cadeaux que nous ait faits la Chine, qui n'a jamais été avare de cadeaux. Mᵐᵉ Mao, la voisine du président Mao, me fait voir une photo en couleurs de 1959. L'année où le président s'est rendu à Shaoshan pour revoir sa maison et ses voisins de village. Elle tient dans ses bras un petit garçon qu'une autre photo montre, vingt ans plus tard, en uniforme vert à parements rouges de l'A.P.L. Très beau gars, sympathique. À trois ou quatre ans, sur le premier cliché, il regarde avec ferveur le bon président qui se prépare au Grand Bond en Avant. J'ai cru comprendre que le fils de Mᵐᵉ Mao est revenu récemment de l'étranger, sans doute *donner une leçon* aux Vietnamiens. Mme Mao-la-voisine est fière de son fils. Heureuse qu'il soit revenu vivant du Viêt-nam. Nous nous réjouissons avec elle.

Au musée Mao de Shaoshan. D'après les documents et les photos exposés, Mao n'aurait jamais connu le nombre impressionnant de personnes que les mauvaises langues à la solde de la C.I.A. et de Taïwan prétendent cependant avoir été ses compagnons. Pas trace de Li Lisan, du maréchal Peng Dehuai (celui-ci, on m'a dit qu'il avait été réintroduit après mon passage). Gao Gang, Liu Shaoqi, Lin Biao, la quatrième épouse : Jiang Qing, mais aussi bien la première et la troisième, He Zizhen, ont disparu des annales photographiques du règne sans laisser de trace. D'après la nouvelle Vulgate, Mao n'a jamais aimé qu'une seule femme, la seconde, Yang Kaichui, fusillée en 1930 par un « seigneur de la guerre ». Avec ces « non-existants » ont également disparu des dizaines de protagonistes de l'Histoire, depuis les années de Changsha jusqu'au règne des Quatre. (« *Le stalinisme,* me disait un jour Ilya Ehrenbourg, *c'est la domination totale du temps : le présent, l'avenir et le passé sont propriété d'État.* »)

Canton. Cet après-midi, une femme nous voit passer, Loleh et moi, épuisés de chaleur et de fatigue. Elle nous arrête, nous fait signe en souriant d'entrer. Elle a un beau visage usé, doux et ferme. Elle parle le cantonais, déjà incompréhensible pour les Chinois du Nord. Nous « communiquons » pourtant. Elle nous sert du thé vert. Elle grimpe à l'échelle qui conduit à la loggia de bambou de l'unique pièce. Elle descend avec un objet volumineux, enveloppé de plastique opaque. Elle en dénoue la ficelle. Elle sort un précieux ventilateur, le branche et le dirige en souriant vers le visage en sueur des « étrangers ». Le ventilateur est un objet de luxe. On ne dépense pas d'électricité pour le faire tourner tous les jours, malgré la chaleur écrasante. Seulement pour les jours de fête. Pour l'hôte inconnu. Pour « l'étranger ».

Le journal de ce matin rappelle impérieusement qu'il faut

éviter tout contact personnel avec des étrangers, et la contamination de l'idéologie capitaliste et bourgeoise.

Près de Canton, visite d'une « commune populaire » (toujours la même depuis 1949). Routine d'une mise en scène visiblement rodée depuis des années. Excellent repas offert aux « amis étrangers ». *« Combien de groupes et de délégations recevez-vous par mois ? »* ai-je demandé au « cadre » qui, à longueur d'année, fait le guide de sa commune. Il répond innocemment : *« Pas plus de quinze par mois... »* Art extrême de la bureaucratie chinoise, héritage des Soviétiques, de ne laisser voir à l'« hôte étranger » que ce qu'on veut qu'il voie. Comme me le dit un ami chinois : « Les visiteurs ici, c'est l'illustration de notre vieux proverbe : *Respirer les fleurs du haut de son cheval...* »

Peu de tracteurs, pas de machines, quelques camions. La Chine aux mains nues a changé, avancé. Pas à pas. Puis reculé. Il faut une demi-heure de travail aux État-Unis et une heure sept en France pour cultiver dans l'année 1 mou (1/15 d'hectare). Il faut encore en Chine, pour cultiver la même superficie, quatre-vingts à cent heures de travail humain. Depuis la collectivisation et l'instauration des communes, les statistiques officielles montrent que le lopin individuel concédé aux paysans, dont ils peuvent vendre le produit au marché libre, représente 5 % des terres cultivées – et 20% de la production agricole...

Au terme de la dernière session de l'Assemblée nationale populaire, le Vice-Premier ministre Yu Qiuli constate que le revenu moyen annuel d'un ouvrier est de 644 yuans, celui d'un paysan de 76 yuans – environ 200 francs de notre monnaie...

Je demande à W. : « Pourquoi ces bouts de papier à demi brûlés par terre ? – Il doit y avoir une tombe par là, et on a brûlé du papier en l'honneur des morts, comme autrefois on brûlait de la " monnaie des morts. " »

Chine des lourdes palanches de bambou en équilibre sur l'épaule, chargées du double fardeau des panières d'engrais, de terre, de grains, de ciment, de matériaux. Chine des pieds nus qui trottent à petits pas réguliers sous le faix. Chine des carrioles chargées de briques ou de pierres, halées par des « hommes de trait » étirant tout leur corps dans l'effort. Chine des travaux publics dans les rues, effectués entièrement à la pioche, sans marteaux piqueurs ni machines. Chine de la sueur, de la pauvreté. De l'incessant travail des digues qu'il faut bâtir et entretenir pour ne pas être noyé par les inondations ou affamé par la sécheresse. Chine de la terre à remuer sans relâche pour ne pas être enterré, de l'acharnement à lutter pour ne pas mourir.

Guelin (Kouangsi). Égaré, je crois, par Fenellosa, qui parle à leur propos d'un art « idéaliste », et par James Cahill, qui parle d'une peinture « fantastique » et « au-delà de toute vraisemblance », j'avais toujours cru que les paysagistes Song puisaient dans leur imagination ces rochers en pains de sucre, ces collines tordues et tourmentées, ces pitons abrupts rangés les uns à côté des autres. Mais Guelin et les rives de la Likiang me détrompent : les peintres Song sont tout à fait *réalistes*. Ils décrivent le paysage que j'ai ici sous les yeux, où l'érosion éolienne et celle des eaux ont sculpté des cimes bizarres.

La seule question que je me pose : est-ce qu'avant les peintres de la dynastie Song le paysage était le même? Ou est-ce que la nature a fini par s'inspirer de l'art?

*Réflexions
au retour
de Chine
(et d'ailleurs)*

Pendant tout mon séjour en Chine, j'ai dû « expliquer » à
nos amis chinois, à qui leur presse en avait apporté l'écho, ce
qu'a pu être en Occident, et notamment en France, la folie
maolâtre des années 70. Ils n'en « revenaient » pas. D'Alain
Peyrefitte à Philippe Sollers, de Maria-Antonietta Macciocchi
à Alain Bouc dans *Le Monde*, de Michelle Loi à Régis Ber-
geron, le maoïsme ou la maophilie européenne stupéfient les
Chinois. « Pourquoi? demandent-ils. Comment a-t-on pu, sans
y être contraint, avaler tant de mensonges? » « Les Chinois
ont une autre culture », donc sont radicalement autres, décla-
rait Sollers. Il organisait au 27 de la rue Jacob la lutte contre
la Bande noire, créait le *Mouvement du 6 Mai*, collait des *dazibaos* dans les couloirs de *Tel Quel*. Tandis que Peyrefitte écrivait froidement : *« Les libertés? Les Chinois n'en ressentent pas
la privation parce qu'ils ne les ont jamais pratiquées. »* Sollers
faisait chorus : *« La liberté? Toute la question est de savoir comment
on définit ce concept. »* On put même assister au spectacle étonnant d'Alain Peyrefitte et Philippe Sollers à la télévision,
expliquant au « prisonnier de Mao » Jean Pasqualini, qui avait
du mal à placer un mot, la merveilleuse *altérité* des bagnes

chinois et les beautés de la « rééducation » dans les camps de travail – dont il revenait.

À son retour de Chine, où, en compagnie de Sollers et de Kristeva, il avait découvert que *« le thé vert est fade »*, mais qu'en Chine (celle de la Révolution Culturelle) *« la parole prend quelque chose de silencieux, de pacifié »* (sic), le doux Roland Barthes avait pu écrire : *« Par atavisme idéologique, nous sommes des êtres du déchiffrement, des sujets herméneutiques : nous croyons que notre tâche intellectuelle est de découvrir un sens. La Chine semble résister à livrer ce sens, non parce qu'elle le cache, mais, plus subversivement, parce qu'elle défait la constitution des concepts. »* Une des plus grandes victoires « intellectuelles » de la pensée-Mao fut de ramener de Chine un Roland Barthes qui ne s'avouait pas dupé de n'avoir pas saisi le sens de ces non-sens, mais s'avouait coupable (*« par atavisme idéologique »*) de l'avoir cherché.

Ceux qui étaient réveillés depuis longtemps du cauchemar stalinien assistaient avec désespoir au sommeil des nouveaux zélotes, au retour éternel du même phénomène. La génération de 1968 n'avait rien appris de la leçon encore fraîche du XXe Congrès et du Rapport Khrouchtchev – elle n'avait rien appris, et tout oublié.

Je me suis replongé, depuis mon retour de Pékin, dans l'histoire, toujours recommencée, de cet aveuglement volontaire, phénomène aussi énigmatique que la servitude volontaire (dont il est d'ailleurs une des formes). C'était le sujet de mon essai sur *Les Chercheurs de dieux*. Sujet inépuisable, hélas, et auquel je crois que je ne cesserai jamais d'ajouter des chapitres...

Car le besoin de ne pas croire la vérité quand elle est insoutenable est aussi fort que le besoin de croire l'illusion ou le mensonge quand ils sont « réconfortants ». Ce besoin opère la conjonction de ceux qui ne veulent pas savoir, ni voir ce qui se passe, avec ceux qui préfèrent ne pas croire ce qui crève les yeux et veulent croire ce qui n'est qu'un rêve obstiné. C'est cette maladie de la croyance-malgré-tout que Boris Pilniak diagnostiquait admirablement dès 1922 : *« Il y a une volonté de ne pas voir quand la volonté de vouloir s'oppose à la volonté de voir. La Russie vit de la volonté de vouloir et de ne pas voir.* » La Russie, et ceux qui en rêvaient de loin (et que le voyage de Moscou ne guérissait pas toujours)...

L'hôtel Métropol de Moscou conserve précieusement le livre d'or où, en 1931, Bernard Shaw écrivit : « *Je n'ai jamais si bien mangé qu'au cours de mon voyage en Union soviétique.* » On avait fait visiter à Shaw une institution pénitentiaire. Il en avait conclu que le seul problème des dirigeants du Goulag avec les détenus était « *the difficulty of inducing them to come out at all* (la difficulté de les persuader de quitter leur prison »).

En 1944, le vice-président des États-Unis, Henry Wallace, accomplit un « voyage organisé » dans la région de la Kolyma, centre de l'Archipel du Goulag. Lors de sa visite des camps, les détenus furent enfermés dans les baraquements. On avait démonté les miradors, et des employés du Goulag avaient joué le rôle de détenus, émerveillant les hôtes américains par leur aspect florissant. Grâce à cette mise en scène, Wallace revint enthousiasmé de ce qu'on lui avait fait voir dans les mines d'or sibériennes. « *Staline*, écrivit-il à son retour, *a fait de l'extraction de l'or une industrie de guerre privilégiée.* » Et il ajoutait, avec un humour noir involontaire : « *...et il y a immobilisé les hommes* » – « *and he has frozen men in it* » (littéralement : « *en y gelant les hommes* »). On sait que la pratique des villages à la Potemkine ne date pas d'aujourd'hui. Elle n'a pas cessé non plus. Si en Russie Diderot flaire « *dans les esprits une nuance de terreur panique* », Catherine II lui cache aisément que, pendant leurs entretiens philosophiques, l'incendie de la révolte de Pougatchev fait rage autour d'eux. Et Voltaire affirme savoir où est le paradis terrestre : « *Partout où se trouve Catherine II.* » Marcelin Pleynet a relaté honnêtement dans son *Voyage en Chine* pendant la Révolution Culturelle ce que Sollers, Roland Barthes, Julia Kristeva et lui avaient *vraiment* vu : le contraire de ce qu'ils avaient cru voir, dit voir, voulu voir. Pleynet n'avait, comme ses compagnons, vu la réalité, écrit-il, « *qu'à partir de ce que, coûte que coûte, je voulais penser* ». Mais a beau se mentir qui va très loin...

« Revenu » depuis longtemps de la période communiste, Malraux ne parvient pourtant pas à croire qu'on *n'exagère pas* la réalité du Goulag. Dans ses entretiens à la télévision avec Roger Stéphane, en 1965, Malraux estime encore que les camps russes sont terribles, mais tout de même moins atroces que les camps allemands. Il a pour les définir une formule assez surprenante. Ce sont, dit-il, des camps « *un peu hurluberlus* ». Quand auront paru les témoignages d'Evgenia Guinzbourg, de Chalamov, de Soljenitsyne, le mot *hurluberlu* ne viendra à l'esprit de personne, et Malraux lui-même ne pensera sans doute plus que les camps russes sont «incomparables» aux camps nazis.

J'ai entendu souvent Louis Guilloux assurer qu'en allant en U.R.S.S., informé à l'avance par dix témoins dignes de confiance, Gide savait, ou pressentait déjà, ce qu'il allait dire dans son *Retour de l'U.R.S.S.* et ne partait vers Moscou que pour y vérifier ses craintes. Pourquoi pas? Il ne faut croire sur parole ni les témoins prêts à se faire égorger (qui ont souvent une fâcheuse tendance à égorger les autres), ni les témoins qui ont voyagé loin. Car l'art du témoignage, comme celui de la peinture, est souvent la « *cosa mentale* » dont parlait Vinci. Celle dont Michel-Ange disait : « *Si pinge col cervello, non con la mano* » (« On peint avec le cerveau, pas avec la main »). On voit parfois avec l'intelligence avant de voir avec les yeux, et les ruses de la raison, et du sentiment, troublent souvent, hélas, les regards prévenus.

Ainsi Jean Cathala : déporté dans un camp russe, il devient « compagnon de route » communiste au retour, et ne rompra avec le mensonge soviétique que des années plus tard. Ce n'est pas ce qu'il a vu qui a ouvert les yeux de Jean Cathala : c'est ce qu'il a peu à peu *pensé*. Sa vue avait réfléchi les camps, l'iniquité, le mensonge – et il ne les avait pas *vus*. La réflexion enfin lui a ouvert l'esprit, ouvert les yeux. Il résume en quelques lignes pénétrantes et cruelles ce cas de schizophrénie intellectuelle si répandu : « *Ce ne sont pas mes ignorances d'alors qui me surprennent aujourd'hui, mais au contraire que j'ai tant su. [...] Je ne savais pas ce que je savais. [...] En écoutant Thorez, je*

*m'étais insensiblement dédoublé. Désormais, il y eut un Moi qui
savait, et un autre qui croyait. Le courant était coupé entre eux.
Même leurs mémoires ne communiquaient pas. »*

C'est toujours sur cette difficulté de croire ce qui « dépasse
l'imagination », sur ce besoin de ne pas croire l'incroyable,
pourtant vrai, que les grands manipulateurs des appareils (qui
ne « croient » évidemment à rien, eux) appuient leur travail.
Ainsi les faits sur l'extermination méthodique des juifs par
les nazis furent connus des responsables et des intéressés longtemps avant d'être vraiment *crus* par les responsables et révélés
à l'opinion mondiale. En octobre 1941, le théologien protestant hollandais W. A. Wisser't Hooft, premier secrétaire du
Conseil œcuménique des Églises, est en possession, en Suisse,
de rapports sérieux et terrifiants sur les premières déportations de juifs. Il constate dans ses *Mémoires* qu'il commence
par ne pas leur ajouter foi, et que la plupart de ceux auxquels
il les communique n'y croient pas non plus : « *Les gens*, écrit-
il, *ne savaient comment loger dans leur conscience ces horreurs
inimaginables* » et vivaient « *dans une zone de pénombre entre la
connaissance et l'ignorance* ». En juillet 1942, la Résistance polonaise transmet à Londres des informations précises sur l'extermination des juifs. La B.B.C. garde un silence complet.
« *La nouvelle était si incroyable*, écrit le général Bor Komo-
rowski, *qu'elle n'avait pas réussi à convaincre.* » Un héros de la
Résistance polonaise, le professeur Jan Karski, réussit à pénétrer à deux reprises dans le ghetto de Varsovie, à s'introduire
dans le camp d'extermination de Belzec. À Londres et à
Washington il apporte un témoignage direct, qui confirme
celui des quelques rares évadés des camps de la mort, comme
Rudolf Urba ou Alfred Wetzler. Karski rencontre des dizaines
de dirigeants alliés, d'Eden à Roosevelt. Leur réaction est
résumée par Frankfurter, un des juges de la Cour suprême
des États-Unis, qui lui répond : « *Je ne puis vous croire.* » Frankfurter ajoute après sa rencontre avec Karski, quand un des
membres du Gouvernement polonais en exil s'étonne qu'il
puisse soupçonner Karski de mentir : « *Je n'ai pas dit que ce
jeune homme avait menti. J'ai dit que je ne pouvais pas le croire.*

Il y a une différence. » À la même époque, les journaux sionistes de Jérusalem ou les dirigeants de la Communauté juive danoise sont encore sceptiques sur les informations de première main qu'ils reçoivent. Les nouvelles, constate William Lacqueur, sont connues, *« lues et entendues, mais pas absorbées ».*

Le privilège revient à l'U.R.S.S. d'avoir théorisé cette pratique de l'illusion mensongère en énonçant le principe de la nécessité du mensonge, de ses bienfaits. Gorki fut le premier et le plus brillant défenseur de la nécessité absolue du mensonge dans l'État irréel du « socialisme réel». Il soutient fermement la doctrine de *« la vérité imprégnée de l'esprit du Parti »* (Partijnaia istina) et du refus catégorique de *« découvrir les plaies de la Révolution »,* doctrine exposée avant Gorki par Vassili Kniazev. Critiquant une pièce d'Alexandre Afinoguenov jouée en 1933, *Le Mensonge,* Gorki ne reproche pas à l'auteur d'avoir fait l'apologie du mensonge utile et nécessaire, mais d'avoir voulu *« démontrer la nécessité du mensonge dans la lutte pour la victoire de la vérité universelle du prolétariat »* avec des arguments trop faibles. Dans une lettre de 1929, Gorki affirme : « [l'homme] *n'a pas besoin de cette vérité mesquine et maudite avec laquelle il se débat, il a besoin de la vérité qu'il crée lui-même. »*

En 1958, Nazim Hikmet, exilé à Moscou depuis sa sortie des prisons turques, et qui séjournait alors à Paris, me fit lire la traduction de sa pièce *Ivan Ivanovitch a-t-il existé?* qui allait paraître en France. J'y vis une farce satirique antistalinienne dans la tradition de Gogol, et j'admirai l'invention burlesque du grand poète, les trouvailles de dialogues de sa fable sur l'imposture et le mensonge. Nazim protesta : « Invention? Trouvailles? Mais tu te trompes! Je n'ai *rien* inventé : tout ce que disent mes personnages sur la nécessité du mensonge, sur les bienfaits de l'imposture, je l'ai *trouvé* à Moscou, dans la réalité. » Et Nazim m'expliqua qu'une des répliques les plus cocasses de Petrov, dans sa pièce, n'était qu'une citation textuelle d'un article de Gorki : « Contre la vérité »...

Le conservateur dit : « Comme on ne peut rien changer à

rien, il est inutile et criminel de souligner ce qui va mal. » Le révolutionnaire, quand il s'empare du pouvoir, dit : « Comme nous allons tout changer de fond en comble, à partir de maintenant il est inutile de parler de ce qui va *encore* mal. Parlons plutôt de l'avenir et, à force d'en parler, de ne parler que de lui, on le verra réalisé. » Le résultat, c'est le mensonge organisé, les bâillons imposés et les censures institutionnalisées.

Mais le succès des ruses de la déraison d'État se fonde sur le besoin irrésistible que ressentent beaucoup d'hommes de tenir la vérité à bonne distance. J'avoue porter une admiration un peu interloquée à l'adroit Philippe Sollers, personnage très caractéristique. Depuis des années, mêlant les jeux de l'art et de la fiction aux manœuvres de l'idéocrate, Sollers semble éviter comme le feu le plus léger contact avec le moindre atome de vérité. Je relis ces notes quatre ans après leur rédaction. Les journaux sont remplis en ce moment des placards publicitaires où Sollers loue un de ses compères, dérisoire mythomane assoiffé de « pub », de se situer au *« point zéro de la vérité »*. Beau compliment, et admirable formule! Elle résume un caractère, une philosophie – et un temps. Le temps du *« point zéro de la vérité »*.

Automne 1979

Le nom des choses

Savoir le nom des choses   Pouvoir nommer tout ce qui est
C'est le septième jour à la portée de tous   une paix modeste
à la manière de Dieu (si d'avoir créé tout et tant
ne lui a pas malgré tout un peu tourné la tête)
À quoi bon posséder l'oiseau l'arbre la fleur le flocon le nuage
Il suffit de les nommer et de les appeler   Ils me donnent leur amitié
et me tiennent compagnie   avec fidélité.

Au bord de la rivière   mille virgules zigzaguant l'eau
je dis : les vairons   Et si se faufile un éclair d'argent
tiens : une truite   (je sens son dur ventre très clair
comme si je tenais dans ma main sa fraîcheur)
La lavandière qui s'affaire au bord de l'eau
la longue queue en balancelle sur les galets affleurant
je dis son nom   bergeronnette   (si je la nomme exacte en moi
elle sent que je ne lui veux aucun mal)   Je fais l'appel
des gardiens de la berge : les aulnes   les saules   un frêne
(leurs feuillages chuchotent qu'ils sont d'accord)
et quand une flèche bariolée plonge dans l'eau à cent à l'heure

puis ressort une ablette au bec (et j'entends le cri des petits
qui pleurent faim dans le nid) je salue le martin-pêcheur
qui a quatre bouches à nourrir et les couleurs de la joie
Je nomme toutes les choses dont j'ai appris les noms en vivant
et seuls l'arbre ou l'oiseau ou la fleur dont je ne sais comment ils
     s'appellent
me font souci   me font silence   et grise mine

                    Mais je connais et nomme mon adresse
Claude Roy   Sur le fleuve Charente   France   Europe
Terre   Galaxie   Univers   Cosmos
                    (et je te nomme à voix basse Loleh)

SCHUBERT   *Septembre 1979*

J'ai longtemps aimé Schubert d'un amour coupablement
intimidé. Schubert était, je l'avoue à ma honte, un de ces
amis qu'on se surprend avec remords à aimer tendrement,
sans oser tout à fait afficher l'affection qu'on leur porte. On
trouve toujours de très bonnes mauvaises raisons pour ne pas
les présenter à d'autres : ils sont, se dit-on, délicats, mais peu
sociables. Ils aiment par-dessus tout les plaisirs de la solitude,
ou ceux de l'intimité. Ils sont très fins et sensibles, mais d'apparence bourrue, et très sauvages. Ils ont les belles manières
du cœur, mais pas les bonnes manières de la compagnie. Etc.
J'allais donc écouter avec ravissement, mais sans m'en vanter
trop, la suite des lieder du *Voyage d'hiver*. Mais je sentais à ce
moment se fixer sur moi le regard sarcastique de Debussy,
qui persiflait : « *C'est inoffensif. Ça sent le fond de tiroir des vieilles
filles de province. Et au troisième couplet de certains lieder, on se
demande si on ne pourrait faire monter notre Paul Delmet national.* » Le *Quintette à cordes en ut majeur*, les quatuors (et par-
dessus tout les trois derniers), la *Sonate pour piano en si bémol
majeur*, et tant d'autres pièces me tenaient compagnie depuis
des années, mais comme ces amours qui pour être passionnées

n'en restent pas moins secrètes, et qu'on dérobe jalousement (ou lâchement) aux regards étrangers.

Dans les domaines où j'avais un peu plus de compétence qu'en musique, j'avais le courage d'aimer ce que j'aimais sans trop me soucier des maîtres à sentir, des augures à suivre, des modes à subir. Mais, devant la moue des grands musiciens, les froncements de sourcil des magisters et la demi-réprobation des spécialistes, oui : je filais doux. C'est-à-dire que je filais écouter du Schubert dès que les gens sérieux avaient le dos tourné : mais je filais sur la pointe des pieds.

J'ai vécu la moitié de ma vie dans une époque où aimer Schubert était une faiblesse extrêmement répandue, mais pas un sentiment tout à fait convenable, et sûrement pas un goût *chic.*

Les terreurs périodiques qui courbent le front du public, soudain contrit d'avoir du goût pour la psychologie, quand les régents du roman ont décrété que c'était le comble du ridicule, ou pour la mélodie, quand c'est réputé tout à fait *dépassé* par les aristarques régnants, ne se fortifient pas simplement par les réflexes flasques de l'imitation, de la jobardise et de la moutonnerie. Cette vaste frange d'*amateurs* qui ne sont pas persuadés d'être éclairés, mais sûrs pourtant d'y voir clair dans ce qui leur plaît, qui ont des préférences plutôt que des assurances, et que l'autorité des augures impressionne un peu sans les décourager vraiment, se rend compte, plus ou moins confusément, que l'art, les goûts, les plaisirs esthétiques, cela *s'apprend,* certes, mais qu'il faut aussi finalement apprendre tout seul, et, après avoir écouté les professeurs, apprendre à s'écouter soi-même. En art, nous sommes souvent enclins à intérioriser ce maître trop prudent qui juge que son élève n'est pas encore prêt à être émancipé, ce souverain jaloux qui ne trouve pas son peuple mûr pour la liberté, cette nation « protectrice » qui redoute vertueusement pour ses « protégés » les vertiges et les périls de l'indépendance. Il faut pourtant se résoudre à la révolte, à ce « moment venu » dont on n'est jamais sûr, et assumer enfin les erreurs et les faux pas qui sont la dernière étape de l'apprentissage. Il faut pourtant oser aimer seul ce que l'on aime réellement, même si c'est contre tous. Le demi-discrédit, ou la demi-admiration qu'on a trop souvent réservée à Schubert, cette indulgence un peu condescendante qu'on accorde aux enfants très doués mais toujours considérés comme *mineurs*, le pauvre Franz, il est vrai, n'a rien fait pour l'écarter de lui. Il n'a connu ni les grandes malédictions imposantes, ni les fortes réussites impérieuses. Maudit, il l'est sans le prestige des anges déchus. L'alcool ne l'a pas consumé, mais un rien d'ivrognerie bambocharde l'a parfois distrait. La phtisie ne l'a pas calciné, mais la syphilis l'a contaminé. La misère ne l'a pas terrassé, mais la pauvreté l'a assombri. Ce n'était pas un archange éblouissant, mais un pot à tabac. Il n'avait pas l'âme d'un rebelle, et il a subi avec dignité les tracasseries de la censure de Metternich sans connaître pourtant la prison ni l'exil. À l'extrême de la détresse et de la solitude, il écrit les dernières mesures du chant profond de la douleur. Il met les mains dans ses poches, il siffle une petite mélodie joyeuse et pudiquement désinvolte, et il s'en va sur les routes ou au cabaret avec ses camarades. Si brave et joyeux compagnon, on pourrait presque le croire *superficiel*. Croire que l'auteur du sublime adagio du dernier *Quintette à cordes* n'est qu'un gai luron vraiment doué pour inventer des airs qu'il n'y aura, après sa mort, qu'à plagier avec un peu d'adresse pour en faire des « tubes ». Schubert a le génie si modeste que les innocents et les savantissimes sont tentés de confondre en lui la merveilleuse facilité de l'art avec un art de la facilité.

UNE LITTÉRATURE
« D'IDÉES »   *Octobre 1979*

Le haut du pavé littéraire de notre sous-préfecture française est tenu depuis quelques années par une littérature « d'idées » qui n'est la plupart du temps qu'une littérature d'idéologues. Dans une France intellectuelle qui n'a jamais tant parlé d'*imaginaire* que depuis qu'elle manque totalement d'imagination, on se réchauffe comme on peut, c'est-à-dire mal, et en grelottant de froid, autour des maigres braseros d'une littérature de critiques secs comme des harengs saurs, de para-sciences humaines de moins en moins humaines, de jeux « d'idées », si conjecturales que faméliques. La production littéraire dominante de la France contemporaine semble partagée entre la littérature industrielle et une littérature industrieuse. La littérature industrielle, celle que Julien Gracq appelait si justement la « littérature à l'estomac », présente au public des produits sous cellophane qui semblent avoir été conçus après des études de marché, des sondages de « besoins culturels » mis sur ordinateurs, par des spécialistes du marketing, de la promotion et de la confection. La littérature industrieuse occupe comme elle peut le terrain vague d'où la littérature du siècle de Pompidou et de Beaubourg a évacué, *manu militari*, à coups de grenades lacrymogènes et d'arrêtés de police des lettres, les personnages, la psychologie, la subjectivité, l'anecdote et toute *figuration*, pour ne laisser subsister, dans le désert aride du Sahara de la textualité, que le pauvre *texte*, plus mort que vif. On essaie de requinquer le malheureux *texte* avec des injections de corps du texte et de texte du corps, des hormones de désir du sens et de sens du désir. Mais il se meurt d'anémie, sa numération globulaire baisse de jour en jour, le froid s'étend, les vermicelles du jargon et les brumes glaciales de l'ennui gagnent du terrain à chaque crépuscule. Le Mexique et la Suède sont fiers de leurs grands romanciers, le *samizdat* ou l'exil font fleurir à l'Est de grands écrivains. Mais, à l'Exposition universelle de la pensée, la France présente fièrement, comme ses enfants chéris, des professeurs pédants, des rapetasseurs besogneux, des regratteurs de « textes » et des commentateurs de commentaires. Il est tout à fait insultant pour Byzance, qui a eu tant de grands poètes et de vrais penseurs, de parler, comme le fit Julien Benda, d'une « France byzantine ». Un *pilpoul* d'agrégés de philo empêtrés dans un jargon filandreux et creux, ce n'est pas Byzance : c'est seulement une khâgne mal aérée où de vieux potaches croisent des « idées » comme d'autres des mots croisés.

Il est vrai que la France reste la championne du monde de l'art de démontrer – n'importe quoi. Le seul vent de folie qui traverse avec constance le désert littéraire et intellectuel organisé par les promoteurs de l'intelligentsia, c'est le délire interprétatif. Nous sommes incontestablement les premiers toutes catégories dans les jeux icariens de la dialectique acrobatique. Sur tous les plans, la France intellectuelle, plus forte que Hegel qui assurait que ce qui est réel est rationnel et que ce qui est rationnel est réel, conjugue avec une aisance inégalée l'indifférence totale aux réalités, et la plus gracieuse agilité à démontrer que tout ce qui est irréel peut être rationalisé. Les funambules de l'analyse et les jongleurs du concept présentent tous les matins le programme éblouissant du grand cirque interprétationnel. Cela va de la « poésie du blanc », où un mot erratique émerge de temps à autre de la page vierge, mais dont on démontre avec aisance que le *silence parle*, aux déploiements sinueux et élégants à partir d'une géographie politique imaginaire, où on trouve des explications irréfutables à tout ce qui se passe dans une Russie de rêves, une Chine de fables, des révolutions du désir, une planète d'ignorances. Quitte, sans se démonter, si on a été démonté de cheval par les ruades méchantes de la réalité, à improviser aussi brillamment, et sur-le-champ, l'*interprétation* contraire.

1980

L'attachement à un être mortel peut devenir une forme assez monstrueuse (et d'autant plus monstrueuse qu'inconsciente) d'attachement à soi. L'amour de soi est une pulsion si forte qu'elle se déguise parfois en amour d'autrui. « Je veux que tu sois toute à moi, qu'il n'y ait que moi au monde pour toi », etc. Le crime passionnel n'a pas toujours besoin d'être un meurtre pour être un crime. L'amour est souvent le travesti le plus gluant de la relation du maître avec l'esclave. Je t'aime, donc il faut que tu sois ma possession, ma chose, mon bien. Que tu sois mon captif.

LES AUTRES   *Avril 1980*

Quand un Français entend Schopenhauer marmonner : « *Les autres parties du monde ont les singes; l'Europe a les Français* », il trouve que cet Allemand exagère. Quand un Allemand entend Taine proférer : « *L'animal germanique est brutal, dur, despotique, barbare* », il trouve que ce Français va un peu fort.

Le Français peut évidemment répondre à Schopenhauer qu'il n'est pas un singe, mais il ne peut pas nier qu'en effet il est français. L'Allemand peut répondre à Taine qu'il n'est pas un animal, mais il est en effet allemand. Mais que peut répondre un « Oriental » à Chateaubriand quand celui-ci décrète : *« La liberté, les Orientaux l'ignorent; les propriétés, ils n'en ont point; la force est leur dieu »*? Que peut-il répondre à Renan quand celui-ci affirme que les Orientaux constituent *« une race incomplète par sa simplicité même »*, à laquelle manque *« cette surabondance de vie qui est la condition de la perfectibilité »*? Que peut répondre un Arabe des vingt et quelques pays arabes ou un « Oriental » d'Asie à Flaubert quand celui-ci décide catégoriquement : *« La femme orientale est une machine, rien de plus; elle ne fait aucune différence entre un homme et un autre homme »*? Les jugements catégoriques sur le « caractère » de telle ou telle nation, sur les femmes, sur les juifs, etc., sont plus fréquemment péjoratifs que laudatifs.

Ce que « les Autres » ont d'autre est mal, parce qu'*autre*.

JACQUES
LACARRIÈRE   *Mai 1980*

Je l'ai connu maigre et archange. Il est aujourd'hui plutôt tonneau et Diogène, toujours grand batteur de chemins hors des sentiers battus, amateur de vin nouveau, de poésie ancienne et de rencontres à la belle étoile, respirant la rose des vents grecs, un vagabond helléniste, chemineau du Parnasse, des îles et des promontoires, archéologue sans fatras, philologue sans pédantisme. Acteur amateur, il a appris d'abord la Grèce en interprétant le roi Xerxès des *Perses* sur le théâtre antique d'Épidaure. Helléniste sans chaire, il parle le grec de Platon, celui des dockers du Pirée et celui du poète Yannis Ritsos. Il est toujours prêt à tomber amoureux d'une Nausicaa, Penelopa ou Melpomena qui a souri au vagabond de l'Attique et au bourlingueur de l'archipel. Cet athée aime parler théologie et mystique avec les moines vraiment savants et se dérober sans méchanceté aux gros doigts lubriques des moines vraiment un peu trop pédérastes. Collectionneur de chansons et de légendes, c'est aussi un historien aux aguets des vestiges de Thucydide et de l'histoire non écrite. Et tout le temps l'oreille au guet, le nez au vent, l'humeur au clair et la science sûre mais sans col dur, toujours prêt à déchiffrer une stèle, à vider une outre de vin résiné, à faire l'ascension d'un pic ou à se baigner dans une crique.

Il revient ce matin d'Athènes. Il sent le pain grec, qui, dit-il, « *a goût d'humus, de paille et de réglisse* », le fenouil séché au soleil, la saumure et le goudron des voyages en mer sur le pont, l'*ouzo* des cafés du port, le térébinthe des buissons, la résine des pins de l'Hymette, l'odeur de sueur, d'essence et de cageots de légumes de l'autobus de Béotie, les brochettes à l'escale, et l'encens devant l'iconostase d'une chapelle de Simon Petra. Il raconte qu'il y a quelques jours il était sur une plage d'Aegosthène, ou deux gamins torturaient un crabe qui n'en pouvait plus. « *Qu'est-ce qu'il fait, le crabe?* », demande un des petits. « *Charopelavi* », répond le second gosse. Et les siècles, en raz de marée du temps, s'engouffrent dans un seul mot : « *Il lutte contre Charon* », le nocher de l'Achéron. Le Charon qu'affrontèrent Eurydice, Alcmène, le héros Digenis au ixe siècle, et le Vieux de Morée luttant contre les Turcs en 1830, jusqu'à ceux qui tombèrent hier, tués par les colonels.

ÉDOUARD KOUZNETSOV   *Mai 1980*

Kouznetsov. Libre, il est demeuré tendu, dur, ramassé, l'énergie de l'espoir sans espoir.

Depuis sa libération du Goulag, il n'a qu'une idée : essayer de faire libérer ses camarades encore au Goulag.

En parlant avec lui, on comprend ce que l'acte d'écrire a représenté pour lui.

« *J'écris,* dit-il, *pour sauvegarder ma personne. Le camp, c'est le milieu de l'avilissement limite, afin d'obliger l'homme à mettre en doute tout ce qu'il avait tenu pour vrai.* » La « littérature » pour le *zek* Kouznetsov, c'est « *une des formes de la résistance conscience à l'impossibilité d'exister* ».

Pendant seize ans, Kouznetsov travaille à bien penser, pratique le doute méthodique, observe avec un regard froid et scientifique la vie des camps, le personnel du K.G.B., les détenus politiques, le droit commun, les assassins, les moutons, les collabos, les truands, les homosexuels, les moribonds et les bourreaux. Un regard froid sur lui-même, traquant en soi sans répit tout signe de relâchement critique, toute trace de complaisance à l'illusion idéologique, toute menace de fléchissement moral. La sociologie sur le tas, la poésie (« *Je m'arrange pour tirer de tout de petits poèmes* »), la psychologie, l'écriture sont pour lui des armes de défense. « *Être fort est une tâche périlleuse, la seule respectable dans les camps.* » Il écrivait pour se rassembler, se tirer au clair, garder la tête haute, ne jamais cesser de penser pour ne jamais être tenté d'accepter. La pensée la plus abstraite était pour lui *vitale*. Peu de *zeks* ont sans doute songé à opposer aux matons de l'administration du Goulag les découvertes de Gödel, son fameux *Théorème d'incomplétude de l'arithmétique*. Le pédantisme, le savoir ostentatoire ne sont certes pas caractéristiques de Kouznetsov. Mais il ressentait une jubilation visible, face aux gardes-chiourme du K.G.B., avec leur assurance de brutes, leurs certitudes de béton, leur dogmatisme de dogues policiers, à se souvenir que, même en arithmétique formelle, Gödel a démontré que « si un système est consistant, il n'est pas complet ». Et le prisonnier, loin des livres et des facultés, résume en quatre lignes, avec une élégance et une clarté parfaites, la démonstration complexe que Gödel expose en trente pages serrées dans sa *Philosophy of Mathematics* : « *Tout ensemble conceptuel suffisamment étendu*, écrit Kouznetsov, *inclut nécessairement des questions auxquelles on ne peut répondre qu'en élargissant cet ensemble, ce qui exclut par définition l'existence d'un système clos absolument logique.* »

À travers ce qui subsiste de son Journal, après seize ans dans les prisons, la cellule des condamnés à mort, les camps de Mordovie, seize ans passés à tenir tête aux hommes-chiens et

à se garder la tête claire, droite et lucide, on a mille occasions
de trouver Édouard Kouznetsov admirable. Mais, dans les
exemples de courage et de force d'âme intelligente qu'il a
donnés pendant ses années de *zek*, dans les preuves qu'il apporte
chaque jour au camp que « *toute la dignité de l'homme est en la
pensée* », j'en vois peu qui définissent mieux Kouznetsov que
cet instant où avec une notion de mathématique il forge un
instrument de survie. Le bagnard ramasse un théorème pour
en faire, dans la fronde de David captif, le dur caillou intelligent qui frappe au front Goliath en uniforme du K.G.B.

SOUVENIR
DE M.A.   *Fin mai 1980*

Dans le petit café-bois et charbons   au coin de la rue Croulebarbe
(il a fondu comme un fantôme se dissout dans les murs
fondu dans le ciment armé d'un immeuble moderne grand standing)
nous aimions nous asseoir à la table de droite en entrant
Il y avait un rideau de tulle le long de la vitre
qui nous séparait de la rue
et une plante verte au milieu dans un pot 1900
La patronne disait   « Comme d'habitude
pour ces messieurs-dames »   et nous apportait
les cafés avec des filtres en métal chromé
qu'il fallait desserrer en se brûlant les doigts
afin que le café consente à passer goutte à goutte
(et quand il était enfin passé il était déjà tiède)
La jeune fille posait à côté de la plante verte
ses cahiers de musique qui chevauchaient mes livres
et nous parlions comme de jeunes chats jouent et se mêlent
jusqu'à la tombée de la nuit

Et il y avait un moment   quand les
lumières étaient allumées dans le café mais
que les réverbères ne l'étaient pas encore

dans la rue, où je voyais sur la vitre noire
se refléter ton profil   habité par l'idée
que tu avais de la façon dont il faut phraser
la Suite française *BWV 817 de Jean-Sébastien Bach*
comme l'avait analysée dans sa dernière leçon
ton maître Wanda Landowska   Puis tu t'arrêtais
Je te souriais   « Si on allait chez toi? »
Et ce jour-là nous ne lisions pas plus avant

J'ai cru   l'autre soir   passant rue Croulebarbe
dans les vitres du hall de l'immeuble grand standing
apercevoir ton profil qui bougeait   entre les reflets
du verre et l'indifférence de la nuit

C'était une illusion bien sûr   Les bâtiments modernes
ne gardent pas l'empreinte (déjà fugitive pendant
nos soirées d'autrefois)   d'une jeune fille qui
d'ailleurs est morte   Et je ne crois absolument
pas aux fantômes   Ils me visitent souvent.

*Je
me retournerai
souvent*

1980

A. demeure dans mon souvenir la ville où il ne se passe jamais
rien. Balzac, toujours en mouvement, lui reprochait déjà *« la
funeste immobilité »* à laquelle l'avait condamnée le carcan de
ses vieux remparts. J'ai vécu là l'enfance et le début de mon
adolescence dans la funeste immobilité d'une trop longue
attente : en attente de la vraie vie, celle où il se passerait enfin
quelque chose. Après l'âge ingrat, viendrait peut-être un âge
reconnaissant? Il vint. Ce fut bien tard.

Rien n'arrivait jamais dans la ville encerclée de murailles
médiévales comme une futaille de ses fers. Rien n'arrivait non
plus dans le vieux lycée clos de hauts murs datant de Napoléon, prison d'enfants au cœur de cette plus vaste prison : une
ville de province avant la Seconde Guerre mondiale.

Sur le rempart du Sud, près de la cathédrale, le mur extérieur de l'archevêché est surmonté d'un cadran solaire. Le
temps de notre enfance était interminable. Je n'ai compris
que plus tard l'inscription au-dessus de l'axe à mesurer l'ombre
des heures mortes : *« Il est plus tard que tu ne crois. »*

UN LYCÉE
D'AUTREFOIS

Revenir, bien plus vieux mais beaucoup plus libre, sur les lieux d'un très ancien malheur pourrait faire croire au bonheur de maintenant. Au regard des vrais malheurs, ceux de mon enfance n'en sont évidemment pas. J'ai connu pourtant, de douze à dix-sept ans, ce qui s'appelait banalement alors la vie d'internat. Je l'ai vécue comme l'expérience du bagne : un Louis Lambert qui aurait connu la chiourme dont Vautrin sort durci. Napoléon semblait encore vivant après plus de deux siècles. On avait accompli son projet de *former* les enfants dans des casernes à science, chambrées, caporaux, réveil au tambour, eau froide, rangs par quatre et le colonel-proviseur au sommet de la hiérarchie des grades. Je fus ce petit vieillard de treize ans en sarrau noir, qui a toujours froid, engelures aux doigts et engelures à l'âme. Me voilà aujourd'hui un très vieux jeune homme, mais tellement plus allègre que le petit garçon que j'avais habité autrefois. Je reviens sur les lieux du crime.

La longue façade carrée, les marronniers de la place, rien n'a changé. J'entre par la grande porte, et je passe calmement devant la loge du concierge. Je prends en sens inverse, et l'esprit plus tranquille, le chemin, jadis furtif et cœur battant, de nos anciennes escapades. Il fallait franchir très vite, avec audace, le poste d'observation et de garde de M. Bougeard, vieux cerbère aviné aux moustaches hérissées de Flambard. Il n'y a personne aujourd'hui dans la loge. Elle me paraît plus claire. Peut-être parce qu'on l'a repeinte ? Peut-être parce que, quarante ans plus tard, ma conscience enfin est en paix ? Je n'ai plus la frousse de me faire « pincer ».

J'avance sous les galeries de la première cour. Un bourdonnement monotone vient des fenêtres de classe ouvertes sur les marronniers des cours. Il me ramène subitement à ces

derniers jours de l'année scolaire où les professeurs, afin d'occuper leurs élèves jusqu'à la distribution des prix, renoncent
à faire leur cours et meublent les dernières heures de lycée
avec des lectures à haute voix. Ceux qui aiment s'entendre
phraser un texte devant un auditoire le font eux-mêmes. Les
autres confient au meilleur lecteur de la classe le soin de faire
tenir tranquilles trente têtes déjà ailleurs. Il devait y avoir
parmi nos maîtres des vocations d'acteurs rentrées. On se
passait de génération en génération la promesse, pour les
privilégiés de la troisième A, d'entendre, à la fin de l'année,
M. Boireau dans sa minute de gloire. Le professeur de latin-
français était presque en fin de carrière. Son crâne chauve
m'hypnotisait comme un œuf d'autruche rose fascine une
mangouste. Il interprétait une fois l'an à lui seul tous les rôles
du répertoire de Labiche. Il devenait tour à tour père noble,
digne épouse et même (perchant soudain sa voix comme un
haute-contre) soubrette ahurie. Un de ses grands succès, sa
minute de vérité chaque année, c'était le rôle d'un million-
naire sud-américain débarquant du Brésil dans une famille
de petits-bourgeois français. M. Boireau jouait le rôle avec
un superbe accent et des pataquès si drôles que la classe
entière, un jour, n'y résista pas, et se mit à applaudir. L'acteur
amateur étendit modestement la main pour arrêter les accla-
mations et les rappels, mais je vis briller dans ses yeux la lueur
de ce bonheur presque physique des comédiens soudain sub-
mergés par les bravos, ce crépitement de joie soutenue que
j'ai retrouvé plus tard, les soirs de générale, dans l'œil de
professionnels célèbres. Ils avaient laissé vivre et s'épanouir,
eux, cet acteur qui en M. Boireau demandait la parole, et à
qui il ne la donnait qu'une fois par an, en catimini, devant
une salle de galopins. La plupart d'entre eux allait vivre à
leur tour une de ces vies où il est rarement permis de vivre
ce qu'on désira être, où le célèbre ténor d'opéra doit se
contenter de temps en temps de pousser la chansonnette entre
le café et le pousse-café d'un repas de noces, où le champion
cycliste se borne à se rendre à son travail tous les matins en
cyclomoteur. Le jour où la classe de troisième A éclata en

applaudissements devant la performance de son vieux professeur, les petits garçons applaudissaient d'avance, sans le savoir, un de ces instants fugitifs où, plus tard, ils auraient la sensation de donner libre cours à un inconnu caché en eux, l'inconnu qui, le reste du temps, n'obtiendra jamais du Proviseur de la vie son bulletin de sortie, parce qu'ils auront été contraints de suivre sans discuter le programme fixé par le ministère du Destin.

Le plan des bâtiments du lycée s'était depuis longtemps effacé en moi, mais il resurgit intact sous mes pas. Il n'y a personne dans les cours, les corridors, les escaliers sonores. Si on m'aperçoit passer, par la fenêtre d'une classe, par la porte d'une permanence ouverte sur le soleil de la fin juin et sur les moineaux picorant les miettes des goûters de quatre heures sous les marronniers des cours, on doit penser que le *monsieur* à l'apparence presque sérieuse que je suis devenu a à faire dans le lycée. Inspecteur des souvenirs, j'entre effrontément dans la salle de gym, les dortoirs, dans les salles de travaux pratiques désertes. J'apprécie, avec la nostalgie d'un avenir qui n'a pas été mon passé, les changements et les progrès accomplis depuis mon enfance. Les grands dortoirs, lugubres comme des chambrées de caserne, où j'ai tant de nuits pleuré en cachette jusqu'à ce que le sommeil seul puisse sécher mes larmes, ont été transformés en alvéoles individuels, qui ressemblent presque à des chambrettes. Partout les radiateurs d'un chauffage central à la place des gros poêles de fonte près desquels on éclatait de chaleur et loin desquels on gelait. Les toilettes où des robinets étiques d'eau froide coulaient dans une gouttière de tôle ont été remplacés par des lavabos individuels et des douches. La sinistre couleur marron de la peinture des corridors a été remplacée par du gris clair bleuté. Il y a même, au premier étage, dans ce qui a dû être les resserres de l'économat, dont on a abattu les cloisons, une « salle de loisirs » des élèves, avec une télévision, des jeux, des magazines et des fauteuils. Mon « vieux bahut » n'a plus son allure ancienne de maison centrale crasseuse, où les élèves sont faits pour le lycée, mais pas le lycée pour les élèves.

J'envie un peu les potaches d'aujourd'hui. Je suis venu trop tôt dans un lycée trop vieux.

Je soupçonne d'ailleurs que ces *progrès* dans la « condition d'enfant » se sont accompagnés de probables régressions. On ne pense plus que ce soit un bien en soi d'élever les enfants à la dure, ni que la mortification du corps, le froid, la crasse, une nourriture grossière et la rudesse générale des mœurs soient les meilleurs moyens de former des hommes. Le « ça te fera les pieds » durcit en effet les pieds. Mais, bien souvent, eux seuls. En revanche, on a consenti à tellement *faciliter* l'apprentissage des savoirs et à enseigner tout « sans peine », c'est-à-dire sans effort, qu'on voit se succéder des générations d'écoliers de plus en plus ignares, qui, ayant appris un peu de tout, n'ont finalement rien gardé.

Je vais dans un instant passer de la mélancolie à propos du passé et de l'admiration jalouse pour les améliorations du présent, à un ronchonnement de vieux conservateur bougon sur l'évidente décadence des « humanités ». Je me morigène moi-même : les pensées grommelantes encrassent les artères.

Je redescends le grand escalier de la seconde cour. Les marches au rebord ferré comme de vieilles haridelles résonnent moins fort sous mes pas que sous les galoches des internes qui, dans mon enfance, les dévalaient le matin en troupeaux retentissants, se ruant au réfectoire afin de s'emparer les premiers des *croûtons.*

Je suis revenu dans la galerie couverte qui longe la première cour.

– Vous cherchez sans doute quelque chose?

La voix vient de derrière moi. Je sursaute. La question polie me fait en une seconde basculer dans l'enfance, passager clandestin « fait aux pattes », à l'improviste, rôdeur en situation irrégulière. Les pas silencieux dans mon dos, le caoutchouc sournois des chaussures de l'autorité : me voilà ramené soudain à cet état de coupable dans lequel on passe une si grande partie de la vie sociale et qui pèse plus lourd encore lorsqu'on est petit, à l'âge où on apprend seulement que la loi existe en découvrant qu'on n'est pas en règle. Je me retourne. Le petit homme qui m'a interpellé, si poliment d'ailleurs, a l'air plus mal à l'aise que moi.

Je ne peux pas lui répondre que ce que je cherche, c'est celui que jadis j'ai été ici. Ça ne se fait pas. On n'a pas ce genre d'état d'âme dans un lycée d'État. Je n'ai aucune chance de retrouver mon ancien moi, je le sens bien, puisque aujourd'hui, une fois dissipées la surprise première et la fugace sensation de culpabilité, ce n'est pas l'interpellé qui est intimidé, mais l'interpellateur. Je passe le temps à accommoder mon intérieur avec mon extérieur : le « petit bonhomme » qui s'obstine en moi à n'avoir pas grandi est constamment obligé de se souvenir qu'il a désormais les apparences d'un vrai monsieur, un vieil adulte aux cheveux blanchissants. Ceux qui me rencontrent me prennent pour ce que j'ai l'air d'être. Ils se trompent. Mais ce serait trop compliqué de leur expliquer que je ne suis pas tout à fait arrivé encore à l'heure que marque mon apparence, et que je désespère maintenant d'y arriver jamais.

J'explique à mon interlocuteur que j'ai été autrefois élève du lycée, et que je me suis permis d'entrer pour...

— Vous devez trouver tout bien changé...

Ce qui n'a pas changé, c'est le geste du « surgé » d'aujourd'hui, les mains dans le dos qui agitent doucement un gros trousseau de clefs. C'était la posture favorite de Ban-Ban, le « surgé » de jadis, ainsi surnommé parce qu'il commençait la plupart de ses phrases en disant : « Ban, ban, nous verrons ça plus tard. En attendant, deux heures de colle! » Je ne me souviens plus du vrai nom de Ban-Ban, mais j'entends encore tinter les clefs dans son dos. J'ai retrouvé le son de ce ressac métallique de trousseau dans les mains de gardiens plus redoutables, en allant pendant la guerre d'Algérie visiter des prisonniers à la Santé, en rencontrant dans *La Chartreuse de Parme* le père de Clélia Conti, à l'époque où il est le geôlier de Fabrice, ou simplement en observant en tapinois ma terrible grand-mère paternelle en train de saisir à la ceinture de sa robe de taffetas noir la chaîne d'argent retenant les clefs des armoires austères où le sucre, le café et les confitures étaient maintenus à l'abri des convoitises des *bonnes* : « Ces filles, si on ne les surveille pas, les provisions filent... » Il y a sûrement deux espèces d'humains : ceux qui possèdent les clefs, ceux qui ne les ont pas.

LE SURVEILLANT
GÉNÉRAL

— Vous ne me reconnaissez pas, dit le propriétaire des clefs, mais moi je vous reconnais...

Lunettes d'acier, cheveux de brosse à ongles usée, poivre et sel, et une petite moustache beaucoup plus sel que poivre. Je ne le reconnais pas, en effet. Un des embarras que procure une vie parfois *publique*, c'est en effet d'être souvent reconnu par ceux qu'on ne reconnaît pas. Un inconnu surgit, qui vous tutoie, vous appelle par votre prénom. « Je te suis », dit-il. On ne l'a pas suivi. « Je t'ai vu à la télé... » On ne sait plus où on l'a vu. « Moi, je vous reconnais », a dit le petit monsieur. Où donc avais-je pu le rencontrer autrefois? Il me fait penser à ces chouettes effarées qu'on découvre dans un grenier, couleur de feuille morte et de duvet cendré, qui vous fixent sans voir, réveillées en sursaut de leur sommeil de jour.

— J'étais en première quand vous êtes entré en sixième, dit-il. On vous appelait « Garouille », le nom charentais pour la barbe de maïs, à cause de vos cheveux blonds.

— Ils ont changé de couleur, dis-je, pour dire quelque chose, qui ne veut rien dire : les cheveux blancs ont-ils une couleur?

— Ponce, Marcel, dit-il, plaçant le prénom après le nom propre comme dans les listes d'appel de classe.

Ponce? J'y suis : le grand Ponce! Ponce, Marcel, pour le distinguer de Pons, François, un autre élève de la même classe, celui qu'on appelait (cela nous faisait tellement rire) Pierre Pons. Le temps change nos rires et nos peurs. Ce qui nous paraissait si drôle nous laisse de marbre. Ce qui nous faisait battre le cœur laisse indifférent. Je revois Ponce, Marcel, dans le groupe des « grands » dont la désinvolture, le pouvoir insolent (et la proximité du bac, donc de la liberté) suscitaient chez les « petits » la terreur et l'envie. Ponce, Marcel, n'était pourtant pas, dans la bande des élèves de première, puis de philo, de la race des brimeurs ni de celle des fils à papa. Il avait la réputation du meilleur latiniste des terminales, du vrai fort en thème. Il passait les « récrés » et les études un livre perpétuel à la main. Mais la terreur que nous inspiraient ceux qui nous tordaient les bras pour nous arracher le chocolat du goûter, le prestige de ceux qui allaient déjà au café, couraient les bals du samedi soir et conquéraient les filles (ou le faisaient croire) rejaillissaient sur lui. Même si parmi les « grands » il était autrefois le plus doux et le moins arrogant, il faisait malgré lui partie de la caste des « maîtres » et nous inspirait, comme ses camarades, le respect effrayé qu'imposent les seigneurs à la piétaille.

Ponce a beau aujourd'hui être demeuré mon aîné, le temps a fait basculer nos rapports. Ce n'est pas seulement parce que je le dépasse maintenant de quelques centimètres et qu'il a vieilli non pas, sans doute, davantage, mais autrement que moi. Il m'examine avec un peu de gêne. Ce porteur des clefs n'affiche pas du tout l'assurance qu'elles donnent à leurs détenteurs. C'est moi qui, sans m'en apercevoir, suis devenu le « grand » de Ponce, Marcel.

Il se mue pourtant, un instant, en gardien de la loi devant l'arrivée d'un ébouriffé de douze ans, tacheté de rousseur, qui s'éberlue devant lui :

— Qu'est-ce que tu fais là, toi? Où vas-tu?

— M'sieur, c'est m'sieur Schmidt qui m'a dit d'aller chercher un livre à la bibliothèque de la classe.

— Tu ne me racontes pas d'histoires?... Ne traîne pas. Je verrai M. Schmidt.

L'enfant file. Le « monsieur » se retourne vers moi et passe de la gravité des puissants face à leurs subordonnés à la politesse hésitante d'un égal qui pourtant ne se sent pas tout à fait de plain-pied.

— Si je peux me permettre... Nous sommes à la fin de l'année

scolaire. Le surveillant général n'a plus grand-chose à surveiller... Si vous souhaitez que je vous fasse visiter le lycée,
rien de plus facile.

J'ai toujours redouté les « visites accompagnées » et les cir-
cuits organisés. Rien ne guide plus mal que les guides. J'ai
déjà accompli tout seul mon « pèlerinage ». Je consulte ma
montre, m'abrite derrière l'excuse vague d'un rendez-vous et
remercie chaleureusement le surveillant général de son ama-
bilité. Il paraît déçu. Il m'examine à la dérobée, détournant
les yeux quand il rencontre les miens, l'air embarrassé. Il est
devant moi semblable à celui que j'ai été un demi-siècle plus
tôt quand je me trouvais nez à nez devant son prédécesseur,
Ban-Ban. Me voilà *grande personne.* Je n'ai plus peur des puissants. Je ne pique plus de fards. Je ne baisse plus le nez. Il
arrive même que ce soit les autres qui, devant moi, semblent
se trouver dans l'embarras. Vieillir, c'est sûrement ça aussi :
changer de peur. N'avoir plus peur des *gens,* mais seulement
de soi, du temps, de l'obscurité qui monte. Est-ce un grand
avantage?

Nous marchons de compagnie vers la sortie du lycée.

— Vous avez fait toute votre carrière ici?

— Je suis revenu au lycée après la guerre, et je ne l'ai plus
quitté, dit M. Ponce. J'avais encore à cette époque de la famille
ici.

Il reste silencieux pendant que nous avançons.

— Si vous restez quelques jours, je serai heureux de vous
faire revoir votre vieux lycée, dit-il. Vous me trouverez presque
toujours dans ce bureau, ajoute-t-il en passant devant une
porte surmontée de l'inscription : « M. le Surveillant Général. » Je n'y suis plus pour très longtemps, d'ailleurs. C'est ma
dernière année...

— Vous n'avez pas l'air de quelqu'un qui se prépare à prendre
sa retraite, dis-je.

Ma politesse manque de conviction.

— C'est pourtant vrai, dit Marcel Ponce.

Nous sommes arrivés dans le hall d'entrée, entre la loge
du concierge et la plaque de marbre des « Morts pour la

France » : 1914-1918, 1939-1945. On a été obligé d'ajouter sur le côté deux petites plaques en post-scriptum : « Indochine »... « Algérie », parce que la grande était déjà remplie.

Pour la prochaine guerre, me dis-je, il faudra tout reprendre à zéro, et serrer les noms pour faire de la place aux futurs morts.

Je parcours les colonnes des trois dernières récoltes d'épis mûrs et de blés moissonnés : Abadie, Jean. Courcheux Marcel. Favrod, Lucien. Favrod, Jean-Marie. Henrion, Louis. Lacour, Édouard... Tous ces noms me disent quelque chose sans me rappeler personne, jusqu'à ce que je trébuche sur le nom de Rapelin, Raymond, un des trois « morts pour la France » d'Indochine. Ce qui surgit à l'appel de ce mort-là, c'est une horreur intacte et une haine aussi aiguë qu'au premier jour. Rapelin, le Grand Rapelin, faisait régner sur les petits, dont j'étais, une terreur sans trêve. Il surgissait en blouse grise dans la cour, armé de grandes mains prêtes à tordre les bras, de grands pieds impatients de cogner dans les tibias, toujours prompt à prélever sur les « petits » sa rançon de réglisse zan et de bouchées au chocolat, à humilier les doux, à faire s'agenouiller les faibles à force de tortures. Rapelin, Raymond, qui passait le temps des classes à se masturber au dernier rang, c'est la première image du Mal que j'ai dévisagée. J'avais cru à jamais oublier le Grand Rapelin. Le voici de retour, éternellement jeune et néfaste, dans la peur et le dégoût qu'il m'inspire encore. La plaque de marbre m'assure qu'il est mort, que je suis à jamais à l'abri de ses coups, de ses caprices de tyran. Je n'arrive ni à le croire, ni à me réjouir de me savoir délivré. « Mort pour la France », il reste vivant pour moi. Il va surgir au milieu de la cour des « petits », semant la panique et la nausée, avec dans les yeux l'éclat froid et joyeux du pouvoir absolu. J'ai retrouvé plus tard la même lueur inexorable dans le regard de l'*apparatchik* tchèque qui me disait à Prague, après l'occupation russe : « Que cela lui plaise ou non, nous refuserons à notre peuple le droit de se perdre. Nous avons la force — et raison devant l'Histoire... »

Marcel Ponce a suivi mon regard, sans doute pas mes pensées.

— Ce n'est pas juste, dit-il. Cette jeunesse fauchée dans sa fleur... Et nous, les anciens, qui sommes toujours là...

— Oui, dis-je. Ce n'est pas juste.

Je serre la main du surveillant général et je m'enfuis, poursuivi par la haute silhouette menaçante de Rapelin, Raymond.

LA FORME
D'UNE
VILLE...

J'ai retenu une chambre au vieil Hôtel de France, place du Mail, actuellement place du 18-Juin. L'hôtel s'appelle aujourd'hui le *Francotel*. Il ne reste de l'ancien que la façade et la coquille. Les lettres d'or de l'enseigne sont devenues une inscription au néon qui se met à rougeoyer à la tombée de la nuit. L'intérieur, le hall, les salons, les chambres, tout a été *rénové*, dans le style *design*, efficience et modernité. Si vraiment une belle vie c'est un projet de jeunesse réalisé dans l'âge mûr, je vis une belle vie en débouclant ma valise dans la chambre 404, entre la télévision, le réfrigérateur et le lit recouvert d'élégante laine chamois accordée à la moquette tête-de-nègre. Pendant mon année de philo au lycée, que n'aurais-je pas donné, amoureux de Janine, fille d'un gendarme et vendeuse aux Nouvelles Galeries, pour pouvoir arriver avec elle, désinvolte et nonchalant, à la réception de l'Hôtel de France et dire au portier : « Je voudrais une chambre pour deux personnes. Pouvez-vous faire prendre mes bagages ? » J'ai tout à fait oublié le visage de Janine, que j'allais l'été embrasser pendant des heures au Parc Vert, en sortant du cinéma *Select*. J'étais très innocent. Elle aussi. Nous réinventions sans le savoir la vieille pratique sensuelle et agraire du *maraîchinage*, qui consistait, pour la jeunesse rurale du Marais Poitevin, à concilier par des baisers plus prolongés encore que ceux de l'érotisme tantrique la préservation des virginités et le plaisir pas du tout solitaire des « fiancés ». J'ai oublié Janine, mais pas le fantasme qui m'obsédait alors : notre arrivée si *naturelle*, Janine et moi, avec l'aisance des grands voyageurs internationaux, dans un hôtel où nous attendrait, comme dans les films que nous venions de voir au *Select*, un grand lit où la caméra domine en plongée à la grue Michèle Morgan étendue, ses grands yeux avec vue claire sur l'océan calme au-dessus desquels se penche lentement Jean Gabin. Au plan suivant, le lendemain matin, ils sont nus sous les draps, et Michèle se blottit dans les bras de son amant. Je n'avais pas d'argent, pas de bagages, pas d'audace, pas de lit pour étreindre Janine que je n'ai jamais vue nue.

Quarante ans plus tard, me voici installé à l'hôtel qui était autrefois notre paradis interdit. J'y suis seul. Je ne sais plus de quelle couleur étaient les yeux de Janine. Qu'a-t-elle pu devenir ? Est-elle la femme d'un gendarme comme son père ? Si j'aimais l'alcool, j'ouvrirais le réfrigérateur, je me verserais assez de doubles whiskies, avalés d'une rasade pour faire taire cette sirène de brume qui ulule et pleurniche du fond de la nuit de mon temps. Je serais alcoolique et stoïque, puissant et solitaire, le genre Moïse, Humphrey Bogart ou Heming-way : pas une once de graisse et de sentimentalité, tout en muscles, silences, et pudeur virile. *Cool, man, cool...* Je crains que ce ne soit pas tout à fait ça. On se défait plus facilement qu'on ne se refait...

Je m'endors après avoir rangé ma valise. Je rêve le plus vieux de mes rêves, le plus tenace, le rêve de l'examen. Je tends la main pour tirer au sort, dans une boîte en carton, la question de français de l'oral. Joie : je suis tombé sur Jean-Jacques Rousseau, un sujet que je connais par cœur. Je vais commencer à répondre, et je m'aperçois que tout ce que j'avais su si bien s'est en un instant, vertigineusement, retiré de moi. On m'a vidé de moi-même comme un lapin retourné, et je reste silencieux, dans une nausée d'angoisse.

LES PAS DANS
LES PAS

Je me réveille avec ce sentiment d'amarres larguées, de solitude ouverte et de calme disponibilité que donne, après le plus court voyage, la chambre d'hôtel où l'on est arrivé la veille au soir : le couvent à la portée des voyageurs de commerce. Un frère convers hôtelier, probablement portugais ou espagnol, en veste blanche, dont le vœu de silence poli et la réserve monacale me rappellent dès le matin qu'ici j'ai trouvé enfin le repos d'une retraite. Il m'apporte le café accompagné du numéro de l'édition locale de *Sud-Ouest*. Avec cette sagesse des limites que donne la province, je saute les grands titres sur la marche du monde, qui ne cesse, comme les tragédies, de courir à la catastrophe, et je déplie le journal à la page de la chronique locale. La Fête des sapeurs-pompiers, un accident de vélomoteur (heureusement sans gravité), une lettre de protestation de lecteur contre la prolongation excessive des travaux de voirie au carrefour de Mourgine et les embarras qu'ils créent, le « Carnet du jour », avec sa liste de naissances, mariages et « convois funèbres » : je peux ce matin m'imaginer avoir un instant mis pied à terre de la guimbarde folle qui nous a tous embarqués dans le cauchemar de l'Histoire.

La ville a changé. Dans la rue Ferrande, l'artère commerçante, un *drugstore* a remplacé la vieille « Brasserie », avec ses molesquines gémissantes et la sciure de bois qui recouvrait le plancher à l'heure de la fermeture, quand nous nous attardions à nos tables de marbre, sachant que, sortis d'ici, la ville serait noire et morte, et qu'il ne nous resterait plus d'autre ressource que de nous raccompagner les uns les autres, en écoutant nos pas et nos rires résonner dans les rues désertes. Les vénérables *Dames de France*, où nous allions lorgner timidement les demoiselles vendeuses, se sont méta-

morphosées en *Burton of London*. Si la « Quincaillerie Générale » est toujours là, mais rénovée, la mercerie des parents
du grand Fourneaux, qui nous faisait tant rire avec des histoires drôles qui ne devaient pas l'être, a cédé la place à un
Oriental Shop qui vend toute la pacotille de Hong Kong, Tai-
wan, Singapour et Calcutta : écharpes indiennes, bâtons d'encens, éléphants de tissu et de verroterie, tuniques chinoises,
théières et saris. L'Asie à la portée des ploucs, démenti ironique que donne ce « marché mondial » prophétisé par le
vieux Marx à ce qu'affirmait l'axiome de Kipling : « *L'Ouest
jamais ne rencontrera l'Est.* »

Sur le rempart du Nord, la vieille maison close à lanterne
rouge où nous allions, après le bac, boire des bières bien plus
chères qu'au *Coq d'Or*, en regardant les filles avec qui nous
n'osions pas *monter*, a été remplacée, de façon bien inattendue,
par le nouveau siège de la « Fédération Départementale du
Parti Communiste. » Des remparts on aperçoit, dans les fau-
bourgs où Balzac avait placé l'atelier de Séchard, les presque
tours à sept ou huit étages des nouvelles H.L.M. qui ont haussé
dans la banlieue leur jeu de quilles en béton.

Oui, la ville a changé. Elle m'a rendu pourtant, par bouffées
soudaines, le goût de pain chaud et de chocolat du « quatre-
heures » de mon jadis. Rue du Prieuré, les pavés biscornus
qui tordent les pas, ou bien le kiosque à musique du Parc
Vert, si délabré et vétuste, désormais silencieux : sonos et
transistors ont rendu ridicules à jamais le pupitre de fer, les
cuivres et les casquettes dorées des musiciens de l'orphéon
municipal. Mais l'enfant et l'adolescent que j'aurais tant voulu
pouvoir un instant dévisager se dérobent à moi. Même quand
A. me rend des souvenirs que j'avais crus perdus, elle ne me
rend pas l'enfant qui a été traversé pour la première fois par
ces impressions. Les hirondelles sur les remparts volent, avec
le même cri aigu, à la même hauteur de ciel que le promeneur.
L'odeur de bois et de sciure fraîche persiste dans la cour de
cette vieille maison du quartier Saint-Michel, où le même
atelier d'ébéniste a traversé les années. Ce sont des sensations
intactes, mais je n'ai plus personne de précis à qui les ratta-

cher. Des bulles de vie vécues depuis longtemps éclosent, mais aucun propriétaire n'est là pour les réclamer. Elles n'ont pas de carte d'identité, ni de caractère, ni de *psychologie*. L'instant n'a pas d'histoire. Je retrouve le passé. C'est le passant qui me fuit.

LE CHAMP
DE FOIRE

En quittant la vieille ville, ses pavés capricieux entre les rues étroites, remontant la rue Ferrande déjà embouteillée au fur et à mesure que je me rapproche de la place du Champ-de-Mai, je m'aperçois qu'on est un samedi, le premier samedi du mois, jour de foire. Quand j'étais pensionnaire, nous ne quittions le lycée qu'à la fin de l'après-midi. C'était l'heure où les marchands forains démontaient leurs éventaires et rechargeaient leurs camions, où les marchands de bestiaux fouaillaient les vaches pour les faire remonter dans leurs vans. Je n'avais jamais vu la foire qu'à l'heure de sa débandade, comme celui qui n'a jamais connu du cirque que le moment où la grande tente verte est déjà repliée, abattus les mâts, et où il ne reste plus, dans le remue-ménage des roulottes et des wagons-cages qui reprennent la route, que le cercle de sciure et la trace, qui va vite s'effacer, d'une piste déjà en train de renaître ailleurs.

Je pénètre dans le réseau des allées ombragées de toile avec le sentiment de faire l'école buissonnière, une école buissonnière un peu retardataire. Mais la sensation de me trouver là à une heure où jadis je n'aurais pas dû y être et de jouir d'un privilège autrefois illégal est bien agréable, parce qu'elle semble effacer le temps et le condenser. Il y a au moins un avantage à tirer de tous les « C'est défendu » qu'on a subis dans l'enfance : c'est que le jour venu où on peut enfin faire *ce qu'on veut*, on le veut avec plus de plaisir parce qu'on a gardé

l'empreinte de l'époque où tant de choses nous étaient interdites.

Je flâne un moment dans la chaleur, entre l'odeur de cuir
des étalages de chaussures et celle des piles de *jeans* et de
bleus de travail, des éventaires de quincaillerie et d'outillage
aux déballages de cotonnades. Les « foires et marchés » de
notre continent sont peut-être une survivance qui ne se pro-
longera guère. C'est dans les civilisations encore *immobiles* que
la mobilité des marchands ambulants garde un sens. Un marché
en Amérique du Sud ou en Afrique, c'est en effet une marche,
celle du vendeur vers le paysan qui, lui, ne bouge pas, mais
attend qu'on vienne à lui. Dès la veille du marché et tout au
long de la nuit qui le précède, quand on approche de la ville
de Chichicastenango au Guatemala, les petits Indiens pieds
nus descendent de la montagne, chargés des ballots de marchandises, quatre fois gros comme eux, qu'ils vont déplier le
samedi matin sur la place entre les deux églises, celle des
ladinos et celle des Indiens. La marche du marchand vers le
marché, c'est un mouvement millénaire, mais aujourd'hui en
voie de disparition. Le *parking* des « grandes surfaces » en a
déjà inversé le rythme, et les « lois du marché » moderne ont
plié à leur invisible autorité la masse des acheteurs. Ils
n'attendent plus que les marchandises viennent à eux. Ils se
soumettent avec délices à l'ordre d'aller vers elles. Mais ce
que restituent encore les marchés, c'est la présence du vendeur, son attente, et cette vacance des visages commerçants,
qui donne à l'Indien du marché de Oaxaca ou de Crète, et à
celui de la foire d'A., le même regard, celui de l'attente, de
la guette patiente du client. Le passage des relations archaïques
de vendeur à acheteur jusqu'à l'absence totale de relation des
self-services contemporains se fait par transitions. Les civilisations anciennes pratiquent un rituel raffiné de l'accueil, les
politesses de la porte, le marchandage considéré comme un
exercice courtois. Le marchand moderne fixe un prix. Le
client l'accepte sans débat. Puis le marchand lui-même s'efface, disparaît, devient invisible. Il délègue son pouvoir à un
prix abstrait sur une froide étiquette.

J'atteins en déambulant dans les allées de l'éphémère village de toile l'extrémité de la place où commence le vrai foirail, celui du marché aux bestiaux. J'observe un moment les groupes où on discute l'achat d'une génisse ou d'une truie, les vieux gestes précis pour palper une bête, dénuder sa mâchoire, examiner ses dents, ses sabots, le blanc de l'œil. On ne vend pas un animal comme un objet manufacturé sous cellophane. Il s'établit entre le marchand et le cultivateur qui va quitter le foirail avec un veau ou un porcelet un rapport qui n'est pas terminé par la conclusion de la transaction : la bête dans l'étable ou la porcherie rappellera son origine. Celui qui l'a cédée demeurera présent dans la coulisse. Mais là aussi le commerce des hommes est en voie de céder la place à une industrie sans visage, aux usines à viande où on élève des veaux artificiels à la chair blême et gonflée de chimies et d'hormones, aux poulaillers géants sans fenêtres où les poussins naissent à la chaîne et où, devenus poulets de forceries, ils mourront sans avoir jamais entrevu même la lumière du jour.

Mais revenir au marché, c'est pourtant encore remonter un peu dans le passé, et pas seulement le mien.

LE CAVEAU
DE FAMILLE

Je retrouve, intact, rosi par la vie au bon air du cimetière, le fils Bardache, gardien, jardinier, marbrier, croque-mort et fossoyeur. Il veille depuis des années sur « mes » morts, que je visite rarement. J'ai longtemps sacrifié docilement à l'usage d'aller visiter le caveau de famille et de le fleurir de hideux chrysanthèmes bouffis à la Toussaint et aux anniversaires de « nos chers disparus ». J'accomplissais ces rites pour avoir la paix avec la société et ne pas être pris pour un monstre d'indifférence. J'allais me « recueillir » sur les « restes » des miens, « m'incliner » devant leurs tombes. Souvent je pensais à autre chose, ce qui donne à peu de frais une expression de profondeur vague et d'absence. La même expression peut signifier à volonté le pieux respect des morts, l'intérêt éperdu accordé aux balivernes des vivants ou la haute concentration spirituelle qu'il est convenu d'éprouver en méditant sur le peu que nous sommes.

Bardache le fils est moins pittoresque que ne l'était son père. Celui-ci remplissait consciencieusement l'emploi classique du fossoyeur ivrogne, celui qui tient dans une main le crâne du pauvre Yorick et dans l'autre un litre de vin rouge, et supporte la familiarité du néant grâce aux secours de l'ivresse. Dans la cabane aux outils de Bardache le fils, celui-ci a seulement cloué aux parois de planche des filles nues en couleur découpées dans des magazines d'origine étrangère, où j'ai vu en une trentaine d'années la diffusion des façons de voir américaines modifier peu à peu l'idée que dans ma jeunesse les Français se faisaient des plaisirs de la chair : l'inflation de la monnaie s'est accompagnée de l'inflation des seins chez les modèles proposés à la concupiscence des amateurs. À l'exemple des Américains, notre pays apparaît, dans le domaine érotique, comme une nation peuplée de pseudo-Baudelaires, tous amoureux de géantes et n'aspirant qu'à s'enfouir dans le refuge d'un Himalaya de mamelles. Dans le cas du fils Bardache, qui ressemble plutôt à la souris Mickey, l'appentis où il range son outillage de fossoyeur et de croque-mort ainsi tapissé de ces paysages de chair aux gigantesques seins plus roses que nature donne à sourire autant qu'à rêver.

Bardache me signale que la plaque de marbre du compartiment où est scellé le cercueil de mon grand-père s'est brisée sans qu'on sache pourquoi : le gel? un choc inexplicable? « Sans vous commander, ce serait bien, monsieur Claude, que vous veniez voir. » Il y a dans son œil pointu de rongeur la promesse d'une « pièce » en remerciement de sa vigilance et la perspective d'une fructueuse affaire, la commande d'une plaque neuve chez le marbrier, sur laquelle il touchera une petite commission. Il y a aussi dans sa voix, dans le « Sans vous commander », une nuance de reproche. Je suis devenu ce monstre impie qu'on ne voit plus jamais rendre visite à « ses » morts.

JE ME
SOUVIENS DE
TOI, ALINE   *Avril 1980*

J'ai retrouvé le jardin de l'ancienne maison familiale, que les propriétaires actuels m'ont laissé visiter seul. Impression (banale) que tout est plus petit que dans mon souvenir, la pelouse centrale, les massifs, la grotte-château d'eau en rocaille artificielle, au centre du « parc ». À cette époque, tout était plus grand.

À cette époque aussi il y avait encore de vraies saisons, répétait ma tante Eugénie, après sa grand-mère, qui devait répéter elle-même les paroles de parents que je n'ai pas connus. Il me semble parfois que dans ma jeunesse aussi les oiseaux avaient plus de talent au printemps, et la neige plus de persistance en hiver. Il paraît que la croyance aux beaux jours de jadis désormais disparus est une illusion et que, sur la longue distance, la moyenne du temps et des saisons ne change guère. Notre mémoire nous trompe, nous gardons seulement le souvenir des moments qui correspondent à nos idées reçues, le brûlant de l'été, le calme de l'automne, son odeur de pommes sur l'herbe du verger, ou le blême-et-brume des hivers. Mais je ne les crois pas.

Oui, autrefois il me semble qu'il y avait encore de vraies saisons. Il y avait des printemps de giboulées et de bourgeons tout gluants au soleil, des étés de canicule et de grillons, des automnes de feuilles pourpres et de fruits mûrs gâchés avant d'être cueillis par les picorements voraces des grives. Les hivers étaient de vrais hivers, hivers de gelées à pierre fendre, de bourrasques. Et la neige, son odeur sans odeur de silence et de froid.

Aline avait treize ans, et moi j'en avais dix. Je savais déjà tout ce que j'ai cru apprendre. Le temps, glissant si lentement qu'il semblait immobile ou ne bouger qu'à peine, poussière d'été dans un rai de soleil au travers des persiennes à demi closes, le temps parfois m'éblouissait, suspendu. J'avais déjà découvert aussi que, même seuls, nous restons *ensemble,* parmi les autres. J'avais vécu déjà tout ce que j'allais mettre une vie entière à vivre. Un secret m'avait été chuchoté : qu'il n'y a pas d'amour qui ne nous prive de liberté, parce qu'aimer c'est être détenu. Mais que la seule liberté serait d'aimer, qui permettrait de s'oublier, de s'effacer. Entre le tourment d'amour et la douceur d'aimer, à chacun de se débrouiller. Je ne me suis pas toujours tellement bien débrouillé.

Aline avait treize ans. Elle était ma cousine, ma dame, ma souveraine. Elle n'était pas entrée dans ma vie : elle y avait fait son apparition, celle de la *petite dernière.* Enfant tardive, inattendue, entourée d'aînés penchés sur elle avec ravissement, choyée, chérie, elle avait lu dans tous les yeux, dès qu'elle avait ouvert les siens, l'émerveillement, l'acquiescement, la tendresse. Comme les princesses du sang savent dès le berceau exercer leur pouvoir avec désinvolture, Aline régnait donc. J'étais de ses sujets. J'appris en subissant sa loi que nul ne règne innocemment.

D'un blond couleur tilleul, et les yeux de ce bleu de jade et de lagon polynésien, que l'on croit à tort le très rare apanage de certains chats noirs, Aline était un ange. Nous, les enfants, étions seuls sans doute à savoir que le Diable peut prendre l'apparence d'une petite fille aux longs cheveux de clair de lune, en socquettes de fil blanc, avec une jupe bleue plissée et la vareuse à col de la marine royale.

Innocente et limpide avec les adultes, plongeant dans leurs yeux un doux regard droit, prévenante avec les grand-mères, caressante avec sa mère, câline avec son père, Aline, dès que les grandes personnes avaient disparu, laissait la démone rieuse affleurer en elle. Impérieuse, hérissée de caprices, elle devenait arbitraire et imprévisible comme les décrets de la foudre joueuse, celle qui menace de mort la bergère mais se borne

à la dévêtir d'un coup de ciseaux, la laissant dans l'orage nue
et frissonnante. « Je suis votre maîtresse », nous disait-elle, et
le mot garde encore pour moi tant d'insolence hautaine,
évoque un si perfide sifflement de chambrière aux mains de
l'écuyère du cirque, que depuis ce temps-là je n'ai jamais
trouvé une femme qui me paraisse tout à fait digne du nom
de maîtresse, même s'il m'est arrivé de souhaiter qu'elles le
fussent, et d'y parvenir.

  J'écrivais des poèmes dédiés à Aline. Je les recopiais à l'encre
verte sur un cahier secret. Je la comparais à une rose. Mes
alexandrins boitaient, mais la rose embaumait. Il y avait toujours un moment où ses piquants faisaient saigner mes doigts,
et j'offrais en cachette ce sang à mon aimée. Quand j'étais
invité par oncle André et tante Madeleine à aller passer
quelques jours dans leur propriété, j'emportais mon cahier.
Je relisais mes vers en arrivant chez ma cousine. Ils me sem-
blaient soudain détestables, et très peu convenables les sentiments qu'ils tentaient d'exprimer. Je savais bien que, si je
m'étais piqué à une épine de rose, Aline m'aurait seulement
envoyé mettre du mercurochrome sans trouver admirable,
mais simplement bête, que je lui fasse l'hommage d'une goutte
de mon sang. Et mes alexandrins avaient une fâcheuse propension à marcher sur onze ou treize pieds. Il fallait attendre
encore pour mériter de devenir le grand écrivain dont le seul
nom, répété par les échos de l'époque, ferait battre le cœur
d'Aline : « Claude, je le connais depuis que nous étions petits... »
Comme je trouvais indignes d'Aline les vers que j'avais trans-
crits dans le cahier, je me dépêchais de recopier sans vergogne
des débris de poèmes pris dans les livres de la bibliothèque
de mon père. Pour que personne ne s'aperçoive de ma fraude,
je mélangeais les auteurs, et le soir, quand Aline s'était endormie, je laissais sur sa table de nuit un admirable cri du cœur,
qui allait sûrement la bouleverser à son réveil :

> *Ma vie hors de mon sein s'enfuit à chaque haleine.*
> *Ange plein de bonté, qui ignore la haine,*

Toi dont la blanche main est à mon front caresse
Je te cherche partout, j'aspire à toi, je t'aime.
Je veux te célébrer, ô molle enchanteresse
Et chanter dans ma tête amoureuse d'ivresse :
« Je t'adore à l'égal de sa voûte nocturne,
Ô vase de tristesse, ô grande taciturne! »

Mais après le petit déjeuner, quand les parents n'étaient plus là, Aline sortait de sa poche la feuille de copie – qui méritait si bien son nom – et fronçait le sourcil : « Qu'est-ce que ça veut dire : " *molle enchanteresse* ", " *vase de tristesse* "? Tu trouves que je suis molle et triste? Je me demande où tu vas chercher ça! »

Je savais bien où j'avais été le chercher, mais puisque Aline, qui ne lisait pas les poètes, sauf moi, ne soupçonnait rien, je ne pouvais pas lui révéler mes sources.

L'été, il y avait au centre du cercle de famille le fauteuil-guérite où on installait chaque jour Bonne-Maman, dans le jardin quand il faisait beau, dans le salon quand le temps ne permettait pas de la « sortir ». Le matin et le soir, les bonnes, sous la direction de tante Eugénie, procédaient en sens inverse à une cérémonie qui m'a toujours fait penser aux préparatifs de la procession de la Fête-Dieu, autrefois, quand M. le Curé faisait sortir de sa châsse, dans la chapelle de droite, la statue de la Vierge des Douleurs. On la revêtait d'une robe de fête, la coiffait, l'entourait de fleurs, avant de la porter sur le brancard que soulevaient les épaules des plus costauds de la paroisse.

Le rituel de la « sortie » de Bonne-Maman suivait un ordre immuable, qu'on reprenait à son coucher dans l'autre sens. C'était Josèphe qui était chargée de la première et délicate étape de la cérémonie, l'introduction (toujours aléatoire et périlleuse) du suppositoire. Elle assumait, en l'absence d'autres émotions, la charge d'émouvoir encore un peu, pas à pas, les entrailles de la vieille dame, qui ne frémissait plus que de désirs élémentaires, la faim, l'impatience, et des refus furieux et brefs. Quand Josèphe était parvenue à lancer enfin la fusée oblongue de glycérine, Marie-Jeanne glissait le bassin sous Bonne-Maman, et les servantes attendaient en bavardant que le suppositoire ait opéré. Puis Josèphe commençait la toilette, assistée de la petite Marie-Jeanne. Elle tenait la cuvette avec la gravité d'une desservante de messe, tendant à l'officiante le gant de toilette, le savon, l'eau de fleur d'oranger et la poudre de riz, dont la centenaire exigeait, pour couronner la toilette, la légère bénédiction blafarde. Josèphe enfournait ensuite le dentier dans la bouche de la vieille dame. Un jour, ayant entrouvert la porte de la chambre de Bonne-Maman sans être entendu, j'assistai fasciné à cette phase de la cérémonie, sans comprendre d'abord ce que je voyais. La vieille dame poussait des grognements rauques pendant que Josèphe enfonçait ses doigts dans la bouche en répétant : « Laissez faire, Madame, laissez glisser. » Quand le dentier avait enfin trouvé sa place, les deux femmes habillaient Bonne-Maman, pendant que ma tante dirigeait la manœuvre avec le ton d'un skipper donnant ses instructions à l'équipage en train de carguer la voilure. Bonne-Maman une fois empaquetée dans le caraco, la chemise, les jupons, le corsage et la robe, Josèphe achevait l'édifice en posant la perruque sur le crâne nu de la vieille idole. Bonne-Maman l'avait exigée grise, et l'apparente jeunesse de cet ornement sur le visage de momie qu'elle couronnait provoquait chez le spectateur un sentiment d'irréalité, le malaise créé, dans une œuvre d'art mal restaurée, par le contraste entre les éléments authentiques et des rajouts grossièrement imités, dont l'origine récente éclate à première vue. Tante Eugénie donnait un ultime coup d'œil à la position de la perruque, l'équilibrant d'un doigt patient (un peu plus en avant, un peu plus en arrière, un peu plus à gauche, un peu plus à droite), avec le même air agacé et méticuleux qu'elle prenait en rétablissant au passage, sur les murs de la maison, un tableau que les bonnes, en y faisant voltiger le plumeau, avaient laissé de guingois.

Ces rites accomplis, il ne restait plus qu'à ajouter l'appareil. Il était censé permettre à Bonne-Maman d'entendre parfois quelques bribes de conversation et de comprendre une partie de ce qu'on hurlait à son oreille en articulant sauvagement. C'était l'instant qu'attendait la vieille dame depuis son réveil. Un rugissement confus surgissait d'elle : « Mabouhi! » On la posait sur son fauteuil, Marie-Jeanne rabattait la planchette devant elle, Josèphe lui nouait autour du cou une grande serviette blanche. Bonne-Maman s'emparait de son bol de bouillie. Elle brandissait sauvagement sa cuiller et commençait à enfourner à une vitesse prodigieuse les flocons d'avoine, pendant que Josèphe, armée d'un linge, essuyait au fur et à mesure le trop-plein de grumeaux qui coulait sur les fanons de la vorace, entraînant avec eux la poudre de riz qu'il fallait ensuite replâtrer sur son menton.

Gustave et le jardinier attendaient sur le palier avec la chaise à porteurs que le menuisier du bourg avait fabriquée sur les instructions de tante Eugénie. On transbordait Bonne-Maman de son fauteuil au palanquin. Les deux hommes soulevaient ensemble les brancards, *un, deux, trois,* et le cortège se mettait en marche vers le salon, ou bien, à la belle saison, vers le jardin. Une longue journée de plus commençait pour Bonne-Maman, une journée toute remplie de la joie féroce d'être là, encore là.

Quand nous nous approchions d'elle, avec un effroi ennuyé, pour l'hommage du matin, elle posait sur les suppliants enfantins, poussés vers son trône par tante Eugénie (« Allez saluer Bonne-Maman, les enfants »), un regard courroucé. J'y lisais un reproche de hibou surpris par le soleil. Il y avait de l'insolence à être devant elle aussi jeunes que nous l'étions. Si tante Eugénie s'était éloignée, hors de portée de voix, Aline, angélique et souriante, s'approchait de Bonne-Maman et chantonnait presque sans ouvrir les lèvres :

> « *C'est très vilain*
> *Ce n'est pas bien*
> *D'être si vieille*
> *Et si méchante.* »

Si par hasard la vieille idole devinait qu'Aline avait parlé et proférait un « Que dis-tu? » rauque, Aline se pendait à son oreille et criait : « Je vous souhaitais une belle journée. » Bonne-Maman répondait par un grognement bref : « Tu es une bonne petite. » Aline rayonnait, dans la joie modeste de la vertu récompensée.

Quand le jardin était déserté par les Grandes Personnes et que les Enfants étaient censés faire la sieste, nous faisions hypocritement semblant d'aller nous coucher, comme on nous l'avait ordonné. Chacun, au bout d'un moment, se levait sur la pointe des pieds. Nous allions lire dans une de nos cachettes. Nous nous embusquions dans les ifs avec les jumelles de marine de mon arrière-grand-oncle l'amiral. Aline s'enfuyait en espadrilles vers la grotte artificielle, dans le fond du jardin. Elle entrait en communication avec la déesse Durgâ-Râni et nous transmettait ses révélations quand nous reprenions nos jeux en commun, à l'heure où la chaleur s'apaisait enfin. Entourée par nous, ses desservants, Aline s'inclinait devant la statuette d'un Bouddha de pacotille ventru qu'elle avait dérobé à mon oncle André, qui l'avait rapportée de Cochinchine, et devant une Vierge de Lourdes dans un globe de verre, où de la neige tombait quand on l'agitait. Elle célébrait le culte de Durgâ-Râni, déesse de la jungle. Nous brûlions des feuilles de laurier desséchées en guise d'encens. Nous répétions après elle : « Grande Durgâ-Râni, déesse des tigres mangeurs d'hommes, nous sommes tes serviteurs. » Aline était la seule à parler la langue *tami*, et d'autant plus la seule qu'elle l'avait inventée. Je ne me souviens que du refrain des litanies qu'elle tressait en l'honneur de la Déesse : *« Ami ama amu, kagalo kagali. »* Aline était Grande Prêtresse des cérémonies. Mais chacun de nous savait qu'elle était aussi, sans le dire, la forme terrestre de la Déesse. Ce que Durgâ-Râni nous enjoignait de faire, c'était la volonté d'Aline.

L'hiver, chez les parents d'Aline, nous jouions au jeu que ma cousine appelait le Grand-Œuf-tout-noir. Nous nous réfugions dans la chambre rose, celle qui servait de chambre d'ami, parce qu'elle était la plus éloignée des parents et parce que le lit y était immense et surmonté d'un baldaquin de velours vert pâle, avec des rideaux qu'on pouvait à volonté fermer ou laisser ouverts et une immense courtepointe de plume rouge, sous laquelle j'aimais me glisser pour me trouver dans le creux chaud du Grand-Œuf-tout-noir, près de ma dame, ma souveraine, la petite fille un peu folle.

C'était bon d'être tous les trois bien au chaud sous l'édredon rouge, Aline au milieu, nous de chaque côté d'elle, et surtout de ne pas allumer la lampe ni fermer les persiennes. Avec seulement dans la pièce la clarté d'un ciel sans clarté, ciel de très peu d'étoiles, le milieu de novembre, déjà les nuages et la brume, déjà la girouette du pigeonnier qui se plaint de sa voix rouillée, et le vent qui toute la nuit va souffler, siffler et parler sans rien dire, avec sa voix de chouette effraie, chuchotant ses menaces sous les portes, par le trou des serrures et dans les cheminées.

— Pourquoi n'allumez-vous pas, les enfants?

— Parce que Aline nous raconte des histoires.

— Elle ne pourrait pas raconter si vous allumiez?

— C'est plus amusant d'écouter dans le noir...

— Regardez bien, disait Aline. Vous voyez les poissons rouges dans l'aquarium sur la cheminée?

— Je vois pas, répondait Guillaume. Ils sont dans le noir.

— C'est que tu ne regardes pas assez bien. Claude voit, lui, aussi bien que moi.

Je n'étais pourtant pas sûr de les voir avant qu'Aline déclare les avoir vus. Mais maintenant j'étais sûr de les distinguer.

— Le gros poisson noir, tu le vois qui devient gros, très gros... qui grandit... qui grandit... Tu vois ses ailerons, sa queue? Il ouvre la bouche... On voit ses dents... Comme il a de grandes dents! Il est de plus en plus gros... Il vient vers nous... Il ouvre sa gueule... C'est un grand Requin, le Requin Câlin, le Requin Festin, le Requin Chagrin... Que dit le Requin, le Requin Malin? Il dit qu'il a faim...

La description du Requin devient une cantilène obstinée, une incantation magique. On est sur l'eau, même si c'est une eau qui ne mouille pas, une eau légère, noire et sèche. Le

Requin remplit la pièce, il nous frôle. « Le Requin Chagrin glisse sur ta main... Son ventre passe sur ta joue... Le Requin a faim... Le Requin Chagrin ne mange pas de pain... Le Requin Chagrin mange les enfants... Ce sera-ti Claude? Ça sera-ti Guillaume? Le Requin Malin hésite. Il a faim... Lequel des deux est le plus gros? Lequel est le plus bon? Lequel est le plus fin? Un jambonneau de Claude? Une côtelette de François? Le Requin féroce ne laisse pas d'os... Le Requin a faim... Il grandit, s'approche, il ouvre la gueule... »

Celui à qui la peur délicieuse a fermé les yeux pousse des cris perçants. Le Requin s'est jeté sur lui et n'en a fait qu'une bouchée. La victime hurle, pleure.

— Grosse bête, tu vois bien que c'est moi! dit Aline.

(La chatte apprend à ses petits tout ce dont ils auront besoin plus tard, sans elle : le jeu de courir, bondir, s'embusquer, dévorer – le jeu de vivre et tuer. Et pour endurcir les chatons, elle les rudoie à coups de patte, les broie et mord, puis longuement les lèche et lisse. Quand (plus tard) la bombe est tombée si près que je suis resté, un instant, aveugle et sourd; quand, nez à nez dans un virage avec une voiture roulant complètement à gauche, celle que je conduisais dérapa, s'envola et me laissa la tête en bas, étourdi par les cloches de la peur-après-coup – j'avais été prévenu, et depuis bien longtemps : le Requin Chagrin m'avait tout dit, jadis, une nuit, auprès d'Aline.)

— Mais enfin, qu'est-ce que vous fabriquez encore dans le noir?

— Éteins, maman. Sois gentille, éteins! On s'amusait.

— À quoi est-ce que vous jouez?

— On ne joue pas, maman, on raconte des histoires.

— Le dîner est bientôt prêt. Aline, tu feras laver les mains aux petits.

— Oui maman.

Les Grandes Personnes ne sont jamais au courant de tout. Elles ne connaissent pas le Glabru, qui habite le grenier. Aline baisse la voix pour parler du Glabru... On entend ses pas. Il marche au-dessus de nos têtes. Il entre dans la maison la nuit. Il tache les cahiers. Il fait dégorger sur les affaires l'encre des stylos. Il déchire des pages dans les livres de classe. Il met des clous qui piquent dans le fond des souliers. Il emmêle la laine des pelotes, fait dérailler de vingt mailles le tricot abandonné, prend une braise sur la cendre et la pose sur le tapis du salon. Il va à la cuisine, il fait tourner le lait, il fait rancir le beurre, il gâte les fruits en y enfonçant les doigts, il crache de la bave de crapaud dans la soupe. Il va dans les étables, il tète les vaches jusqu'à ce que leur lait tarisse. À minuit, le Glabru de chez nous appelle les Glabrus des autres maisons en imitant l'appel du chat-huant. Aline les a vus, une nuit (mais que faisait-elle au-dehors, l'enfant sorcière, à guetter le Concile des Malfaisants?), elle les a vus – c'était à l'automne – s'installer sur les branches du grand ormeau et les secouer si fort, en jacassant, que ceux qui dormaient dans la maison ont cru qu'une bourrasque passait. Ils n'ont pas été étonnés, au matin, des feuilles presque mortes répandues sous l'arbre en tapis.

– Dis, Aline, qu'est-ce qu'ils font, les Glabrus, quand ils parlent la nuit?

– Ils discutent ensemble des malices à faire. Ils se donnent les noms des enfants à tourmenter.

– Tu crois qu'ils nous connaissent?

– Je les ai entendus dire des noms.

– Quels noms, Aline? Quels noms?

– Je ne suis pas sûre d'avoir bien entendu. J'étais très loin, ils faisaient du bruit. Mais il me semble que, dans le vent, les Glabrus parlaient de vous deux.

– C'est vrai, Aline? C'est vrai? Ils ont dit « Claude et Guillaume »?

Nous savons bien que c'est simplement une *histoire*, que ce n'est pas *pour de vrai*. Mais le ton d'Aline est si tranquille, si assuré, et ses yeux dans la pénombre si clairs et froids, qu'on se demande pourtant si, peut-être... Il y a chaque jour tant de mauvaisetés et de chicanes qu'on ne s'explique pas, de chutes et de bosses sans raison, de croche-pieds que nous font les choses, de livres de classe qu'on égare, de pluies inattendues qui font dégouliner, illisible, la copie du devoir qu'on avait terminé et laissé sur la table du jardin... Qui peut jurer que les Glabrus n'existent pas, dont le travail sournois rendrait compte de tout ce qui casse et craque, griffe et cogne?

— N'ayez pas peur, dit Aline. Je suis là. Je vous protégerai. Quand un Glabru approche, il suffit de dire :

Glabru je t'ai eu
Je te croque au sel
Je te mange cru
Glabru lanturlu.

— Apprends-nous les mots! On les dira si le Glabru vient.

— Vous ne l'entendrez pas. Il faut une oreille de fille pour s'apercevoir qu'il approche. Et si c'est un garçon qui dit les mots qui font peur au Glabru, ça ne lui fait rien du tout, et il continue comme avant.

Il faut donc se remettre entre tes mains, Aline, ma dame, ma suzeraine, ma protectrice, toi qui as l'oreille fine et sens venir le mal quand il approche sans bruit, toi qui connais les mots qui font reculer l'ennemi.

Je suis toute ma vie resté sourd aux pas étourdis des Glabrus s'approchant. J'ai toujours ignoré le mot et la formule qui les désarmeraient. Les Glabrus chaque fois m'ont pris au dépourvu, ont frappé chaque fois quand je ne les attendais pas. Aline m'avait pourtant prévenu. (Elle, ce n'est pas au Glabru qu'elle devait avoir affaire, plus tard...)

— Et Capitaine Calebasse? demandions-nous. Qu'est-ce qu'il fait en ce moment?

Capitaine Calebasse est le commandant en chef des eaux. C'est lui qui a la charge de faire monter et descendre la rivière, c'est lui qui fait goutter ou laisse ouverts les robinets. C'est lui qui ouvre et ferme les écluses de la pluie. Il a de grandes bottes noires, un ciré luisant, un chapeau de cuir et une moustache qui ruisselle, toujours pleine de gouttes.

Aline commence tout doucement :

— Capitaine Calebasse, on croit qu'il ne sait pas, mais il sait très bien. Il sait que si Maman vient par là, Guillaume fait couler son bain, puis le laisse se vider sans s'être mouillé, et il salit un peu la baignoire avec le savon pour faire croire qu'il s'est savonné. Capitaine Calebasse sait très bien que quand Maman croit entendre Claude en train de se brosser les dents, il frotte seulement le lavabo avec la brosse à dents pour faire-le-bruit-comme-si.

« Capitaine Calebasse a décidé de donner une bonne leçon aux enfants menteurs, tricheurs et trompeurs.

« Capitaine Calebasse ouvre les écluses, décharge les barrages, il ouvre à fond les robinets du ciel... Vous entendez l'eau qui monte? Elle vient de partout, elle glougloute, elle monte, monte, monte. On va essayer de tenir aussi longtemps qu'on pourra... Donne les oreillers, qu'on soit un peu plus haut... Vous voyez l'eau qui monte sous les fenêtres? Le chien Dick ne veut pas se noyer, il essaie de nager, il agite ses pattes, mais déjà il se fatigue, il s'essouffle, il boit la tasse, il essaie encore, il coule, il est noyé, mort... L'eau arrive à la hauteur de la chambre, vous l'entendez? Elle se glisse par-dessus l'appui de la fenêtre, elle commence à couler dans la chambre, elle monte, elle monte... La voilà... Vous voyez les poules noyées qui sont entraînées par le courant?... Debout, vite, debout! L'eau monte, elle est déjà à nos mollets, elle atteint la ceinture, nous allons mourir... »

Je ne veux pas mourir. Je me serre contre Aline. Elle me prend dans ses bras. Elle me caresse et me berce. Ma peur se fond avec le corps tiède de la petite fille. « Là, là... n'aie pas peur, ce n'est pas vrai. Ce qui est vrai, c'est que je suis là... » Guillaume éclate en sanglots et voudrait se glisser entre Aline et moi. Mais je la tiens serrée. Ou bien est-ce elle qui me tient? La douceur d'Aline me protège du malheur, du désastre de l'inondation. Les bras et la tiédeur d'Aline me gardent de la mort. Le plaisir m'efface. Ébloui, réconcilié. J'entre dans le blanc calme, l'eau lisse et le silence, sous une brume de soleil qui se dissipe lentement.

— Ce qu'ils sont sages... dit la tante Madeleine. On ne les a pas entendus depuis l'heure du goûter.

— Qu'est-ce qu'ils ont pu faire?

— Aline leur raconte des histoires.

— C'est une vraie mère pour eux, dit l'oncle André. Elle est patiente, et tellement douce...

— Je suis moins patiente qu'elle, dit la mère. Moi, quand pour la dixième fois ils me disent : « Raconte encore », j'avoue que je flanche... Mais cette petite est un ange avec eux.

« L'eau monte. L'eau monte », psalmodie Aline. Le vent au-dehors, qui fait claquer une porte de grange mal fermée, les craquements liquides dans les vieilles tuyauteries d'un chauffage central vétuste se confondent avec le clapotement du fleuve qui nous entraîne. Le chien Dick a été emporté par les flots. La voix d'Aline est monotone et blême, martelant avec une inexorable lenteur d'eaux en crue des menaces de plus en plus terribles. Guillaume s'agrippe à elle, et ses bras se mêlent aux miens autour de ma cousine. Il essaie de m'écarter, de se faufiler, dans sa peur, aussi près que possible d'Aline, et je lutte avec lui pour ne pas lui céder un pouce de cette tiédeur vivante où nous cherchons refuge. Un peu à l'écart de nous, François respire très fort. Une bourrasque au-dehors s'élève, un éclair illumine la pièce, et j'aperçois les yeux jaunes de François qui nous regarde avec un mélange de mépris détaché et de peur solitaire. Les mille lanières d'eau de la pluie fouettent soudain la maison, ruisselant sur le toit, griffant les fenêtres dont nous n'avons pas fermé les persiennes, brouillant les vitres de flaques d'eau violemment assenées. Aline m'écarte violemment et se retourne vers Guillaume. « Tiens-toi à moi, Guillaume, tiens-toi bien! Essaie de ne pas boire la tasse! Ferme la bouche! Ferme la bouche. » Le mince corps d'Aline est raidi, secoué de convulsions, agité de spasmes. Guillaume pousse un cri qui me déchire. « Il se noie, il se noie, il est perdu! » répète Aline d'une étrange voix, une voix basse et rauque qui n'est plus sa voix d'enfant. « Il coule! Il est mort! »

François se lève et allume le plafonnier. Guillaume, la tête enfouie dans l'oreiller, sanglote en hoquetant, agité de soubresauts. Aline, étendue près de lui, halète faiblement, les yeux ouverts et révulsés. François se dirige vers la table de toilette, trempe une serviette dans le pot à eau et revient passer le linge humide sur le visage de ma cousine et sur celui de Guillaume, qu'il contraint doucement à se retourner.

Lorsque, trente ans plus tard, j'ai ouvert un matin *Sud-Ouest* et appris que quarante-cinq passagers, dont Guillaume, avaient péri dans la catastrophe aérienne de l'avion Rio de Janeiro-Paris, en plein Atlantique, j'ai revu la scène de ce soir-là, le petit garçon qui se noyait dans la nuit, auprès d'Aline, et tous deux le visage ruisselant — je ne sais plus si c'était de larmes, ou bien de l'eau qu'avait passée François sur leurs visages.

BANALITÉS   *Août 80*

Il y a toujours quelque part une étendue de jour
le travail du soleil ne s'arrête jamais
Il y a toujours quelque part un oiseau qui chante
et son chant fait chanter un autre oiseau plus loin

Il y a toujours quelque part un enfant qui naît
La vie invente la vie sans se laisser décourager
Il y a toujours quelque part un vivant qui meurt
Etcoetera etcoetera   Ainsi de suite   Etcoetera

C'est comme ça depuis l'origine   Et ce sera pareil
jusqu'à la fin   La plus grande banalité
Et si pourtant je ne parviens pas à m'y faire
si je m'étonne encore   eh bien   c'est que c'est mon affaire

ce manège incessant qui me verra cesser

LES GRÈVES
DE LA
BALTIQUE   *20 août 1980*

La première démonstration apportée par les grèves « politiques » de Pologne, c'est que la théorie selon laquelle « la classe ouvrière » se moquerait complètement des libertés « formelles », de la démocratie et des droits de l'homme et du citoyen est une balançoire.

On pouvait s'en douter depuis longtemps. C'est une théorie fausse, mais elle fait plaisir à deux catégories de gens, et d'abord aux bureaucrates du pouvoir dans les pays dits « socialistes ». Ils peuvent expliquer ainsi que, si les masses qu'ils gouvernent n'ont que le droit de travailler, de se taire et de voter à 99,9 % pour le candidat unique, c'est que les masses aiment ça, et que la presse libre, les élections libres, le syndicat libre, « elles n'en ont rien à faire ». L'idée rassure aussi une autre espèce de réactionnaires, les partisans de la trique, des militaires et de la manière forte : s'ils suppriment les libertés, expliquent-ils, c'est que leur peuple n'en ressent pas le besoin. Les *apparatchiki* de gauche et les dictateurs de droite sont d'accord sur un point : le peuple n'aime pas tellement se sentir libre.

Au peuple polonais qui de grèves en manifestations se conduisait déjà très mal en 1956, la *Pravda* rappelait sévèrement, à l'époque, la vieille théorie de la non-signification et de la non-valeur des « libertés formelles ». « *L'essence de la démocratie* », écrivait alors la *Pravda* à l'intention des « agités » de Varsovie et de Poznan, qui réclamaient une démocratisation du régime, « *ne réside pas dans les traits formels, mais en ce que le pouvoir politique reflète la volonté et les intérêts du peuple tout entier et les sert.* »

Quant à savoir qui décidera si le « pouvoir politique » *reflète* vraiment la volonté et les intérêts du peuple, la réponse est simple : le « pouvoir politique » lui-même en décide. Restez tranquilles, mes enfants : je vous reflète.

Je vous reflète, ajoute l'État « ouvrier », et si le sujet que je reflète a l'insolence de ne pas ressembler au reflet que j'en propose, je lui coupe aussitôt la parole. Comme le chien de Pavlov salive en entendant la sonnerie qui accompagne sa pâtée, le gouvernement « ouvrier » polonais a depuis trente-quatre ans le même réflexe conditionné devant une grève ouvrière : il coupe immédiatement les communications. Mais l'arrêt brutal du téléphone et du télégraphe, ce n'est rien d'autre que la continuation de la censure par d'autres moyens, plus radicaux.

En juin 1968, j'assistais à une réunion de discussion des travailleurs d'une usine de la banlieue de Prague à laquelle j'avais été convié, en compagnie de l'écrivain anglais Stephen Spender. Celui-ci se réjouissait, avec une nuance d'étonnement, devant la défense, réitérée tout le long de la soirée par les ouvriers, de la liberté des médias, et de leur refus obstiné de toute censure. « *Ça vous surprend parce que nous ne sommes pas des journalistes ou des écrivains?* déclara un jeune métallurgiste. *Mais notre parole à nous, ce sont les revendications, c'est la grève, et la censure les fait taire, comme elle fait taire les journaux et les livres. Essayez donc de gagner une grève dont personne ne saura rien, même pas qu'elle a eu lieu!* »

DE KRONSTADT
À GDANSK   *31 août 1980*

Hier, le vice-Premier ministre Jagielski a signé avec les représentants des grévistes les accords de Gdansk.

Il est très mal vu dans les pays « socialistes » de s'intéresser à la politique. Khrouchtchev était sincèrement indigné que György Lukács ait pu se compromettre avec les insurgés de Budapest : « *Quel besoin avait-il de s'occuper de politique?* » soupira-t-il. Les ouvriers polonais en grève ont le mauvais goût de faire passer les revendications « politiques » devant les revendications « économiques » de salaires... Quel besoin ont-ils donc de s'occuper de politique ?

C'est un besoin qui pourtant ne date pas d'hier. On voit dans le mouvement qui secoue les pays d'Europe de l'Est resurgir de vieilles et vivantes traditions ouvrières. Des soviets de 1905 et de 1917 aux conseils ouvriers si vite liquidés de l'« octobre polonais » de 1956, des « républiques des conseils » écrasées dans le sang en 1919 aux conseils ouvriers de la révolution hongroise étouffés par les chars russes, les prolétaires ont l'habitude déplorable de se constituer, quand ils ont à lutter, en comités démocratiquement élus. Ils désignent des délégués qui ne sont pas des « reflets » selon le modèle soviétique. Ils exigent des syndicats qu'ils ne soient pas une « simple courroie de transmission » entre l'État et les salariés. Les grands « États ouvriers » ont évidemment une sainte méfiance de ces organisations incongrues. De leur côté, les politologues modérés ne leur accordent pas une grande confiance. Pour les « grands dirigeants », de Lénine à Gomulka, et de Novotny à Mao, il n'est pas convenable que « les masses » prétendent parler en leur nom propre, si c'est pour dire autre chose que ce que leurs maîtres-reflets disent à leur place. Pour les esprits rassis et assis, ces créations populaires sont des expédients transitoires, des fruits de l'urgence et du chaos, ou bien la poursuite d'une fumeuse utopie gauchiste et ces assemblées surgies du combat ne peuvent être d'aucune utilité pour établir ou rétablir une véritable démocratie.

Les « grands dirigeants » s'emploient à liquider les « soviets », les « conseils », les « comités ». On assiste dès 1918 à la mort par étouffement et manipulation des soviets russes. Les Polonais ont encore présente à l'esprit la liquidation par Gomulka des conseils ouvriers établis en 1956. Quant aux « conseils » de Budapest et de Prague, leur vie, on le sait, fut brève. Ce qui n'autorise pas forcément les politologues sérieux à conclure que ces formes de démocratie de base, ayant eu des apparitions éphémères et en général une fin tragique, n'ont aucun avenir.

Quand on relit la résolution en quinze points des insurgés de Kronstadt, en 1921, et, à la suite, les vingt et une revendications des travailleurs polonais d'aujourd'hui, on a l'impression d'une soudaine immobilisation du temps, d'un bégaiement de l'Histoire. Les marins de la flotte de la Baltique en 1921 et les ouvriers des chantiers navals en 1980 réclament exactement les mêmes choses : la démocratie, des syndicats libres, la suppression de la censure, la libération des prisonniers politiques, l'abolition des privilèges des dirigeants, etc.

Les revendications populaires sont fondamentalement les mêmes dans les pays de dictature et dans les pays dits « socialistes » depuis soixante ans, de Kronstadt à la Pologne, de la Géorgie de 1921 à Budapest en 1956. Elles sont fondamentalement les mêmes d'un bout à l'autre de la planète, dans tous les pays « socialistes », de la Tchécoslovaquie à la Chine.

Si la revendication élémentaire des peuples soumis au socialisme de la dictature d'un parti unique est constamment et partout la même, c'est que la situation est restée fondamentalement la même, de Kronstadt à nos jours, et d'Europe en Asie.

Certes, en décembre 1917, quand il écrit *L'État et la Révolution*, Lénine donne pour tâche première à la Révolution de « *rompre une fois pour toutes avec le préjugé qui veut que les affaires de l'État, la gestion des banques, des usines, etc., soient une tâche inaccessible aux ouvriers* ».

Mais il suffira de quelques mois, on le sait, pour que soient établis un système et une théorie qui n'ont guère varié depuis. Un éditorial du *National*, le quotidien conservateur de Paris pendant la révolution de 1830, résume assez bien le point de vue du communisme bureaucratique sur la démocratie : « *Les ouvriers n'ont pas encore assez de lumières pour discerner ce qui convient à leurs intérêts aussi bien qu'aux intérêts de tous.* » Dans son discours de janvier 1922 sur le rôle des syndicats, Lénine revient dix fois sur « *le retard culturel* », « *l'état arriéré* » d'une classe dont il constate ailleurs qu'elle est « *particulièrement fatiguée, épuisée, excédée* ». Il n'est donc plus question de confier la moindre responsabilité dans les décisions aux travailleurs.

« *La production est toujours nécessaire, pas la démocratie.* » Il faut donc obtenir, dans les usines comme dans l'État, « *la soumission de la volonté de milliers de gens à celle d'un seul* » et fortifier la dictature du Parti.

Les *Izvestia* de Kronstadt du 8 mars 1921 décrivent le résultat : « *Une exploitation encore plus grande* [...] *du pouvoir gendarmo-policier du monarchisme est passée entre les mains des usurpateurs communistes, lesquels ont apporté aux travailleurs, au lieu de la liberté, la crainte continuelle de tomber dans les geôles de la Tcheka* [...]. *Les commissaires et fonctionnaires bolcheviks* [...] *ont pris possession du monde intérieur des travailleurs, les obligeant à penser seulement de la manière qui leur convient. Ils ont enchaîné les ouvriers aux ateliers à l'aide des syndicats officiels.* »

Quelque soixante ans plus tard, en Chine, Wei Jingshen peut demander à son peuple : « *À part le misérable salaire qu'on vous alloue chaque mois, juste pour vous empêcher de crever de faim, où sont vos droits ? Sur qui, sur quoi avez-vous pouvoir ? De qui et de quoi êtes-vous les maîtres ? La seule chose que nous voyions, c'est la " dictature du prolétariat " et cette nouvelle variante de " despotisme à la russe " qui s'appelle maintenant le " socialisme despotique à la chinoise ". Cela ressemble à ce " socialisme féodal " dont parlait déjà Marx dans le* Manifeste. *C'est une forme de monarchie féodale affublée d'une défroque socialiste.* »

« *La production est toujours nécessaire, pas la démocratie* », disait Lénine. Le résultat, après plus d'un demi-siècle, c'est que les pays soumis à l'héritage léniniste n'ont ni la démocratie ni la production.

PROUST CRITIQUE   *20 septembre 1980*

Proust était sûrement le premier à savoir qu'entre l'homme du monde qui rendait compte de livres dans *Le Figaro* et l'auteur des *Pastiches*, cette « *re-création* » de Balzac, Flaubert ou Renan – ce qu'il appelait « *une critique en action* » –, il y avait un abîme. Le journaliste Proust assurait qu'avec *Le Nez de Cléopâtre* le comte de Saussine venait d'écrire « *un livre aussi saisissant de vie qu'infini dans ses profondeurs* », que les vers de la comtesse de Noailles étaient « *sublimes* » et témoignaient de son « *génie* », que son ami Lucien Daudet venait d'écrire « *un délicieux chef-d'œuvre* ». L'autre Proust, celui du dedans, n'attache évidemment aucune valeur à ces gentillesses de la conversation. Il sait très bien ce qui est important et sérieux. Ce n'est pas par hasard que le grand romancier est aussi un grand critique, que le « créateur » de Swann et de Charlus est également le « re-créateur » de Saint-Simon et de Rembrandt, de Chateaubriand et de Chardin. La différence essentielle entre Proust et Sainte-Beuve, c'est que, quand Proust a l'air de se tromper, de prendre une vessie pour un phare, c'est seulement qu'il ne veut pas faire de la peine, que la bonté chez lui prend les formes généreusement hypocrites de la politesse. Proust n'est pas dupe des compliments de Marcel. Sa bienveillance sans importance ne l'empêche pas de garder au fond de lui une clairvoyance sans illusions. Il ne feint d'être bête que par courtoisie, et seulement dans la louange. Sainte-Beuve, lui, est sincèrement idiot dans ses condamnations. C'est du bout de ses lèvres courtoises que Proust donne du « *génie* » à n'importe laquelle de ses connaissances de salons. C'est du fond du cœur que Sainte-Beuve, avec du recul, trouve les « *romans tant préconisés de Stendhal toujours manqués, malgré de jolies parties, et, somme toute, détestables* ».

IDÉALISME   *Octobre 1980*

Pour la victime « individuelle », il n'y a évidemment aucune différence entre mourir sous les coups d'un truand qui tire une balle dans la nuque de trois caissiers de supermarché pour emporter sans risques la caisse, et mourir sous les coups d'un idéaliste fanatique en train de « *construire le socialisme* ». D'un point de vue général, il y a tout de même une différence. Le truand ne se présente pas en sauveur de l'humanité et ne

pratique le meurtre que sur une échelle artisanale. L'idéaliste
a sa conscience pour lui, il tue en masse, et il lui arrive même
d'avoir pour défenseur ou pour avocats de « *grandes consciences* »
qui disputaillent sur le chiffre des morts ou plaident les circonstances atténuantes. Jacques Mesrine ne croyait pas « bien
faire »; mais Pol Pot, oui.

SAINT-JOHN PERSE   *Octobre 1980*

L'idée de base de Saint-John Perse est simple comme bonjour. Elle consiste à dire du bien de ce qui est. Rien n'est plus
difficile cependant que la louange, et rien n'est plus périlleux
que l'approbation. Les hagiographies sont toujours menacées
d'être niaises. Dire oui à l'existence fait courir le danger du
mensonge, de la fadeur ou de la lâcheté. Si Dieu existait, il
serait souvent honteux du bien qu'on dit de lui. Pas des éloges
de Saint-John Perse.

SÉCHERESSE   *8 octobre 1980*

En art (comme dans la vie) la sécheresse, le dépouillement
et la simplicité sont des vertus aimables. Il est préférable
cependant qu'elles aient nécessité quelques *efforts*. La retenue
plaît toujours : mais elle suppose qu'il y a quelque chose à
retenir. Celui qui est sec parce qu'il n'est que plat, qui n'a
aucune peine à être dépouillé parce qu'il est naturellement
décharné, celui dont la simplicité est simplement simplette,
tous ceux-là ont peu de mérite et peu de charme à être *secs*.

LOUIS
GUILLOUX   *15 octobre 1980*

Louis Guilloux est mort hier à Saint-Brieuc. À la fin de sa
vie, Louis était devenu si fragile et léger que, marchant avec

lui dans la rue, les jours de vent un peu fort, j'avais peur de le voir s'envoler. Sa voix était comme son corps, un filet de vie ténu, clair et ironique. Je lui avais téléphoné il y a dix jours. Il était très loin, et très près, une présence légère et si forte.

Habitant de la solitude, Guilloux avait le goût de la sociabilité. Cœur à vif, il s'était fait le masque d'un ironique à vie. Travailleur sans relâche, il se donnait les apparences d'un flâneur. Il fondait en larmes tout seul en relisant ses notes sur les camps de réfugiés espagnols en 1937. Il prétendait parfois, modeste à l'excès au point de désespérer, « n'avoir rien fait de bon, même avec *Le Sang noir* ». Il y avait le Huron de Saint-Brieuc, qui montait (ou descendait) à Paris de temps à autre, et portait sur les gens, leurs vertus, leurs faiblesses, leurs comédies, un regard plein de malice, d'humour, de distante lucidité affectueuse – celui du provincial par état, par morale et par volonté (mais la distance même lui rendait plus précieux encore ses amis, dont il parlait sur le ton juste de l'affection et de la clairvoyance : Jean Grenier, Malraux, Camus, Gaston Gallimard). Il y avait l'ermite de la maison bretonne en plein ciel, dans le vent de tempête et le fracas de la pluie « définitive », qui ne poursuivait pas, disait-il, la gloire mais un destin. Incroyant, agnostique, il avait une sorte de fond religieux. « Si je dis : Dieu, murmure-t-il, c'est un mot... Il faut faire la part des choses, voyons! Mais, même avec un autre vocabulaire, on sait bien de quoi on parle sans arriver à en parler... » Je crois que Louis aurait ri au nez de celui qui aurait, devant lui, parlé de son *âme*. Il aurait rallumé sa pipe perpétuellement éteinte et changé de sujet. Et pourtant...

Dans l'entre-chien-et-loup et l'entre-vie-et-mort, on pourrait croire que celui qui va partir ne sait plus où il est. Il semble que Louis sur son lit du dernier appareillage ait su très bien où il était, très bien compris sa situation de passager de la terre déjà en partance.

Roger Grenier me dit que, dans ce délire lucide des derniers moments, Louis ne se croyait pas un malade à l'agonie : il se pensait simplement un prisonnier politique qui veut s'évader. Cripure avait-il entendu la sirène du départ de Lucien, partant rejoindre un peuple organisé en « soviets »? Il n'y avait plus de « soviets » en Russie soviétique. Mais, pendant les jours où Guilloux s'est acheminé vers la sortie de la vie, les sirènes ouvrières de Gdansk appellent en Pologne à d'autres combats. Les hommes ont la vie dure. L'espoir aussi a la vie dure. À son crépuscule même, Guilloux a gardé la vue claire : il n'avait jamais cessé de se sentir, même en liberté apparente, un peu *prisonnier politique*, et toujours l'habitant de la *Maison du peuple*. Il avait gardé toute sa vie dans l'oreille la voix de son père, le cordonnier, qui disait à un compagnon, devant l'enfant : « *Tu ne me feras pas croire que si les ouvriers étaient organisés, ils ne seraient pas un peu mieux.* » L'*un peu mieux*, le *beaucoup mieux*, Guilloux n'avait jamais cessé de le vouloir, de l'attendre. Après le sabordage de l'Union de la Gauche, il avait seulement murmuré : « J'aurais pourtant bien aimé vivre assez longtemps pour voir le socialisme. » Comme j'avais à mi-voix repris ses mots et interrogé : « Mais quel socialisme? — Va, avait répondu Louis, " les autres ", quand ils disent qu'ils ne veulent pas du socialisme, ils savent bien, eux, ce qu'ils haïssent. »

MORT   *Novembre 1980*

La mort est un sujet de réflexion inversement proportionnel au nombre des décès.

Pendant les trois premiers quarts de ce siècle, la mort était une réalité extrêmement répandue, mais un sujet de conversation jugé peu convenable. Une collaboration assidue des hommes avec la nature, mère meurtrière mais sans malice, avait considérablement développé les moyens de production de l'homicide. L'invention de la nitroglycérine, des armes automatiques, du lance-flammes, l'organisation de conflits vraiment universels, les progrès accomplis dans le management des camps de la mort, la fission de l'atome, ce passage du qualitatif de l'assassinat au quantitatif du massacre susci-taient chez les peuples moins développés une saine émulation : avec des moyens limités, les Turcs réussissaient, en 1915, à exterminer cent cinquante mille Arméniens en quarante-huit heures, un score que n'égaleront pas les Soviétiques à Katyn ni les Français à Madagascar. Mais, pendant toute cette période, la mort était un sujet tabou. La règle était : la donner beau-coup, n'en parler jamais. La « fin de siècle » du siècle précé-dent avait été, du moins en Europe, relativement paisible. La boucherie était un produit essentiellement colonial. On mitraillait parfois quelques grévistes mal embouchés, mais sans ternir pour autant l'éclat de la « Belle Époque ».

Les sociétés où on avait, somme toute, beaucoup de chances de mourir dans son lit en profitèrent pour développer des cultures « décadentes » et morbides, et parler abondamment de la mort, qui s'était raréfiée. Dans cette accalmie (encore une fois relative), où la mort n'était à l'ordre du jour que biologiquement (sauf pour les Noirs, les Jaunes et les pauvres), la mort était « à la mode » en philosophie, en littérature, dans les arts. À l'inverse, dans l'Union soviétique saignée par la guerre, les purges et le Goulag, il était question constamment de l'étape ultime (et proche) du communisme et de la « science prolétarienne », qui produisait en série des centenaires ardents, annonçant, après la conquête de la longévité extrême, celle de l'immortalité.

Cette discordance entre la présence obsessive de la mort et le « discours » sur elle tient à ce que, précisément, l'expérience tragique du péril tend à aviver la sensation aiguë de survivre, tandis qu'un certain niveau de sécurité historique et de *loisir* tend à laisser affleurer le sentiment mélancolique de la fin. L'extraordinaire *Chronique du ghetto de Varsovie*, du témoin Ringelbaum, nous montre les morts de demain acharnés à vivre aujourd'hui. Ce sont les siècles heureux qui inventent le mal du siècle. Une relative liberté d'exister, même tem-pérée par l'entropie, le vieillissement, les accidents de la cir-culation, le terrorisme et le devoir moderne de « rester jeune » à tout prix, donne à qui en jouit l'oreille très fine pour percevoir le travail de quenouille de ces tisserandes obstinées qui détissent notre trame. On constate que le spleen est le luxe des oisifs. À la guerre, avant une attaque, on a seulement la trouille, état d'âme moins élégant. La théologie est la tâche des moines paisibles dans les abbayes tranquilles : les grandes pestes donnent plus de travail aux fossoyeurs qu'aux docteurs ès sciences divines. La métaphysique est l'apanage de ceux qui ont le temps, ou croient l'avoir. Dans des demeures remplies de meubles luisants, polis par les ans, les bourgeois dévots du Grand Siècle méditaient chaque jour sur les fins dernières et se préparaient longtemps à l'avance à la « bonne mort ». Les manants menacés à chaque instant d'être pendus par les reîtres et les soudards ou par les dragons de Louis XIV avaient sans doute moins de piété et de soins à accorder à la préparation de leur trépas.

Si la considération quotidienne de la mort aidait forcément à mieux vivre, tous les médecins seraient des saints laïques et tous les employés des Pompes funèbres des sages. L'expérience enseigne malheureusement qu'il y a (aussi) des médecins tiroir-caisse et qu'un courtier en cercueils, armé de son catalogue et s'abattant sur une famille en deuil, est la figure exemplaire et ignoble de ce que peut produire une bonne société marchande. Il est vrai qu'il y a des mourants avares, ou mesquins, et que la proximité du tombeau, même si l'esprit n'est pas obscurci par les brumes de l'agonie, ne donne pas toujours à ceux qui ont vécu bas la ressource de voir enfin la vie de haut.

1981

Janvier 1981

L'amour est un attachement à un autre que soi. L'humour est un détachement de soi, une façon *détachée* de se regarder être, de survoler le malheur ou l'inconfort. La folie de prendre très au sérieux l'existence d'un autre être, cette forme d'approbation de l'existence de l'autre qui s'appelle l'amour – et la sagesse de ne pas se prendre au sérieux, soi, de ne pas prendre au tragique la tragédie d'exister, cette folie et cette sagesse peuvent faire bon ménage.

Si on aime vraiment, et si on sait rire vraiment, le résultat est le même : on s'oublie, ou du moins on s'efface. Le moi est haïssable, de qui n'aime que son moi. Le moi est haïssable, qui se prend au sérieux, parce qu'il ne voit que lui-même et sans aucune distance. L'amour rend gai, et souvent l'amour fou rejaillit en fou rire parce que les amants rient d'être libérés d'eux-mêmes – par l'autre.

Ce n'est pas un hasard si dans cette forme de projection-à-la-limite de l'amour humain qu'ont inventée les hommes, dans le magnifique fantasme de cet amour qui contiendrait tous les amours, cet agrandissement imaginaire qui s'appelle l'amour de Dieu, il y a tant de « fous d'amour », de mystiques : fous de Dieu qui ont à la fois le sens du sacré et le sens de l'humour. Qu'il s'agisse de religions athées, comme le bouddhisme, le taoïsme, ou de religions mono ou polythéistes, l'amour inspire souvent de la bonne humeur à ses serviteurs absolus. Les maîtres taoïstes ou zen, saint François d'Assise, les soufis de l'Islam comme tant de saints des traditions chrétiennes d'Orient ou d'Occident, les rabbis du hassidisme comme les prédicateurs noirs de gospels, sont la plupart du temps extraordinairement gais, drôles, joyeux : *humoristiques.* Et, pour rester au plan de l'amour entre la femme et l'homme, un des peuples où les relations humaines sont les plus subtiles et le plus harmonieusement réglées, les Dogon du Niger, a remarqué depuis longtemps (ce que d'ailleurs tous les amants du monde savent très bien) que plus on fait l'amour, plus on rit, et que plus on rit, plus on fait l'amour. Un couple Dogon ne se fait jamais de « scènes » et rarement de reproches. Il suffit que l'on fasse remarquer ironiquement et légèrement à l'autre sa faute, sa faiblesse ou son erreur. Les Dogon affirment que l'humour accélère la circulation, lubrifie les organes, réchauffe le cœur. Même si les notions anatomiques des Dogon sont sommaires, cette théorie me semble tout à fait juste.

S'EXPOSER   *Février 1981*

La vraie littérature, c'est souvent une *exposition.* L'écrivain s'expose, dans le sens où un soldat s'expose à la mort, et dans le sens où on expose une chose à la vue d'autrui. C'est vrai de Rousseau ou de Montaigne, mais autant de Shakespeare ou de Balzac. Ils exposent l'homme à l'homme et en même temps ils s'exposent eux-mêmes au public. Le cœur de Shakespeare, sur la vie duquel nous savons si peu, nous le connaissons aussi bien que celui de l'auteur de *Mon cœur mis à nu,* Baudelaire. Mais cette *exposition,* loin de nous imposer un fardeau, de nous mettre sur les bras les problèmes d'un autre, les chagrins d'un autre, nous allège, nous délivre. On se sent mieux parce qu'on se sent moins seul. Même si ça consiste à découvrir d'abord qu'on n'est pas le seul à se croire,

à se sentir seul. On se sent mieux, parce qu'on s'aperçoit que
ce qui pesait sur nous, comme une maladie honteuse, c'est le
partage de tous.

GYÖRGY LUKÁCS   *Février 1981*

   Peu de temps avant sa mort, Lukács disait à ses étudiants
qui parlaient de l'importance de sa pensée : « Et pourtant, la
chose la plus importante je ne l'ai pas comprise! – Quelle est
cette chose? demandent les étudiants. – C'est précisément
cela que je ne sais pas », répond Lukács.
   Il avait pourtant compris beaucoup de choses, et souvent
contre lui-même. Il avait bataillé presque toute sa vie en
faveur de ce qu'il nommait le « réalisme », pour la tradition
de Balzac, Tolstoï et Gorki. Il pourfendait et condamnait pêle-
mêle la « décadence » : Joyce, l'expressionnisme, Dos Passos,
Kafka, ces *« décadents parasitaires »* infidèles au réalisme, et
dont l'esprit « anti-bourgeois » n'était à ses yeux que la mani-
festation d'une révolte « petite-bourgeoise » dépourvue de
claire conscience politique.
   Lukács fut à deux reprises membre d'un fugitif gouvernement communiste : en 1919, sous Béla Kun, dans la République des Conseils de Budapest, puis sous Imre Nagy, après
la Révolution des Conseils de 1956. Dans les deux cas, ses
« présidents du conseil » furent fusillés, tous les deux d'ailleurs
par les Soviétiques : Béla Kun sous Staline, et Nagy sous
Khrouchtchev. Lorsque Lukács est arrêté par les Soviétiques,
après l'écrasement de la révolution hongroise de 1956, je ne
suis pas sûr que l'officier du K.G.B. qui emmenait le philosophe, dans une limousine aux stores baissés, vers un aéroport
militaire, ait compris très bien ce que Lukács marmonna alors :
« Eh bien, je m'étais trompé : Kafka était bien réaliste. »

DÉPAYSEMENT   *Mars 1981*

Dans la vie sédentaire, on oublie souvent de s'étonner. L'étonnement premier, d'abord : celui d'être là, cette surprise fondamentale si nécessaire – le sentiment métaphysique. Se trouver au réveil sur un ferry-boat qui traverse le Yang-tsé Kiang, ou, le soir, dans les rues d'une ville tout à fait étrangère, avoir le cœur un peu serré et l'esprit comme un chien d'arrêt qui suspend sa quête, et se dire : « Mais qu'est-ce que je fais là? », c'est la meilleure question, la question de base. Quand on se la pose, on court beaucoup moins de risques ensuite de faire des choses bêtes, inutiles...

Le voyage a beaucoup de chances de rendre moins suffisant, plus attentif et plus modeste. Parmi les miens, chez ceux de mon habitude, je m'expose toujours à trouver que les choses vont de soi, à être distrait. On me comprend à demi-mot. On me fait confiance a priori comme à un membre de la tribu. Je peux être impunément superficiel et « brillant ». Mais, à l'étranger, je perds beaucoup de ces avantages désavantageux. J'ai l'obstacle de la différence, des fuseaux horaires, de l'ignorance ou de la non-maîtrise de la langue. Il faut que j'avance avec précaution et attention, que j'ouvre les yeux et que j'ouvre le cœur, que j'écoute bien et que je parle lentement. Je suis obligé de m'émerveiller un peu plus ou de me rétracter davantage. Je suis bien moins malin et désinvolte. J'ai donc beaucoup plus de chances d'être vraiment intelligent.

CAMPAGNE   *Mars 1981*

À la tombée du jour
trente mottes de terre
s'envolent des sillons

par pure étourderie :
une troupe d'étourneaux

La lune déjà née
les regarde avec douceur
comme le fait Loleh
quand elle est étonnée.

Carnet
de Pologne

PRINTEMPS 1981

À mes premiers voyages en Pologne, la Varsovie ancienne reconstruite « telle quelle » à partir du champ de ruines laissé par les Allemands sentait encore le neuf antiquaire, la reconstitution, le trop parfait décor de cinéma. Dans Stare Miasto, la Vieille Ville, sur la place du Château et jusqu'à Nowy Swiat, les architectes et les bâtisseurs avaient travaillé avec en main les agrandissements des gravures du Canaletto de Varsovie.

Le résultat était impressionnant : un défi de pierre à la mort historique, une ville en forme de temps retrouvé, reconquis, une ville qui disait *non* à la mort. Juste après la guerre, au bout de la rue des Faubourgs-de-Cracovie, Copernic, blessé par les bombes, avait pendant des mois tenu dans sa main un globe terrestre fracassé. Copernic aujourd'hui est intact et le monde rebâti (le globe terrestre de bronze, du moins).

Georges Perec, qui découvre le pays de ses origines, m'avoue avoir du mal à se rendre compte que la ville ancienne est l'œuvre et le défi des années 50. Le temps a déjà patiné les murs des édifices rebâtis. Les églises sentent encore le neuf à l'intérieur, mais les façades font illusion. Sur le Rynek, place centrale de la Vieille Ville, la Maison Dorée est vraiment dorée de durée. Les palais qui se succèdent, de la colonne de Saint-Sigismond, sur la place du Château, jusqu'au monument de Copernic, ont l'air enfin vivants.

Je me souviens d'un aimable aristocrate, architecte de talent, un peu désuet dans ses manières, ses baisemains, ses épigrammes, un vieux gentilhomme tout à fait conservateur. Il passa dans les années 50 une dizaine d'années de sa vie entre les gravures du XVIIᵉ siècle et les chantiers socialistes de la reconstruction de Varsovie, dirigeant des garçons de vingt ans encore pleins de fièvre marxiste. Une de nos amies le taquinait de servir avec tant de zèle les « bolcheviks ». « Ma chère, répondait-il, la façon la plus réactionnaire d'être révolutionnaire, c'est de travailler ici à ce qu'Hitler n'ait jamais existé. »

VARSOVIE 1968   *Avril 1981*

Je n'étais pas revenu ici depuis mars 1968, puis une dernière fois vers la fin de 1969. En mars 1968, les manifestations d'étudiants avaient été écrasées, les représentations des *Aïeux* de Mickiewicz interdites (la salle acclamait la moindre réplique qui prenait un sens actuel). La répression s'était méthodiquement élargie. On chassait les étudiants de l'Université, censurait les intellectuels, brimait les « mauvais esprits », rossait les « insolents », et emprisonnait à tour de bras. Pour couronner le tout, en 1969, l'État traquait les juifs, les derniers survivants des massacres hitlériens, les poussant dehors avec une grossièreté antisémite stupéfiante. La femme de mon ami Jerzy, qui est mince, brune et fragile, qui « pourrait être » juive (et d'ailleurs ne l'est pas), trouvait sur sa porte des graffitis orduriers : *« Les youpins du balai! En Israël les salopes juives! »* Les injures prenaient une forme plus « théorique » dans la presse et les discours officiels, qui retrouvaient l'arsenal classique des « arguments » antisémites, des *Protocoles des Sages de Sion* à Goebbels et la vieille technique du bouc expiatoire. En juillet 1968, *Miesiecrnik Literacki*, une revue « littéraire » mensuelle, publiait un article consacré au nombre « excessif » de juifs dans le Parti communiste polonais, de Rosa Luxemburg à nos jours. *« Aucune société*, écrivait l'auteur (un historien officiel nommé Werblan), *ne saurait tolérer la participation excessive d'une minorité nationale aux instances suprêmes du pouvoir (...) La remise en ordre de la composition ethnique au sein des institutions centrales aidera à résoudre le problème. »*

Le courage m'avait manqué de retourner dans ce pays que j'aime pourtant si fort. Je me sentais impuissant et dégoûté, n'ayant ni le cœur ni le droit d'écrire une vérité qui aurait seulement fait un peu plus de mal aux victimes, sans retenir le bras de leurs tourmenteurs. Il fallait, à Varsovie, en 1969, compléter la célèbre formule *« L'antisémitisme, c'est le socialisme des imbéciles »*, en constatant que sous la coupe soviétique le Parti polonais était en train de démontrer l'imbécillité de son socialisme.

L'OCTOBRE POLONAIS

J'ai assisté dans ma vie à plusieurs belles et brèves *saisons* historiques : l'Octobre polonais de 1956, l'Automne insurgé de Budapest, le Printemps de Prague, le Printemps de Pékin. Je me sens parfois un vieux renard désabusé et triste, tenté de ne plus croire qu'à la sagesse amère des proverbes de l'enfer et qu'*« un printemps ne fait pas (forcément) s'envoler une hirondelle »*.

Varsovie, en 1956, c'était beau. Au milieu de la nuit, quand les foules révoltées qui avaient chassé les staliniens du pouvoir et cru (naïvement) que Gomulka allait aider son peuple à se libérer avaient quitté les rues, la neige grisâtre restait marquée par des milliers de pas entre l'allée Jerozolimskie et l'avenue Marszalkowska. Nous ne parvenions pas à nous séparer et à aller dormir. Nos camarades polonais parlaient fiévreusement. Débâillonnés, désabusés, ils avaient tant à dire.

Ce qui étonnait les communistes encore « révisionnistes » d'alors, accourus de France, d'Italie et de partout, afin de confronter leurs amères réflexions depuis des années avec la terrible expérience de leurs camarades polonais depuis un demi-siècle, ce n'était pas que les Polonais aient été poussés au désespoir par un régime absurde et par l'oppression soviétique. C'était, rétrospectivement, qu'ils aient pu si longtemps garder pourtant l'espoir.

Il y avait (il y a encore) à Varsovie des milliers de Polonais démocrates, libéraux, hommes de gauche où d'extrême gauche. Faits prisonniers par l'Armée Rouge pendant que d'autres l'étaient par les nazis, déportés par les Russes en Sibérie. Ils avaient découvert les goulags, la face hideuse du communisme et la Russie profonde de la tyrannie. Libérés (quand ils avaient pu survivre) par les accords survenus entre les Russes et les Alliés occidentaux, engagés dans l'armée Anders, se battant sur les fronts du Moyen-Orient ou à Monte Cassino, ils eurent le choix, le jour de la victoire, entre l'exil et le retour en Pologne. Sachant ce qu'ils savaient, ayant vu ce qu'ils avaient vu, beaucoup revinrent cependant, et parmi eux les poètes Aleksander Wat, Artur Miedzyrzecki ou Bogdan Czaykowski. À jamais « vaccinés » contre l'illusion communiste, mais décidés à servir loyalement leur peuple, ils seront cependant vite écartés, brimés, puis souvent emprisonnés. « *Pourquoi êtes-vous revenus?* leur demandions-nous. – *Parce que c'est mon pays et que je ne peux pas vivre sans lui.* »

Les communistes nous révélaient l'histoire longtemps occultée de leur Parti, « dissous » par le Kremlin en 1938, le massacre des « vieux bolcheviks » fusillés en masse par Staline, avec la même férocité que les dix mille officiers polonais abattus à la chaîne, chacun une balle dans la nuque, en forêt de Katyn. Ceux des communistes polonais qui ne furent pas exécutés moururent nombreux dans les camps, comme le poète communiste Bruno Jasienski, comme Witold Wandurski, comme des dizaines de milliers de leurs compatriotes. Et pourtant, ce Parti communiste des fosses communes voit venir à lui, pendant la guerre et après la victoire, de nouveaux militants, qui n'étaient pas tous, loin de là, des opportunistes, des carriéristes ou des moutons de Panurge. « *Comment avez-vous eu la force de croire encore à ce dieu sanglant?* » leur demandions-nous. Ils répondaient que le communisme, ce n'est pas ce que le stalinisme en a fait et qu'ils avaient entrepris de lutter précisément pour *un autre* socialisme. Un socialisme aux couleurs de la Pologne, un socialisme au visage généreux, le « vrai communisme ». Ils ne seront pas les derniers à nourrir ces espoirs et ces illusions. On entendra encore, obstinément, parler d'un socialisme « aux couleurs de la France », d'un socialisme à visage humain, de l'« eurocommunisme », et autres songes. Comme si l'arbre du « centralisme démocratique » pouvait donner d'autres fruits que ceux, mortels, qu'il a donnés en U.R.S.S., en Tchécoslovaquie, en Chine, au Viêt-nam — partout...

Qui est encore « révisionniste » aujourd'hui, parmi les amis de 1956? Les uns ont pris le chemin de l'exil, d'autres celui de Solidarité. Quelques-uns, très peu, ont choisi la « sécurité » de l'appareil. Personne n'est plus la dupe de l'*« illusion lyrique »* dont parlait Malraux dans *L'Espoir*. C'est une des maladies de jeunesse des révolutions par le haut, pendant la brève période où l'appareil réussit à faire croire aux masses, « en bas », que la prise du pouvoir par un noyau de bureaucrates, « en haut », est le pouvoir du peuple.

C'est à Varsovie, en 1956, qu'une des pages décisives de ma vie s'est tournée. À vrai dire, dans la bourrasque d'automne qui faisait craquer l'armature stalinienne des « satellites », je n'étais qu'une des millions de feuilles arrachées par le vent de l'Histoire. Les démocraties populaires sortaient en hâte de prison les Gomulka plus présentables, pendant que Khrouchtchev sortait des camps les *zeks,* qui, présentables, ne l'étaient guère.

Des camarades avec qui nous discutions tard dans les nuits, après les journées de manifestations où des centaines de milliers de Varsoviens piétinaient la neige sale de la Marszalkowska, beaucoup ont disparu, sont morts, ont été contraints à l'exil. L'obscurité provinciale les a engloutis. Le cœur a flanché, l'exil les a dispersés. Jan Kott, dont le *Shakespeare votre contemporain* éclairait Hamlet et Macbeth avec les projecteurs du Kremlin, est aux États-Unis, comme le philosophe

Leszek Kolakowski; Mrozek à Paris, d'autres à Londres ou à Rome.

SOLIDARNOŚĆ

Je retrouve à *Solidarność* mon vieil ami Janek, qui a mon âge. Il a été mis à la retraite (anticipée) de sa chaire d'histoire médiévale en 1968. Après avoir donné des cours à l'Université volante (illégale mais pas clandestine) entre 1975 et 1981, il travaille aujourd'hui dans une Commission culturelle de Mazowsze. L'escalier du siège de *Mazowsze*, l'organisation syndicale de Solidarité pour la région de Varsovie, ressemble aux chemins d'accès d'une fourmilière : l'armée montante (ceux qui viennent se renseigner, s'inscrire, chercher du matériel!) croise, noria sans fin, la colonne descendante de ceux qui repartent vers les entreprises. Dans un des grands bureaux du local, un immense portrait de Marx. On a épinglé à sa boutonnière victorienne l'insigne *Solidarność*. Marx a l'air de regarder plutôt avec plaisir la foule (très jeune, en moyenne) qui s'affaire autour de lui. « *Après tout,* me dit Janek, qui fait ici figure d'aîné, *c'est bien ce qu'il voulait, le Vieux : n'est-ce pas? Que " l'émancipation des travailleurs* [soit] *l'œuvre des travailleurs eux-mêmes "... »*

ÊTRE COMMUNISTE
EN POLOGNE   *Varsovie, avril 1981*

Dîner avec Janek et Stefan. Celui-ci enseignait la philosophie à la Faculté de Varsovie, quand celle-ci fut dissoute en 1966 pour « mauvais esprit ». Il fut exclu du Parti pour avoir signé une lettre à la *Pravda* protestant contre la condamnation de Siniavski et Daniel. En 1956, nous nous proclamions tous « révisionnistes ». Le mot sentait le soufre pour l'odorat des dirigeants. Il nous semblait étonnant que le projet de *réviser* ses idées et leurs pratiques puisse apparaître hérétique.

– Que demandions-nous? dit Janek. Un *bon* Parti. Avec des dirigeants éclairés, des cadres intelligents, des militants désintéressés, un programme raisonnable. Ce que nous avons tous appris depuis, c'est qu'un Parti unique et tout-puissant *ne peut pas* être un bon Parti...

– Ce qui m'étonne encore rétrospectivement, dis-je à mes amis, ce n'est pas que vous ayez été, que nous ayons été *révisionnistes* en 1956. C'est que notre génération ait pu, en Pologne, en Tchécoslovaquie, en Hongrie, donner tant de communistes qui n'étaient ni des carriéristes, ni des benêts, ni des pantins.

– Rassure-toi, dit Stefan. Des ambitieux, il y en a eu. Et ils sont toujours là. Et benêts, nous l'avons été souvent.

Je revois nos soirées fiévreuses de 1956.

– Vous étiez dès 1940 aux premières loges pour voir la réalité du communisme, dis-je : le Pacte, le partage de la Pologne, l'occupation par les Allemands et les Russes de compte à demi, les déportations en masse en Sibérie, les massacres de Katyn, l'Armée Rouge de l'autre côté du pont, à Praga, à une section de tram, regardant sans broncher les Allemands écraser l'insurrection de Varsovie.

– On peut remonter plus loin encore, dit Janek, l'historien.

Je me rappelle ce qu'il me révéla en 1956, ce que tous les Polonais savaient, et que la plupart des Européens de l'Ouest ignoraient, ou voulaient ignorer. Avant d'être décimés par les nazis, le destin des communistes polonais, cette minorité infime, fut d'être saignés par la Russie soviétique. En 1923, les survivants de la vieille garde du Parti social-démocrate des Royaumes de Pologne et Lituanie de Rosa Luxemburg sont éliminés politiquement, après l'échec de l'insurrection spontanée de Cracovie. Leurs remplaçants seront chassés pour s'être alliés à Pilsudski, le dirigeant de l'autre Parti socialiste, qui s'empare du pouvoir en 1926 par un putsch — et met les communistes en prison dès qu'il a réussi. De beaucoup des plus brillants rescapés du communisme polonais, l'U.R.S.S.

fera des hommes de la Sécurité : Félix Derjenski, Krivitzki, Ignace Reiss. Pour la plupart, ils finiront assassinés par Staline.

Enfin, en 1938, Staline dissout le Parti polonais, suspect de luxemburgisme, de pilsudskisme, de trotskisme, de boukharinisme, d'espionnage et de trahison. Les « vieux bolcheviks » polonais sont fusillés : Lenski, Warski, Vera Kostrzewa, Pruchniak, Rwal, Bronkowski, etc.

Ce fut un massacre méthodique, qui frappa la quasi-totalité du Parti, de sa direction à la base.

Les communistes polonais assez « heureux » pour être restés au pays seront soit déportés par les Soviétiques s'ils se trouvaient dans leur zone d'occupation, soit traqués par les nazis. Ceux qui ont été sortis des camps soviétiques pour aller se battre avec ce que l'on appellera l'armée Anders ou qui seront pris dans l'insurrection de Varsovie ne survivront pas tous. Quand, en juillet 1944, les Soviétiques patronnent derrière leur front le « gouvernement de Chelm », dont ils feront le gouvernement de la « démocratie populaire » polonaise, ils « font avec ce qu'ils ont ». Avec la poignée d'hommes qui — chance, souplesse, fanatisme aveugle ou idéologie obtuse —a échappé à la machine à broyer les révolutionnaires.

Et, malgré tout cela, il va se trouver des milliers d'hommes jeunes pour s'atteler avec un enthousiasme furieux et farouche à l'« édification du socialisme ».

— Ce sont les plus sincères et les plus enthousiastes qui, justement de 1950 à 1956, vont ouvrir les yeux, dit Stefan.

— C'est en 1951 que Tadeusz se suicide, dit Janek.

« Tadeusz », c'est Tadeusz Borowski, l'auteur du *Monde de pierre*. À dix-huit ans il est étudiant à l'université de la misère et du marché noir dans Varsovie occupée : une bonbonne d'eau-de-vie de betterave contre deux sacs de plâtre, les trafiquants d'appartements juifs qui échangent avec les S.S. le bois à brûler abandonné par les juifs contre la libération d'un ami arrêté dans une rafle.

Comme dit Brandys : *« Nous avions appris une chose : qu'avec un homme on peut faire du savon. »*

Déporté à Auschwitz en 1943, à vingt et un ans, Tadeusz Borowski s'est bronzé pour ne pas se briser. Quand il est libéré de Dachau par les Américains en 1945, il sait ce que c'est que la faim : « *La faim véritable, c'est quand un homme regarde un autre homme comme quelque chose de bon à manger.* » Il choisit d'aller s'installer à Munich, à bonne distance des « chantiers du socialisme ». En 1948, il décide brusquement de rentrer au pays, adhère au Parti ouvrier polonais, devient l'agitateur numéro un du Parti. Il n'y a pas de mot d'ordre outrancier qu'il ne défende, pas de « sale besogne » pour laquelle il ne soit pas volontaire, pas de simplification de plume qu'il n'ose.

— Il disait, explique Stefan, qu'il voulait être l'homme qui conspire pour qu'il n'y ait plus de complots, l'homme qui vole pour qu'il n'y ait plus de vols sur la terre, l'homme qui tue pour qu'on n'assassine plus les hommes.

Cette ferveur glacée dure trois ans. En juillet 1951, Borowski ouvre le gaz sans explication. Ceux qui suivent son cercueil, ses camarades, vont pour la plupart être brisés, s'exiler ou se soumettre, désespérés, dans les années qui suivent.

Adolf Rudnicki se souvient qu'il avait été impossible pour enterrer leur ami de trouver un cercueil sans crucifix : on était en Pologne, où les crucifix sont rivés dans le couvercle des bières. Tadeusz était pourtant athée : on cacha la croix avec des fleurs. Dans le cortège, les officiels expliquaient que c'était un accident, que Tadeusz avait mis son thé à infuser et s'était endormi pendant que l'eau débordait, éteignant la flamme du gaz. Ceux qui connaissaient le mort ne répondaient rien, ou haussaient les épaules.

— Notre histoire, et notre folie, dit Janek, c'est d'avoir cru que, pour guérir le mal absolu que nous avions découvert avec le nazisme, il fallait « mettre le fer dans la plaie », c'est-à-dire opposer la peste au choléra. C'était pour nous un mal provisoire, transitoire, nécessaire. Par la force, on donnerait le pli aux hommes de ne plus avoir recours à la force. Par l'autorité absolue, on leur enseignerait l'usage de la liberté absolue. Par la déraison des slogans martelés, on ferait entrer

dans la tête des masses la raison triomphante. Le *grosso modo*
de l'idéologie ferait germer la rigueur des idées justes. Par
l'habitude de l'obéissance, on donnerait au peuple l'habitude
de se décider démocratiquement.

SOCIÉTÉ-ÉTAT   *Varsovie, avril 1981*

De Gdansk à Varsovie, de Lodz à Cracovie, avec les ouvriers
et les recteurs d'université, avec les managers de l'économie
et les « marginaux » (de moins en moins marginaux) de l'opposition, avec les étudiants et les paysans, avec les techniciens
et les ecclésiastiques, il y a dans toutes les bouches un mot
qui revient spontanément, obstinément : le mot *société*. À l'exception de la petite classe dirigeante bureaucratique, qui ne
dirigeait plus guère (mais feignait de diriger parce que *« nos
voisins »* regardent), *tous* les Polonais, sans exception, sociaux-
démocrates ou conservateurs, marxisants ou libéraux, catho-
liques ou incroyants, se définissent comme membres de la
société, par opposition au Parti-État.

Le mystère fondamental des trois quarts des États actuels,
ce n'est pas la médiocrité ou la misère dans lesquelles vivent
leurs sujets, c'est que ceux-ci parviennent à survivre avec plus
ou moins de bonheur. Mais les sujets des États du modèle Big
Brother savent très bien comment leurs sociétés fonctionnent : *en dépit* (et non avec l'aide) de l'État.

Le principe de base de défense du corps social devant l'État-
geôlier, c'est ce qu'on pourrait appeler le complexe du « Pont
de la rivière Kwaï » : les prisonniers anglais qui rivalisent de
zèle pour construire un pont qu'utiliseront leurs ennemis
japonais illustrent la propension naturelle des hommes à pré-
férer le travail bien fait à la grève du zèle.

D'autre part, même dans les nations à État plus ou moins
démocratique et avec des garanties de droit, on sait que la
stricte application des règlements et des lois peut créer en un
tournemain le chaos et la ruine. Il suffit dans une entreprise

d'appliquer les yeux fermés et à la lettre les directives de la direction centrale, sans jamais faire intervenir l'esprit critique et l'expérience pratique, pour aboutir aux pires résultats. La force principale des peuples, c'est d'abord d'ignorer ou de contourner ce qui vient d'« en haut ». Il n'est souvent de meilleurs sourds que ceux qui ne veulent pas entendre des ordres imbéciles et des commandements meurtriers. Une des plus grandes jubilations du « brave soldat Chveik », c'est parfois d'exécuter aveuglément et au pied de la lettre ce que lui ont enjoint ses supérieurs – et d'assister impassible à leur fureur devant les catastrophes qu'il a docilement réalisées. Mais cette force d'âme est difficile à soutenir. La plupart du temps, les sujets et les subordonnés font ce qu'il faut raisonnablement faire pour réussir à vivre, plutôt que d'exécuter mécaniquement une loi désastreuse. L'indiscipline est la force principale des citoyens désarmés devant un État à la fois tout-puissant et parfaitement stupide. La tyrannie tempérée par la corruption, la planification stupide et centralisée corrigée par le marché noir, la désorganisation d'État palliée par l'auto-organisation du peuple, le verbiage des discours en façade dissimulant les activités réelles qui passent par ce que les Chinois appellent *« la porte de derrière »*; le non-travail officiel compensé par le travail au noir, les folies idéologiques des dirigeants neutralisées par le raisonnable système D des dirigés, c'est le secret qui maintient en vie la *société*, malgré la camisole de force que veut lui imposer l'État totalitaire.

·

UN VILLAGE
NATAL   *Varsovie, avril 1981*

Les amis de nos amis s'éclairent par nos amis. Georges Perec est très différent de Jacques Roubaud. Mais il m'a toujours semblé que les goûts, les méthodes (et les manies) qu'ils ont en partage découlent d'un fond affectif commun. Le plaisir aux *formes*, à leurs jeux, la confiance faite à l'arbitraire des *règles* et le périlleux repos que peut donner une astreinte rigoureuse à leurs édits, la pratique des formes fixes, les règles que l'on invente et qu'on s'impose, les mots croisés de Perec, les parties de *go* de Jacques et de Georges, tout cela, qui dérive en « divertissements » ou se concentre dans leurs chefs-d'œuvre, dans ∈ de Jacques, ou *La Vie mode d'emploi* de Perec, est une technique d'apprivoisement de la mort et d'approche du néant. Pour Perec, c'est la mort de ses parents disparus dans les camps, mort présente toujours en lui, et ici présente à chaque pas, dans cette Pologne de ses origines où ne survit plus aucun des siens, et quasiment plus de juifs : ceux qui ne sont pas morts dans les camps, le « socialisme existant » les a chassés en 1968.

— Je ne sais pas précisément ce que c'est qu'être juif, dit Georges, ce que ça me fait d'être juif. C'est une évidence si on veut, mais une évidence médiocre, qui ne me rattache à rien. Ce n'est pas un signe d'appartenance, ce n'est pas lié à une croyance, à une religion, à une pratique, à un folklore, à une langue. Ce serait plutôt un silence, une absence, une question, une mise en question, un flottement, une inquié-tude, une certitude inquiète, derrière laquelle se profile une autre certitude, celle d'avoir été désigné comme juif et, parce que juif, victime — et de ne devoir la vie qu'au hasard et à l'exil.

Georges est allé aujourd'hui, à 70 kilomètres de Varsovie, au village d'où sa famille était originaire. Nous l'avons laissé y aller seul. Je me souvenais de ce qu'il dit dans *W ou le souvenir d'enfance* quand il parle de ses parents qu'il n'a pas connus et se voit *« ombre au milieu de leurs ombres, corps près de leurs corps »*.

Il revient tard, fourbu.

— Tu as trouvé quelque chose... des traces?

— Rien, dit Georges. Tout est effacé.

PRAGA

Je ne vais jamais à Varsovie sans aller faire un tour, de l'autre côté de la Vistule, au Marché (ou Bazar) de Praga. C'est un village de petites échoppes en bois comme notre marché aux puces, une foire et un bric-à-brac. On y trouve vêtements et conserves de champignons au vinaigre « faites à la maison », jouets d'enfants et *jeans* Wrangler rapportés « de l'Ouest », vieux magazines dépareillés, et le « Baume du Tigre » (ou du Chat) *made in Hanoi,* parmi les disques de jazz un peu rayés et les sacs en plastique aux armes du cognac Napoléon.

Nous revenons à pied, en traversant le pont Poniatowski. Les Soviétiques, en 1944, installés l'arme au pied sur la rive que nous venons de quitter, ont attendu avant de traverser le fleuve que le dernier lance-flammes des nazis ait calciné la dernière maison intacte de Varsovie. Le Pacte germano-soviétique avait en 1939 codifié le partage de la Pologne. Cette fois-ci, sans besoin d'un pacte, la division des tâches était claire. Puisque ces insurgés de Varsovie se réclamaient du Gouvernement en exil de Londres et n'étaient pas communistes, il y avait tout bénéfice à laisser la Wehrmacht les exterminer.

PALAIS DE LA CULTURE

Varsovie, avril 1981

Petite visite à l'« Ouvrier-de-choc » qui est à droite de l'entrée de la grande salle du Palais de la Culture, le gratte-ciel de style gothico-riquiqui-stalinien dont l'Union soviétique a fait don à la Pologne. (On dit à Varsovie qu'il y a dans la ville un homme vraiment heureux : le gardien du trente-sixième étage. Lui au moins, quand il met le nez à la fenêtre, ne voit pas le Palais de la Culture.) L'« Ouvrier-de-choc » gonfle des biceps de pierre stakhanovistes. Il tient sur son cœur une table de la loi où on peut lire les noms de Marx, Engels, Lenine... Un quatrième nom au-dessous des leurs a été effacé, et sa place reste vide.

Aujourd'hui, dans le grand hall où va avoir lieu ce soir un spectacle de danses folkloriques, une immense banderole :

SOLIDARITÉ

*Syndicat autogéré du personnel
du Palais de la Culture*

CIMETIÈRE
JUIF   *Cracovie, avril 1981*

Avec Georges Perec, au vieux cimetière juif de Cracovie. Nous rencontrons un couple d'Américains juifs, qui photographient les inscriptions des tombes. Ils écrivent un livre sur le judaïsme polonais. Ils sont eux-mêmes d'origine polonaise, deux générations. Ils nous traduisent les épitaphes en hébreu. Georges est passionné par leur savoir. Nous passons plus d'une heure avec eux, à les interroger, à les écouter.

Un coin du cimetière est en piteux état, les tombes et les pierres tombales brisées, démantelées.

— Oui, nous expliquent les deux Américains : une nuit, le cimetière a été profané, les tombes brisées à coups de masse, des inscriptions antisémites tracées à la peinture noire. On les a effacées depuis. Mais pour le reste...

Avril-décembre
1981

Kostas Papaioannou est mort aujourd'hui à trois heures.

Il y a dix ans, à Mexico, Octavio Paz, comme on allait se quitter : « Tu devrais aller voir à Paris mon ami Kostas Papaioannou. Il me semble que vous devriez être faits pour vous entendre... » Octavio avait raison.

« La vérité est triste », disait Renan. Il a sûrement raison. Kostas était la preuve par un que si la vérité est généralement triste, la recherche de la vérité donne du bonheur malgré tout. Il y avait dans la parole socratique de Kostas, dans ces mille abeilles qu'il envoyait en éclaireurs butiner le pollen et les fleurs, dans le désordre ordonné de ses curiosités, une allégresse qui ne se payait pas de bonnes intentions. Il avait le sentiment du tragique, le sens du sacré, une gravité profonde mais rieuse. Le mélange des genres était son fort : la philosophie et la clownerie, l'angoisse de la pensée, la politesse de l'humour et la gymnastique spirituelle de Pascal, qui s'attache à tenir ensemble les deux bouts de la vérité, qui tire à hue et à dia la vérité faite de vérités chacune vraie, qui pourtant ne s'entendent pas entre elles, mais c'est notre affaire justement de les regarder chacune avec la même attention. Hegel et Marx appellent cela la dialectique, et les Grecs avant eux. Pascal appelle ça les *contrariétés*.

Une nuit d'été à Skyros, éveillé par le murmure de la mer,

j'ai surpris Kostas assis dans une grande djellaba blanche, sur la terrasse de sa maison qui dominait le miroir de la mer, silencieux sous la lune et les étoiles. Je suis reparti pieds nus, sans vouloir troubler son silence et sa paix.

Le jeune Kostas avait connu les combats de partisans de la Résistance, puis les prisons de la droite grecque. On lui avait cogné dessus, on l'avait torturé, on lui avait brisé les dents. Il avait dû s'exiler, tirer le diable par la queue, « refaire sa vie » loin de ses sources. Il avait prévu, annoncé et analysé le désastre des États bureaucratiques, posé avant presque tout le monde les bases d'un diagnostic pénétrant du totalitarisme.

Il y a deux ans qu'il « luttait » (comme on dit) contre le cancer, sans jamais prononcer le mot, ni sans doute, pendant longtemps, sans le prononcer en lui-même. Son courage et sa gentillesse, à l'époque de son opération au poumon, transformaient presque nos visites à l'hôpital Foch en parties de plaisir et fêtes de l'amitié. Kostas « recevait », dans sa chambre d'hôpital, puis dans un petit café proche, continuant la conversation d'un jour à l'autre avec Octavio Paz, Raymond Aron, Alain Besançon, les Pons. Il riait, raillait, enfant joueur et vieux sage grec. Dès qu'il s'était senti un peu mieux, il était retourné passer l'été dans son île de Skyros, se baigner entre la mer et les chèvres curieuses. Puis, au bout d'un an et demi, le cancer avait de nouveau attaqué. Kostas avait voulu, malgré sa faiblesse croissante, retourner encore en Grèce. Il a revu les amis du village, les plages blondes, les chèvres blanches, la terrasse de sa maison sous les étoiles. Il est revenu – perdu. Depuis des semaines, il souffrait abominablement. Les médecins l'avaient « endormi » depuis dimanche. L'ami allègre, toujours rebondissant, crépitant d'idées, coquet, était devenu très vite ce déporté dont le corps amaigri ne pouvait plus trouver une position sans souffrance. Les cheveux, qu'il avait hier si noirs, drus et brillants, avaient disparu pour une grande part. On lui avait retiré le dentier qu'il ne pouvait plus supporter. Un tube d'oxygène s'enfonçait dans sa narine collé au sparadrap, et l'oppression l'empêchait de parler. Mais l'œil, rempli d'angoisse, était lucide et vivant. « Parlez, nous disait-il, parlez entre vous. » Il suivait la conversation, l'approuvant du geste, commentant du regard – mais silencieux, lui, le bavard infatigable, le causeur sans arrêt.

LANGAGE ET PENSÉE *Juin 1981*

Un peuple a-t-il la philosophie de sa langue ou la langue de sa philosophie (ou de ses philosophies)? C'est le problème de l'œuf et de la poule, mais il est certain aussi que grammaire et métaphysique se déterminent l'une l'autre.

Dans *Les Ruses de l'intelligence et la « métis » des Grecs*, J.-P. Vernant et M. Detienne rappellent que la langue et la philosophie grecques établissent *« une dichotomie radicale entre l'être et le devenir »*, opposition qui n'existe pas dans la langue et la philosophie chinoises, par exemple. Dans un célèbre article paru dans *Asia major*, à Londres, en 1959, le sinologue anglais A. C. Graham montre notamment que le « jeu de langage » occidental qu'on appelle la « preuve » ontologique de l'« existence » de Dieu ne fonctionne pas en chinois. L'argument ontologique joue, en effet, sur l'utilisation du verbe *être* dans les langues indo-européennes. Le jeu de mots classique de saint Anselme pourrait se résumer ainsi : « L'*être* est un attribut nécessaire de la perfection. Dieu est parfait. Donc Dieu existe. » Mais en chinois, fait remarquer Graham, le verbe qui serait employé pour traduire cela, le verbe *yu*, s'applique à quelque chose de limité, d'imparfait, suggère l'existence d'un être mortel ou d'une chose périssable. Le tour de passe-passe purement verbal qui « marche » en latin, en grec ou dans notre langue, ne peut absolument pas jouer en chinois. Entre les jésuites et les Pékinois du XVIIᵉ siècle, il y avait le fossé de la grammaire, instrument et expression d'une pensée *différente*.

Les « raisons » de l'*Homo theologicus* occidental étonnèrent les Chinois. Les jésuites étaient certains, en effet, de leur apporter, avec leur religion, *la* vérité, *la* lumière et *la* raison.

Quand les Chinois refusèrent de prendre au sérieux les dogmes et les « mystères » qu'on leur enseignait, le Père Longobardo fut scandalisé : *« Ils ne comprennent pas combien il est important qu'il n'y ait pas la moindre erreur dans les matières que nous traitons. »* Ils ne comprenaient pas, en effet. Pour eux, dans ces « matières » il n'y avait pas *une* erreur et *une* vérité, *un* dogme, *une* religion. Ils embrassaient dans la même adhésion sans rigidité Confucius, le Bouddha et le Tao. L'imprécision des vocables, le vague des notions et cette langue avec ses phrases sans sujet, ses verbes sans temps et ses mots *« qui fuient de tous côtés comme les vieux seaux dont se servent les ménagères »* (selon la formule de Claudel), tout cela semblait aux Européens dé-raisonnable, et très raisonnable aux Chinois. Ils pensaient que dans les « matières » des théologies et de la métaphysique, on ne peut au mieux que se taire, ou au pis suggérer, laisser entendre, évoquer; que les métaphores ou les mythes ne sont pas des équations ou des lois; que prétendre faire une science de nos songes, une logique de nos désirs et des théorèmes de nos intuitions est une folie occidentale à quoi la sagesse chinoise et la Raison universelle se refusent. Pour les Européens qui découvraient la Chine et voulaient *« la tirer à leur opinion »*, il était essentiel de distinguer les trois personnes de la Trinité, de croire à l'Immaculée Conception et de voir en « Yesu » le Fils de Dieu. Était-ce un hommage à la Raison? Les Chinois pensaient, eux, dit Jacques Gernet, que *« le problème de l'existence des dieux est secondaire et que l'important est la conduite des hommes »*.

JEAN VILAR   *Juillet 1981*

En Avignon, j'ai souvent passé la soirée avec Jean Vilar, au rez-de-chaussée de l'*Auberge de France*, à regarder avec étonnement, en sa compagnie, le caravansérail qu'il avait engendré sans y penser : dix mille jeunes gens arrivant des quatre coins de France, cent faux *hippies* vendant de faux bijoux indiens à de faux artistes, mille spécialistes du théâtre critiquant, colloquant et pérorant, quatre Australiens et trente Japonais débarquant en cargo-stop, cent cinquante Américains venus droit de Woodstock, en *charter*, la brigade « jeunesse » des Renseignements généraux, en *jeans* de Western House et chemises américaines des Puces, les poches bourrées de « H » pour pouvoir engager la conversation, soixante professeurs d'histoire du théâtre, trente anciens combattants du « théâtre de guérilla », échappés par chance à la répression qui abattit le « Che », une brigade de contestataires venus, avec un peu de retard, contester la contestation; les membres du Collectif théâtral Potemkine, ceux de la Commune d'Expression gestuelle révolutionnaire, les militants des G.I.D. (Groupes d'interventions dramatiques), le doyen de la Comédie-Française, une équipe de télévision néo-zélandaise et une escouade de la Colonne d'Animation théâtrale Pancho Vila, déléguée par le Parti révolutionnaire institutionnel mexicain.

Le spectacle de ce qu'était déjà devenu « son » festival ne cessait pas de stupéfier, d'émerveiller et, parfois, d'inquiéter Vilar.

Une nuit de juillet, où nous regardions ensemble la place à minuit, après les sept ou huit spectacles du festival, vingt à trente spectacles « hors festival », et les couples d'amoureux qui avaient l'air, se souriant dans la foule, visages un peu plus clairs-brillants que les autres, d'être chacun pris dans le tout petit pinceau lumineux d'un éclairage de Pierre Saveron (le chef électricien du T.N.P.), Vilar me dit : « *Tu te rends compte... en plus du théâtre... tous les gens qui ne se seraient probablement jamais rencontrés sans nous!... — Que veux-tu*, répondis-je, en plaisantant à Vilar, *tu as tellement rêvé d'un théâtre qui « rassemble » et « unisse », il fallait bien que d'Ensemblier qui le voulait tu deviennes aussi un peu Entremetteur sans le savoir... »*

Si la sexualité est de moins en moins tacite, les *humeurs*, surtout les mauvaises, restent encore souvent un secret honteux. Le mal et le malheur ne sont pas des inventions récentes. Mais le malaise « sans raisons », les intermittences de l'*allant* (« ça ne va pas, mais on fait aller »), le vague et obsédant soupçon qui nous envahit souvent, que le sol est en train de manquer sous nos pieds, le sournois vacillement du non-sens, l'angoisse en sourdine d'une hémorragie perpétuelle de l'existence, on dirait que l'humanité a attendu très longtemps d'avoir le temps et l'audace d'en parler : c'est qu'il fallait parer à des maux plus urgents. Il n'était pas convenable de formuler des sentiments si vagues, d'exprimer ces désespoirs de luxe. Devant les infidélités d'Ishtar, les horreurs de la guerre, la perte de son meilleur ami et l'obscurité de la mort, Gilgamesh, dix-huit siècles avant notre ère, sent son âme en mauvais état, mais ne s'abandonne pas à des états d'âme : il quitte Uruk et plonge hardiment au fond de la mer arracher la plante qui donne la vie éternelle. Job, accablé de malheurs, a du moins quelqu'un à accuser, invectiver et maudire. Ce quelqu'un, le grand responsable Yahvé, lui répond, et vertement. Sous la pression du destin, les personnages de la mythologie égyptienne ou de la tragédie grecque ne connaissent pas les états dépressifs, le malaise existentiel, le mal du siècle ou le *spleen* : ils font face. La mélancolie n'est sûrement pas ignorée par les peuples archaïques. Elle est même célébrée par les poètes chinois. Mais son expression trop complaisante est, en général, formellement déconseillée et condamnée par l'Occident chrétien, comme par la plupart des grandes civilisations. Jacques le Mélancolique et Hamlet ne deviennent des personnages admissibles qu'avec Shakespeare, avec la Renaissance. Quand les chrétiens des temps barbares se laissent aller à trop remâcher leur difficulté d'être, saint Bernard les secoue rudement, entonne des hymnes joyeuses et les incite à l'exaltation de l'amour divin, plus fort que la mort naturelle.

La « modernité », ce n'est pas essentiellement l'éclatement des formes, la nouveauté des façons de dire : c'est d'abord l'acceptation de manières d'être, dont l'expérience n'est sûrement pas nouvelle, mais dont le fait qu'elles soient formulées est nouveau. Avec les romantismes, les humeurs grises ou noires et les états crépusculaires, qui étaient maintenus en général dans les marges de la conscience et dans les sous-terrains de la littérature, reçoivent droit de cité et droit de parole.

LES RAISONNEMENTS
MEURTRIERS   *Août 1981*

Il y a aujourd'hui un défaut qu'on n'encouragera jamais assez : c'est le manque de logique, le défaut de rigueur, l'inconséquence. On enseigne en général aux enfants les vertus de la cohérence, de la déduction bien menée, et menée jusqu'au bout, de l'esprit de logique, de la fermeté intrépide dans les raisonnements et de l'adéquation rigoureuse de ses actes à ses pensées. Il faut aller jusqu'au bout de sa pensée, et conduire ses actes en accord total avec sa pensée. Mais ce qui sauve l'humanité, c'est que les hommes sont pleins de trous et de failles, ne vont pas toujours jusqu'au bout de leurs idées, se laissent aller à l'incohérence et à l'inconséquence. La duplicité et la lâcheté sont condamnables. J'abomine la bouche qui parle d'or et la main qui fait le contraire, la tartuferie, l'hypocrisie, celui qui refuse de donner à un pauvre en lui expliquant que les lis des champs ont bien de la veine et se débrouillent merveilleusement. Mais, neuf fois sur dix, le manque de logique, l'incohérence et l'inconséquence sont bienfaisantes. La logique, c'est comme la loi : si on l'appliquait parfaitement, ce serait la mort.

Les crimes accomplis en rupture avec la logique, c'est un

minuscule pourcentage des crimes commis depuis que le « cauchemar de l'Histoire » a commencé. Les grands massacres ont en général pour origine la suite logique de prémisses qui ne l'étaient pas : si vous posez comme principe que les juifs constituent une espèce néfaste ou que les « bourgeois » doivent être écrasés par le char de la Révolution, la « solution finale » est *logique*, le génocide organisé par les Khmers rouges est *logique*. Pour prendre un exemple moins récent, le point de vue des gens du Nord était bien moins discutable que les points de vue sur la religion et la société des Albigeois, des Cathares. Les Cathares étaient obsédés par le péché, l'impureté, la notion de perfection. La vie leur semblait mauvaise en soi. La matière, donc la réalité, leur apparaissait comme une création de Satan. Ce n'est pas une doctrine qui rend la vie très vivable. Par-dessus le marché, ils avaient peut-être une tendance excessive à pousser l'autonomie régionale et le sens des particularités provinciales vers une sécession totale. Ce n'était peut-être pas souhaitable, historiquement. Les gens du Nord sont arrivés en disant : « Ces Cathares exagèrent, le monde n'est pas si démoniaque que ça, et constituer un royaume de France unifié, ce serait une bonne chose. » En gros ils avaient plutôt raison. Résultat : des massacres inimaginables, le « Tuez-les tous, Dieu reconnaîtra les siens », attribué à Simon de Montfort, la croisade des Inquisiteurs, le bûcher de Montségur, l'extermination et la destruction. La croisade des Albigeois, c'est la rigueur, la cohérence absolue : le triomphe de la logique.

MÉLANCOLIQUES   *Septembre 1981*

Les mélancoliques absolus inspirent le vif désir de refuser leur désespoir pour les aider à y échapper : un des plus sûrs bonheurs de la vie, c'est peut-être celui que donne parfois le malheur des autres, quand il inspire l'envie de tenter de les guérir en les contredisant. Il paraît que quelques saints, plusieurs poètes (et, dit-on, deux ou trois docteurs Freud) y sont parvenus quelquefois, en pratiquant l'art d'aimer ceux qui ne s'aiment pas – et n'aiment donc personne.

TEMPS   *Septembre 1981*

La machine à détourner le temps

Pour prendre la traverse à détourner le temps
le raccourci caché qui coupe à travers
la forêt Mémoriale juste après la lande d'Anywhere
(le sentier sournoisant dans les ronces et les mûres
dont la source est cachée à l'orée du chemin forestier
après l'Ormeau-Fourchu et l'étang Glissemort)
donnez-moi seulement   donnez-moi s'il vous plaît
un moyen de transport un peu plus allusif
que les spécieux spatiaux vaisseaux du transespace
(Je suis un peu sujet parfois au mal de terre
j'aurais peur à leur bord d'avoir le mal de l'erre)

Donnez-moi s'il vous plaît pauvrettes fées de l'improbable
la bicyclette Alcyon de ce petit garçon
quand elle était encore toute neuve et nickeleuse
l'été où il essayait de cacher derrière ses taches de rousseur
qu'il ne savait pas encore très bien faire du vélo
qu'il avait peur de freiner trop fort (et ne freinait jamais)
et ne savait pas très bien comment on s'y prend pour descendre

Je pédalerai longtemps dans le soleil de juillet qui bourdonne
puis j'arriverai à la grande descente qui va sur Bois-Futé
et j'entrerai très vite à fond de train dans la fraîcheur des chênes
Je sentirai soudain sur ma peau toute moite
le vent de la roue libre et le froid du feuillombre
et la peur et l'ivraie et la joie volevente
                    le temps retraversé

ALBERT COHEN   *Octobre 1981*

Bella Cohen au téléphone : Albert est mort. Il était si fragile que cette fragilité même me semblait parfois une promesse d'immortalité. Albert était fragile, et fort. Le vieux petit monsieur, reclus volontaire de l'avenue Krieg, débordait dans la vie comme dans ses livres d'un extrême plaisir au plaisir. Il avait une malice sèche et une extraordinaire puissance comique dans l'art de démonter et déjouer les comédies de l'amour. Il débordait d'allégresse à faire ironiquement la roue du paon devant les belles et montrait une mélancolique férocité à nous faire sentir le non-sens de tout.

À la fin de sa vie, heureux comme un enfant, heureux sans honte de la célébrité tardive qui clapotait à la porte de son septième étage d'une avenue de Genève, ravi qu'une forêt d'eucalyptus porte à Jérusalem son nom, ravi que Bernard Pivot ait la bonne idée de l'apostropher à domicile, ravi des bouquets de fleurs que des demoiselles inconnues venaient déposer à sa porte – était-ce pour Solal, était-ce pour Albert? –, le petit vieux monsieur au doux accent de Marseille un peu passé, comme passe un parfum, avait les apparences d'un adolescent octogénaire qui avait écrit un chef-d'œuvre, *Belle du Seigneur,* pour analyser les « gorilleries », la niaiserie de la passion amoureuse. Il ne savait pourtant pas très bien s'il aimait davantage qu'on l'aimât ou s'il aimait par-dessus tout aimer.

Dans sa traditionnelle robe de chambre, son éternel chapelet d'ambre à la main, nous savions bien, en allant le voir, qui nous visitions : la robe de chambre de Sulka, c'était la forme polie de la robe de bure de l'ermite, et le chapelet d'ambre (dont il nous offrait parfois le pareil, pour qu'on le touche en pensant à lui ou le mette avec sa permission au cou de qui on aime), c'était le collier de sapience du sage. Il avait l'innocence de la vraie intelligence, et une horreur lucide de l'amour idiot, de la bêtise méchante et de la méchanceté bête.

Sa colonne d'ermite stylite, au dernier étage de l'avenue Krieg, était un poste d'observation d'où on ne dominait pas seulement le lac de Genève et la Savoie, mais la planète entière, de New York à Jérusalem et de Moscou à Londres. C'était aussi un poste émetteur, émetteur des ondes de l'amitié. Parce qu'il aimait aimer intelligemment, il aimait aider amicalement. Il parlait très bien du métier d'écrivain, de l'artisanat du romancier. Un été entier, il veilla de là-bas sur mon travail, comme un père, un frère. Il m'avait longuement exhorté, quand j'avais été le voir en juillet, à être *rusé*. Il insistait sur les « ruses » nécessaires à la construction d'un roman, ce qu'il nommait l'art de séduire le lecteur, de le surprendre, de le dérouter, de le reprendre. Et je n'oublierai jamais ces soirées, pendant les mois qui suivirent, où, en France, le téléphone sonnait de Genève, et la voix douce à l'accent d'ail évaporé, qui finissait la conversation en insistant : « *Et surtout n'oubliez pas la ruse...* »

Il y avait des semaines où une lettre arrivait le lendemain d'une autre, nuançant une pensée, corrigeant une formule. Ou avouant une angoisse tue la veille, comme dans l'admirable lettre qu'il m'écrivait en août 1980, et qui me bouleversa, d'avoir provoqué chez notre vieil ami le réveil d'une angoisse, d'ailleurs constante en lui :

« *Claude, cher Claude, je vous ai mal parlé de* La Traversée du pont des Arts *dans ma lettre dactylographiée. Je viens de relire ce grand roman d'amour, de le relire lentement. Tout né du cœur et de la peur de la mort, il a redoublé mon angoisse, mon angoisse de perdre la bien-aimée et de rester seul, avec et sans elle. Et surtout l'angoisse, plus terrible et tellement plus probable, qu'elle me perde bientôt, car je suis très vieux. Que fera-t-elle, seule et naïve et sans défense pendant que je pourrirai, insensible, seule et naïve et sans défense, avec moi tout le temps et sans moi tout le temps? Osera-t-elle écouter les musiques que nous avons aimées? Oui,* La Traversée *est le plus grand roman d'amour de tous les temps. Je vous embrasse de tout mon cœur.* »

On le voit : l'affection d'Albert l'inclinait parfois à la *galé-jade* dans l'éloge. Mais son feu brûlait haut et son ironie en sourdine veillait. C'était un esprit sans illusion et un cœur plein de musiques.

MUSIL   *Octobre 1981*

J'étais égaré l'autre soir dans la foule mondaine d'une Foire aux Vanités culturelles où j'avais certes grand tort de m'être laissé attirer. Pour tenter de m'absoudre et me désennuyer, je fis entrer Musil dans mes pensées et dans la salle. Il y pénétra discrètement, comme il avait vécu, comme il mourut en 1942, pauvre, exilé, oublié, admirable : le grand Connaissant méconnu.

Or, il suffit à Musil d'être là, et tout reprit sa juste place. Sans faire un geste, sans quasiment dire un mot, comme le magicien des contes fait disparaître les uns après les autres les méchants invités imbéciles du bal, pour ne laisser dans le cercle de clarté que le Prince Charmé et la Belle, revenue à sa forme de jeune fille après avoir été délivrée du maléfice qui l'avait transformée en oiseau, sans lever même un doigt, Musil avait dissipé, effacé et expulsé la cohue des figurants. Ils s'évanouissaient l'un après l'autre dans l'air, faux-semblants d'un « *monde de qualités sans homme, d'expériences vécues sans personne pour les vivre* », zombis de la fausse intelligence, qui « *tiennent pour naïveté que l'essentiel dans une expérience, soit de la faire soi-même et, dans un acte, d'en être l'acteur* ».

Ceux qui promenaient avec eux leur Vérité incarnée, ostensoirs suffisants d'un saint sacrement autogéré, crevaient gaiement sous nos yeux comme des ballons rouges de baudruche, parce que Musil avait pensé en silence : « *Il y a des vérités mais pas une vérité.* » Ceux qui avaient déplié dans la foire leur petit éventaire de systèmes D philosophiques se volatilisaient avec leur attirail, pendant qu'on lisait dans les yeux de Musil : « *La juste philosophie de notre temps est de n'avoir pas de philosophie.* »

Les vendeurs de solutions totales et de clefs universelles, d'ouvre-sens du destin et d'ouvre-boîtes de l'Histoire étaient sous les yeux de Musil balayés comme le serait la fumée d'une tabagie par une fenêtre ouverte sur un glacier des Alpes. « *Explication totale, mauvais signe* », avait simplement murmuré Musil. Les Grands Larmoyants, la main sur le cœur et le cœur dans tous ses états, les Grands Mots à la bouche comme les officiels ont des décorations à la boutonnière, les Grands Sentimenteurs se volatilisaient comme des bulles de savon, parce que Musil était en train de se dire à lui-même que l'usage immodéré des grands vocables : « *Souffrance, Amour, Éternité, Bien* », n'est « *pas plus valable que l'activité lyrique d'un chien qui aboie à la lune* » et qu'il est très malsain d'« *avaler les sentiments avec une grande cuiller* ».

Les Prêcheurs ambulants prédiquant leurs croyances sur les places publiques perdaient l'un après l'autre l'usage de leur parole et se ratatinaient à vue d'œil. Les ayatollahs de la pensée vague cessaient de divaguer, transformés en souris par l'Enchanteur Musil, qui les faisait rentrer dans leurs trous, en chuchotant simplement : « *La croyance est la méthodologie de ce que l'on ne sait pas.* » Les Puissants, entourés de leurs courtisans et de leur police, chargée d'inculquer aux masses que « *la qualité principale est d'être d'accord avec les autres* », les Grands de la Terre, avec leurs porte-parole chargés de « *fournir le peuple en records sportifs et en nouveautés* » et leur « *Institut psychotechnique national* » chargé de stériliser les objectants et d'embastiller les objecteurs, les Puissants des États qui ont « *Dieu comme président et l'argent comme secrétaire général* » sentaient leur apparence s'évaporer comme rosée au soleil. Sous le calme regard de Musil, la Foire aux Vanités se vidait magiquement de la cohue de ses intellectuels forains.

Peu d'écrivains en Occident se sont aussi peu trompés que Musil dans les domaines où une vision et des pré-visions sont exactement *vérifiables*, vérifiables comme l'est un bulletin météorologique : Musil a toujours prévu qu'il allait pleuvoir deux jours ou vingt ans avant la pluie.

Aucun des Grands Délires européens de son temps, le nationalisme, le racisme, le chauvinisme, la révolution d'Octobre, la manie des synthèses prématurées, la psychanalyse ou le marxisme considérés comme les derniers mots de la fin de l'Histoire et de toute recherche, les totalitarismes et leurs masques, les diverses écoles de pensée émotionnelle – aucune de ces paranoïas collectives n'a jamais floué Musil.

Dès 1919, il observe calmement que le « socialisme », qui s'installe à l'Est, et le capitalisme, qui va durer à l'Ouest, amèneront le triomphe de la bureaucratie d'État, que l'humanité n'a qu'un « *ennemi héréditaire : le bureaucrate dans l'État, dans l'Église, dans le socialisme* ». Au fort de l'« *antifascisme* » utilisé comme l'absolution du stalinisme, l'exilé Musil, qui a choisi la misère et l'oubli pour ne pas vivre une seconde sous la domination nazie, a le courage de se faire siffler à Paris par un public « de gauche » en répétant ce qu'il disait déjà en 1919 : « *Le capitaliste et le bolcheviste ne sont que deux variantes à peine distinctes de l'homme moderne* », en développant ce qu'il écrit dans son Journal en 1939 : « *Je ne lutte pas contre le fascisme mais à l'intérieur de la démocratie pour son avenir, donc également contre la démocratie.* »

S'il n'avait eu que raison, Musil serait certes déjà grand. Mais Musil est aussi l'homme qui disait : « *Sans la musique, la vie serait une erreur.* »

OPTIMISME, PESSIMISME   *Octobre 1981*

L'état intérieur qu'on nomme « dépressif », avec toutes ses nuances, qui vont de la mélancolie à la démence, est une énigme pour les « bien portants », ceux qui, en effet, se supportent assez bien. Il est probable que, du point de vue de Sirius ou de la Raison pure, il n'y a pas moins de mystère dans cet allant et cet allegria qui font les humains aller de l'avant malgré tout, que dans les humeurs noires de l'anxiété. Il y a exactement autant de motifs de trouver du plaisir à exister que de bons arguments pour juger la vie difficilement supportable. L'atrabilaire et l'anxieux y voient clair : ils voient le malheur, l'injustice, l'horreur et le noir au bout du chemin de tous. Le bon vivant doué d'un heureux naturel y voit clair : il voit le soleil se lever tous les jours, trouve que le pain a bon goût et que les êtres lui sourient quand il leur sourit. Celui qu'éclaire *« le soleil noir de la mélancolie »* pense qu'à ce monsieur qui passe, trop évidemment heureux, l'évidence de son bonheur doit cacher quelque chose. Mais celui qui est très content pense que Jean-qui-pleure pleure trop : ses larmes doivent aussi lui cacher quelque chose. Les hommes ont inventé Dieu pour qu'il y ait au moins quelqu'un qui voit tout, et dont le regard embrasse à la fois la face de lumière et la face d'ombre de la vie.

FORÊT   *Octobre 1981*

> *Dans la forêt   après la pluie*
> *les arbres   brusquement*
> *secouent leurs idées noires*
> *en flaques flasques*
> *sur nos épaules*
>
> *Parvenus à la lisière*
> *les premières semailles d'automne*
> *brillent vert vif*
> *et le ciel essaie*
> *un arc-en-ciel tout neuf*
> *qui va à merveille*
> *à son gris clair*

MISANTHROPIE   *Octobre 1981*

Une déportée raconte qu'à Auschwitz elle a échangé contre des morceaux de pain un livre : *Le Misanthrope*. Lire *Le Misan-*

thrope dans un monde où l'homme avait toutes les raisons objectives d'être *misanthrope* empêchait peut-être de le devenir tout à fait?

La Pologne du coup d'État militaire, où un général est à la fois chef de l'État et chef du Parti, où les blindés sont dans les rues et les journalistes en uniforme à l'écran, où les syndicalistes et les « suspects » sont derrière des barbelés et le peuple tout entier aux arrêts de rigueur, cette Pologne n'est une *révélation* que pour les naïfs, les croyants et les crédules. Le pronunciamiento de la clique militaire qui règne à Varsovie ne fait que mettre à nu la réalité du « socialisme réel ». C'est la réalité d'un socialisme de caserne, où le groupe dirigeant, construit sur le modèle hiérarchique d'un Parti-armée, tente d'organiser militairement la société et de caporaliser le travail, la culture et les pensées. Comme aucun pouvoir fort n'est suffisamment fort pour mettre un peuple entier au garde-à-vous et faire marcher la vie au pas, l'État-caserne est contraint à devenir l'État-mensonge. Plus l'État se veut État unique du Parti unique, seul détenteur d'une Vérité unique, plus la dualité s'approfondit entre la société et l'État, entre la parole officielle et la parole vivante. Double parole, double pensée, double vie, double jeu. Quand l'écart s'accroît trop entre la fausse vérité des dirigeants et la vraie vérité des dirigés, les masques tombent. La Pologne du général Jaruzelski n'est pas un état d'exception de l'État sur le modèle soviétique. C'est, pour employer un mot qu'aiment les dictatures de bureaucrates, sa *normalisation*. L'état de siège ou l'état de guerre ne sont ni un accident ni une parenthèse. Ils constituent la confirmation d'une continuité, la mise au clair et au jour d'une hypocrisie. Sous la direction technique du maréchal Koulikov et sous la botte « politique » du général Jaruzelski, le coup de force de ce matin n'est une nouveauté qu'en apparence. C'est avant tout un *aveu*.

« BIEN ENTENDU, NOUS
N'ALLONS RIEN FAIRE... »   *14 décembre 1981*

Le Nouvel Observateur me demande un article pour un numéro spécial. J'écris en hâte deux feuillets.

« Bien entendu, nous n'allons rien faire », déclare le ministre des Relations extérieures français, dans une France socialiste. Il a tort de le proclamer si vite et si fort. Mais il a raison en fait. Les grands États se surveillent du coin de l'œil, se disputent la clientèle, les marchés et les points clefs de la carte mondiale. Mais, en même temps, ils prennent garde de se ménager réciproquement, avec le plus grand soin, et de se donner de solides assurances. Ils souscrivent entre eux des polices d'assurances en échangeant courtoisement, derrière un écran d'invectives, les assurances de leurs polices respectives. On sait qu'un des premiers actes internationaux de la politique étrangère « musclée » de la présidence Reagan a consisté à rétablir les livraisons de blé à l'U.R.S.S., sans lesquelles la Russie, chroniquement incapable de nourrir son peuple, serait dans un embarras grave. Ces bons offices ne sont pas unilatéraux. L'Occident « libre » fournit à l'ennemi « rouge » les céréales, les oléoducs, la technologie, et tout ce qui est nécessaire pour que la pénurie organisée par le socialisme d'État soit maintenue dans ses limites « tenables ». Mais, pendant qu'on échange des menaces ou des imprécations, on échange aussi les bons procédés. Je garnis ton garde-manger : tu garnis les carnets de commande de mes industriels. Je me garde l'Amérique du Sud : tu te gardes Prague et Budapest (c'est le principe : halte-là, Yalta!). L'État n'est l'ennemi de l'État que dans des limites « raisonnables ». La première et significative réaction des États « capitalistes » devant la prise du pouvoir en Pologne par les militaires (qui l'ont arraché des

mains affaiblies d'un Parti fantôme et des mains insolentes d'un peuple téméraire), leur réponse immédiate, a été ce qu'on nomme, gracieusement, *prudente* : si les apparences sont sauves, et que l'Union soviétique ait la politesse de rester en coulisses, alors, que les Polonais se sauvent ou se perdent, l'honneur socialiste sera sauf. L'honneur, peut-être pas. Mais la face, du moins. C'est ce qu'on appelle aussi le sens de la *responsabilité,* apanage des politiques et des diplomates. On va entendre demain, on entend déjà en sourdine, traiter d'« irresponsable » le peuple polonais qui a eu l'idée absurde de se vouloir responsable de sa vie et de son destin. Quand on pense à tous les sacrifices que les États et les banques occidentales avaient consentis pour aider l'État polonais à faire se tenir tranquilles ses citoyens, aux millions de dollars engloutis, on se dit qu'il est bien triste, pour de si gentils parents, de s'être saignés aux quatre veines pour consolider l'État communiste et assurer le bonheur de ses enfants. Il fallait rester tranquilles, mes pauvres petits!

Ce que les bons oncles d'Occident, les bienveillants partisans d'une politique *responsable* mesurent mal, c'est la difficulté qu'il y a pour un peuple qu'on a placé dans une situation *intenable* à se *tenir* à sa place, docilement, sagement. La place des peuples, aux yeux des États, c'est celle à laquelle on leur enjoint de rester. Mais, dans le drame polonais, la seule responsabilité vraiment évidente, vraiment aveuglante, c'est celle d'un État et d'un système qui ont réduit, en trente ans, au désespoir et à la pénurie matérielle, morale et politique, un grand peuple.

En quête d'un « lâche soulagement » de plus, l'Occident « responsable » espère en catimini que tout s'arrangera « sans casse », qu'un général communiste, après tout, n'est pas pire qu'un Parti, d'ailleurs discrédité, construit sur le modèle de la hiérarchie militaire. On peut douter, cependant, que la manière ouvertement forte puisse guérir les maux accumulés depuis 1945 par la manière hypocritement forte. Il suffisait, ces temps-ci, de vivre quelques semaines entre Varsovie et Gdansk pour sentir et comprendre que ce que la Pologne, après la Hongrie et la Tchécoslovaquie, ne pouvait simplement plus supporter, c'était un système de commandement centralisé, à l'imitation de l'organisation des armées. Les ordres *descendaient,* et la voix des « soldats » ne *montait* jamais.

Le résultat, on le connaît : magasins vides, estomacs vides, horizon vide, et les cœurs pleins de ressentiment. Il est plus que douteux, oui, qu'il suffise de speakers en uniforme, de sentinelles aux postes de travail des usines, et d'*apparatchiki* à trois étoiles aux postes de commandement, pour remplir les ventres, reconstituer les stocks et vider les abcès. Il ne suffit pas de remplacer la *nomenklatura* de l'appareil par l'organigramme d'une armée en campagne, pour guérir les hommes de cet absurde projet : prendre la responsabilité de leur vie. Les grandes firmes d'assurances étatiques auraient tort de se rassurer trop vite et de respirer en pensant qu'enfin l'ordre règne à Varsovie.

CENSURE *15 décembre 1981*

Il est instructif, après le coup d'État militaire de Varsovie, de relire les *instructions de la censure polonaise* à ses fonctionnaires, publiées en 1977 à l'Ouest par un censeur dégoûté de sa tâche. C'est un document qui couvre l'étendue entière de l'État et de la société civile. On y trouve par exemple cette directive : « *Ne pas utiliser le qualificatif de* dictature militaire *ou autres noms tels, par exemple, que* gorilles, junte militaire, *s'agissant des pays avec lesquels nous avons des relations diplomatiques.* »

NATIONAL—
BOLCHEVISME *16 décembre 1981*

Une des prédictions d'Hitler au moins a été réalisée. Il disait à Hermann Rauschning avant 1939 : « *Ce n'est pas l'Al-*

lemagne qui sera bolchevisée, c'est le bolchevisme qui deviendra une espèce de national-socialisme. D'ailleurs il existe entre nous et les bolchevistes plus de points communs que de divergences [...] j'ai toujours tenu compte de cette vérité et c'est pourquoi j'ai donné l'ordre d'accepter immédiatement dans le parti tous les ex-communistes. Les petits-bourgeois sociaux-démocrates et les bonzes des syndicats ne pourront jamais devenir de véritables nationaux-socialistes : les communistes toujours. »

HIVER   *Le Haut-Bout, décembre 1981*

Paysage avec figure dans un champ

L'air est si clair   si beau et si froid le soleil
qu'on doit sûrement   en fixant l'horizon de la Beauce
apercevoir   entre Ablis et Chartres   la courbure de la terre
Les mots sortent chacun dans sa bulle de buée
Le ciel est blanc de pâleur distinguée
et l'herbe est blanche d'une gelée blanche
à peine gelée qui crique-craque sous les pas
Il y a toutes sortes de nuances de rose rouge et feu
dans la nature   La sève monte à la tête des arbres
et les bourgeons frais éclos sont d'un violet très pâle
ou d'un rose lie-de-vin   Un rouge-gorge reluit
dans les branches nues   (moins violemment
que les ouvriers qui travaillent sur l'autoroute
dans leurs grands cirés de lumière tango)
Il faudra abattre à la serpe dans le pommier
les boules de gui qui pompent la sève des pommes
Tout est nuances   couleurs étouffées   longue transparence
sauf   au travail dans un champ   noir d'un noir inflexible
luisant   acéré   sagace   chargé d'un vieux savoir aigu

connaissant les chemins de la vie solitaire
et les règles du cercle de la vie en société
cherchant son bien dans les labours passés au rouleau
toujours à distance prudente   un corbeau

1982

LA BONNE VUE   *2 janvier 1982*

pour Loleh

Il a neigé hier soir et jusqu'à minuit
Ce matin grand soleil   moins trois au thermomètre
On voit très loin et clair dans le froid-cristal sec
Je vois dans les champs labourés puis passés au rouleau
sur la neige déjà tassée qui brille par plaques vitrières
deux corbeaux freux   leur plumage luisant
avec un reflet irisé de pétrole sous la noireté du noir
Je vois l'ormeau qui sans bouger hausse les épaules
(ou bien c'est un frisson de froid)
et fait tomber par terre la neige de ses branches
Je vois un lièvre ébouriffé qui court puis fait halte
ses pattes arrière de sprinter hirsute et fauve
et on peut distinguer chaque touffe de poils collés
sentir le mouvement de soufflet des poumons
dans son poitrail mouillé qui halète doucement
Il fait tourner ses oreilles en radar
puis il repart sans se presser   Quand il avance au pas
il a l'air embarrassé de ses grandes cuisses arrière
qui sont faites pour courir mais gênent pour marcher
(Baudelaire a déjà dit quelque chose comme ça
Il parlait d'un oiseau   Moi je regarde un lièvre)

Je vois sur les fesses du chevreuil qui détale en danseuse
à l'orée du layon le dessin en forme de cœur blanc
(comme si le chevreuil s'était assis dans la neige)
cœur qui s'agrandit et rétrécit dans le mouvement
de la course　puis disparaît à travers les arbres

*　　　　　　　　　C'est bon*
le beau plaisir de voir avec des yeux très clairs
de voir et de se voir et les gens et la vie et
le temps　de voir ce qui est exactement comme c'est
dessiné et précis　sans rien de brouillé　l'œil clair et sec
Mais tant que le temps s'affaire à ses battements
se souvenir aussi que les ophtalmologistes
constatent qu'il n'y a rien de plus dangereux
pour la vision qu'une insuffisance marquée
de la production normale des larmes
et que le dessèchement de la mince pellicule
d'humeur aqueuse qui s'étend
entre la rétine et le cristallin
(On combat ce manque par l'instillation
de larmes artificielles　On peut supposer aussi
que la musique les romans le drame et la poésie
sont des formes moins grossièrement mécaniques
d'instillation thérapeutique de larmes artificielles)
La bonne vue le regard clair　Mais se défier
pourtant des yeux trop secs
*　　　　　　　Je garderai bon souvenir*
du brouillard le matin avant la brûlure du jour
de la vapeur qui monte de la rivière à l'aube
de l'arc-en-ciel après l'orage du mois d'août
de la brume de chaleur qui fait onduler l'horizon
de la vue qui se brouille imperceptiblement
en voyant venir qui on aime et qui longtemps fut loin

C'était un bon temps aussi et bonne vue également
la vue parfois à peine embuée juste pour voir plus clair.

La difficulté d'imaginer la vie de tous les jours dans une société totalitaire pour quelqu'un qui vit dans une société encore plus ou moins « plurielle » m'a toujours frappé. Quand un Occidental vaguement informé et tout à fait bien intentionné rencontre un Soviétique ou un Chinois, même dans le « privé », dans une atmosphère de confiance, sans la présence d'oreilles surveillantes, les questions et les réponses ont souvent l'air de se croiser sans se rencontrer. À soixante-douze ans, mon vieil ami Lo Takang, un des meilleurs connaisseurs chinois de la littérature française, qui a traduit Aragon en chinois et les poètes de la dynastie Tang en français, revient pour la première fois en France après trente ans. Notre pays a voulu rendre hommage à un des plus éminents représentants des études littéraires françaises en Chine. Lo Takang a été invité à parler au Collège de France, à l'Université de Paris VII, au Pen Club, etc.

Lo Takang marche aujourd'hui à tout petits pas difficiles, il a une voix un peu étouffée de sourd, une santé précaire. À force d'être promené sous le régime de la « Bande des Quatre » avec une grande pancarte sur la poitrine énumérant ses « crimes », coiffé d'un bonnet d'âne et distraitement cogné au passage, il entend mal et doit utiliser un appareil. Il dit avec douceur : « Quand on me sortait de l'*Écurie des Vaches* – c'est le nom qu'on donnait aux petites " prisons d'unité de travail " qui fleurissaient partout pendant la Révolution Culturelle – et qu'on m'affublait en " contre-révolutionnaire " pour aller assister à une " réunion de critique ", il y a des moments où j'avais envie de rire. »

Après la belle conférence que Lo Takang a faite au Collège de France, j'ai entendu un grand universitaire français lui demander avec sympathie : « Est-ce que depuis Deng Xiaoping la censure est aussi rigoureuse qu'à l'époque de Mao ? » Le

professeur a été surpris quand Lo Takang lui a répondu :
« Mais il n'y a pas de censure chez nous. — Depuis la chute
de la " Bande des Quatre "? a demandé l'interlocuteur de Lo
Takang. — Non. Il n'y a jamais eu de censure. » J'ai senti que
le Français pensait à une dérobade, une prudence, et n'était
pas convaincu. Mais la merveille du système chinois, c'est
qu'en effet il n'y avait et il n'y a rien en Chine qui corresponde
au *Glavlit* russe ou à la censure des États autoritaires de droite.
La censure pendant les années noires n'était nulle part, parce
qu'elle était partout : dans le Garde Rouge, le voisin de travail,
le représentant du Comité révolutionnaire, le rédacteur, le
lecteur, le premier venu. Dans la tête même du citoyen qui
censurait le premier ce qu'il disait, écrivait. Ce qu'il pensait.

Pendant des années, Lo a combattu la tyrannie de Tchang
Kaï-chek. Son passé l'avait conduit, avant d'être persécuté
sous la tyrannie de Jiang Qin, a être élu en 1954 au Conseil
de l'Union des Écrivains chinois, puis, en 1964, à l'Assemblée
nationale populaire. Mais la tyrannie revenue sous un autre
visage, celui de ce « fascisme rouge » dont parlent les dirigeants actuels, précipite Lo Takang dans les pires épreuves.
Elles ne parviennent pas à briser Lo, qui écrira en 1968 :

> *On m'a foulé aux pieds*
> *J'ai refusé de haïr*

> *On m'a traîné dans la boue*
> *J'ai refusé de haïr*

> *On m'a fait porter une pancarte au cou*
> *J'ai refusé de haïr*

> *Je lutte pour pouvoir écrire mon dernier mot*
> *Sur la porte d'un horizon lointain*

Lo Takang me raconte en effet les années noires de la
Chine rouge, sans élever la voix, sans haine ni pathos. Avec
seulement le bref rire chinois rituel, parfois le rire sans raison

de rire de la courtoisie chinoise, un rire qui est chargé de
rendre convenable une émotion, d'alléger une gêne, de s'ex-
cuser d'un instant de malaise. Il parle des malheurs de son
peuple comme un paysan relate une saison de sécheresse, une
famine due à des calamités naturelles. Pendant des années il
a travaillé dur aux champs, dans une lointaine province. Les
paysans étaient si misérables qu'ils se levaient avant l'aube
pour ramasser des herbes et les faire sécher avant midi pour
avoir quelque chose à brûler et faire cuire leur repas. Les
malheureux jalousaient sourdement les citadins déportés,
notamment le personnel d'un Institut de Littérature envoyé
au grand complet se « rééduquer par le travail ». Pour les
paysans, ces malheureux exilés étaient des « riches ».

– J'écrivais des poèmes français, dit Lo Takang, parce que
personne parmi les autochtones ne parlait le français dans le
village. Quand on me demandait ce que j'écrivais le soir, je
répondais que je me souvenais d'un poème de Hugo ou de
Vigny, et que j'essayais de le noter...

L'admirable perfection de la censure intériorisée par le
système maoïste n'a laissé pourtant aucune trace sur un homme
doux et paisible comme Lo Takang. Il aime passionnément
son peuple, son pays, sa culture. Au Collège de France, à
Jussieu, il a parlé sur le ton tranquille de celui auquel il n'est
rien arrivé et auquel rien ne peut arriver.

APPELER UN CHAT UN CHAT   *4 janvier 1982*

Les gens de bon sens et de bien, qui estiment que ce qui
se conçoit bien doit s'exprimer clairement, sont sûrs de leur
fait.

« *J'appelle un chat un chat* », répètent-ils. Quiconque a vécu
dans la familiarité d'un chat devient très soupçonneux quant
à la limpidité des chats, la simplicité des chats, et la prétendue
facilité qu'il y aurait à appeler un chat un chat. D'abord, les
chats ne répondent jamais quand on les appelle, c'est bien

connu des amateurs de chats. Et ensuite, il est évident que les chats savent certainement quelque chose que nous ne savons pas, mais nous ne savons pas quoi; lâchons le mot : les chats sont *mystérieux*. Appeler un chat un chat, c'est, si on essaie d'être précis et exact, risquer fort d'être obscur, alambiqué, hermétique et difficile.

Appeler un homme un homme a l'air plus aisé. Mais, quand on serre un peu de près la question, on s'aperçoit qu'il n'en est rien. Ce qui est profond est rarement bien éclairé. Quand Freud commença sa grande exploration de spéléologie humaine, il fallait entendre ses confrères lui reprocher d'être obscur, de compliquer les choses inutilement, de se perdre dans des dédales sans intérêt et (par-dessus le marché) de remuer de la boue dans des égouts sans fenêtres.

L'ennui, c'est que les prétentieux s'étant aperçus que ce qui est profond n'est pas immédiatement clair, se sont avisés souvent qu'en n'étant pas clairs ils risqueront de passer pour profonds. Il existe aujourd'hui deux terreurs dans les lettres et la philosophie, qui se referment en pince : la terreur obstinée qu'exercent ceux qui veulent qu'on appelle un chat un chat, et la terreur insidieuse qu'exercent ceux qui parlent gravement de la « structure-chat » en barbouillant leur prose d'un peu de linguistique et d'un zeste de marxisme.

« ANNONCE »...   *10 janvier 1982*

Rien de plus sot que cette façon de louer une chose en parlant d'une autre, de dire que le poireau est l'asperge du pauvre, Bruges la Venise du Nord, etc. Il y a plus sot encore : c'est de définir un artiste par ce qu'il *annonce*. Je rouvre Sterne, pour découvrir une préface où on ne me parle pas de ce qu'est Sterne, mais de ce qu'il promet : il *devance* Diderot (qui s'en est inspiré allégrement dans *Le Neveu de Rameau*, il *annonce* Proust par sa conception de la durée, il *prépare* Virginia Woolf par sa technique de narration, James Joyce par son usage du « flux intérieur », Musil par son emploi systématique de la digression.

À la fin du compte, le lecteur éventuel endoctriné par ces discours évolutionnistes devrait logiquement avoir envie de sauter les « précurseurs » et d'aller directement aux œuvres qu'ils ont « préparées ». Les livres et les œuvres d'art dont on nous dit : « Pour l'époque, ce n'était pas mal; on pourrait presque croire que ça a été écrit aujourd'hui », je trouve toujours ça absurde. Turner n'est pas admirable simplement parce qu'il « annonce » Claude Monet! L'histoire de la culture considérée comme une annexe de la généalogie, rien de plus sot.

PEREC EST
MORT   *4 mars 1982*

Georges Perec est mort hier. Quand il s'est su atteint, il a sans hésiter *déblayé* de son chemin le secondaire, les tâches, l'adventice, et tenté de terminer le livre en cours. Le cancer l'a pris de vitesse.

Il s'inventait des jeux, des règles du jeu maniaques et redoutables, pour détourner l'angoisse, la déjouer, l'égarer sur des fausses pistes. Mais l'émotion la plus juste, la plus forte, remontait toujours malgré les systèmes de défense qu'il élaborait. *W ou le souvenir d'enfance* est un très beau récit, pudique et déchirant; *Les Choses*, le livre le plus exact et profond sur le vertige contemporain de la *consommation*.

Il y a presque un an, nous étions ensemble, de Varsovie à Cracovie. Perec était au diapason de la Pologne. Sa blessure secrète était celle de cette terre. Il avait une gaieté courageuse, et sa curiosité des possibles était une forme d'espoir.

DÉCADENCE   *8 mars 1982*

Saint Cyprien dans *Ad Demetrianum*, au iiie siècle :
« *Ce monde aujourd'hui révèle ce qu'il est : en montrant son déclin, il annonce la dissolution. Les paysans détestent la campagne, le commerce déserte la mer, les soldats détestent l'armée; l'honnêteté dans les affaires, la justice dans les tribunaux, la fidélité dans l'amitié, l'habileté dans les arts, les règles en morale — tout cela disparaît.* »

L'idée de décadence est vieille comme le monde : la décadence commence probablement avec le *bang* initial.

MATINÉE DE
PRINTEMPS   *Mai 1982*

*La petite araignée épeire   entre deux tiges du rosier
tricote sa toile   Elle en a le plan clair dans sa tête
Elle m'ignore visiblement   Nous ne sommes pas en relations*

*Les hirondelles retour du Caire   reconstruisent leur nid éboulé
J'aimerais pouvoir les reconnaître   Sont-elles les mêmes que l'an
     dernier?
Elles ont l'air de m'accepter   Mais nos rapports restent lointains*

*Loleh lit dans un fauteuil de toile   Corps au soleil tête à l'ombre
J'ai déjà lu le livre qu'elle lit   Parfois j'entre dans ses pensées
et parfois je reste dehors   Nous avons de très tendres liens*

*L'araignée   L'hirondelle   toi-moi   et la chatte grise qui rôde dans
     l'herbe
le même espace   le même soleil   le même temps
Tout se tient   D'accord   Mais tout est pourtant   assez différent*

EXERCICE D'ALERTE   *8 juin 1982*

Ce que peut exprimer un visage humain, même profes-
sionnellement flegmatique, est parfois incroyablement clair.
Il était entendu depuis le début des malaises dont je souffre
depuis des mois que j'étais ce cas banal : un tabagique qui, à
force de cigarettes, a fini par contracter une bronchite chronique. L'examen de routine d'aujourd'hui, simple formalité :
une bronchoscopie banale.

On a fini par trouver banal l'art, assez récent, d'aller faire
de la télévision et du cinéma n'importe où dans le profond
du corps. Poumons, artères, cœur, estomac, intestin, vessie,
on descend par le fond les fils électriques et le matériel de
prises de vue, projecteurs, caméras. On largue les outils, frai-
seuses, bistouris et autres. On branche l'eau courante pour
déblayer le sang éventuel, et hop, ça tourne! Mais ce matin,
à l'hôpital Cochin, le jeune médecin chargé de l'examen a
été prévenu que je n'avais rien de grave et qu'on ne procède
à cet examen que pour me rassurer. Il est même si tranquille
que lorsque l'assistante lui demande : « On fait des photos? –
Pas la peine », répond-il.

Il me fait admirer, pour me distraire, le début de la descente. Dans ce voyage au centre de la terre, le patient est à
la fois le voyageur et la terre. Mais Jules Verne est bien loin.
Les canalisations de l'homme font un paysage plutôt décevant,
un morne horizon de tubulures en mou de veau ou de micro-
tunnels de métro en foie de génisse. Cela dit, dans le style
« vanité des vanités », si on pouvait suivre jusqu'au bout une
visite guidée de son intérieur, on en tirerait sûrement une
leçon de modestie profonde : rien ne ressemble plus au-dedans
d'un rat que le dedans d'un homme.

Ça descend, ça descend. Je ne ressens que le léger chatouillis
de l'arsenal miniaturisé en train de se faufiler dans mes

bronches, et (toujours à jeun) l'impatience d'un bon café avec des croissants.

C'est le genre d'*imperceptible* qu'un intéressé perçoit parfaitement. Comme l'ombre d'un nuage sur ce que j'aperçois encore du visage de mon examinateur, embusqué derrière ses oculaires; comme un léger voile sur sa voix, quand il demande à l'assistante : « Photos. » Tiens, il a donc changé d'avis?

Un patient est patient. Il ne pose pas de questions. J'ai d'ailleurs la gorge coincée par les tuyaux flexibles. Quand je suis délivré, après les prises de vue de mon poumon, qui claquaient comme les flashes de *paparazzi* mitraillant une star, le médecin ne ressent visiblement aucune envie d'avoir avec moi cette bonne et franche conversation d'homme à homme qui est l'apanage du médecin traitant. Lui n'est qu'un second rôle. « Le docteur X aura vos résultats après-demain. »

Il fait très beau rue Saint-Jacques. Un de ces matins de printemps plein de soleil et d'oiseaux, une atmosphère entre doux et frais, une légère gaieté guillerette dans le fond de l'air. Le jour fait transparence et patte de velours. En face de l'hôpital, dans le jardin de l'hôtel de Massa (la Société des Gens de Lettres en face de la Société des Éclopés), un merle qu'on devine luisant et dodu siffle clair. J'aurais aimé marcher dans la rue avec cette bienveillance sans raison qui fait tintinnabuler l'âme à cloche-pied. Les demoiselles répondent sans arrière-pensées à vos sourires sans arrière-pensées, les vieilles dames revêches sont tentées de se détendre un instant, et les chats, infaillibles comme toujours, sentant émaner de vous la radioactivité d'un absurde bonheur de vivre, viennent se frotter à vos jambes avec des ronronnements en confiance majeure.

Mais pas question de bonne humeur ce matin. Une personne déplaisante est entrée en moi sans crier gare, la fameuse « Mort dans l'âme ». Elle se conduit dans mon intérieur comme les flics des États policiers, en train de procéder à une perquisition. Elle n'a de cesse qu'elle n'ait décousu les coussins et les oreillers et dispersé dans l'air un nuage de plumes, qui fait tousser et étouffe. Elle force avec un levier les lames du parquet, ébouriffe les pages des livres, puis les jette par terre. Elle fait buissonner les dossiers et les papiers. Elle vide les tiroirs en les renversant et enfonce la lame d'un long couteau dans tous les matelas. La « Mort dans l'âme » a les mauvaises manières de la Gestapo ou du K.G.B.

Je me sens pourtant encore comme le suspect au début de l'enquête. Je tiens encore tête, j'ai encore confiance dans la légalité et foi dans la justice de mon pays. Je proteste de mon innocence. « Un cancer ? Vous n'avez pas de preuves ! »

Le fait est que je n'ai pas de preuves. Mais ai-je tellement envie d'en avoir ?

QUELLE
VÉRITÉ ?

La vérité, un produit si dangereux que certains ont pris le parti de mettre en doute son existence. La même aventure est arrivée souvent au Diable : le sachant redoutable, et assez inventif dans le mal, quelques hérétiques à tempérament d'autruche ont tout simplement professé que le Diable n'existe pas. On sait trop bien, hélas, qu'il existe.

Je sais aussi que la vérité existe. Mais, sceptique à mes heures, incertain de la réalité de ce monde apparent, je ne peux l'être que totalement, en bloc. Il n'est pas impossible que le Démiurge, à un moment donné, souffle la bulle de savon dans laquelle je coexiste avec un milliard de Chinois, la femme que j'aime, la Maison-Blanche, ma chatte Myrna, de nombreux Russes, mes enfants, pas mal de Noirs, mes amis, trente-huit mille espèces d'oiseaux différents, quelques milliers d'ogives nucléaires et l'universalité sur toute la planète de Coca-Cola (béni soit son saint nom). La bulle soufflée, non seulement il n'y aura plus rien, mais il n'y aura *jamais eu* quelque chose. Mais, tant que je suis à l'intérieur de la bulle, la vérité existe, même si ce n'est que relativement au caractère illusoire de Tout.

Je marche sur le trottoir de la rue Saint-Jacques, puis sur le boulevard de Port-Royal, j'entre dans un café au coin du boulevard Saint-Michel. Le café noir dans la tasse, le feuilleté luisant des croissants dans la soucoupe, le titre du journal (GAUCHE : BARRE À DROITE), mon souffle court, ma toux, l'angoisse qui se répand en moi comme une fuite de gaz dans une cuisine, et la couperose du patron en gilet qui est au comptoir en train de préparer son sandwich au pâté de campagne, pendant que sa femme, à la caisse, lit *L'Auvergnat de Paris,* tout cela compose un bloc de vérités d'un poids indiscutable. Indiscutablement réel, le couple des patrons dans le rôle de l'« Ardèche-montée-à-Paris-pour-faire-fortune-dans-la-limonade ». Non moins réel, assis à son guéridon, l'intellectuel transi, menacé d'une maladie mortelle. Il est en train de peser des œufs de mouche dans des balances de toiles d'araignée, alors que Rome brûle peut-être, et que lui-même ne va pas tellement bien.

« Toutes les vérités ne sont pas bonnes à savoir », disait Jean Paulhan. Axiome très juste, que je compléterai seulement par une négation dialectique, en disant que savoir est toujours bon. Mais en suis-je tellement sûr? Regarder la vérité en face est un excellent programme. Mais si je veux être honnête, je constate que dans la situation la plus simple, par exemple une banale prise de sang, je suis incapable d'appliquer ce principe. Si je regarde en face l'aiguille qu'on m'introduit dans la veine et mon sang qui remplit lentement la seringue, il y a neuf chances sur dix pour que je « tombe dans les pommes ». Si je détourne obstinément ma vue de la petite opération, je sens qu'on dénoue le garrot de caoutchouc, c'est déjà fini, et je vais très bien. Qu'est-ce que la mort, après tout? Une prise de sang poussée jusqu'à ses conséquences extrêmes.

En redescendant le jardin du Luxembourg, de l'Observatoire au Sénat et à l'Odéon, je repense à tous ceux que j'ai vus mourir de la maladie dont me voici sérieusement menacé.

Roger Vailland était parvenu à ce stade où, disait-il, pour

un « fauve de la Renaissance » qui a atteint sa maturité et porte sur le monde le « regard froid » d'une analyse historique irréfutable et finale, il n'y a plus de problèmes, que diététiques. Il avait eu (nous avions eu) quelques déboires, il est vrai. Roger avait dû décrocher du mur et jeter dans un tiroir le portrait de Staline, dont il ne savait si la faute essentielle avait été d'être le fauve, un peu trop fauve et assez fou, d'une Renaissance douteuse, ou de s'être fait pincer et dénoncer par Khrouchtchev, un bureaucrate un peu cul-terreux, qui avait vraiment très peu le genre « héros bolchevik », le style manteau de cuir, cavalerie rouge, Tcheka et Révolution mondiale. Roger avait dû aussi remettre sur l'établi sa vision historique, visiblement rouillée. Il lui avait fallu claquer le plus fraternellement la porte du Parti-de-Type-nouveau-intellectuel-collectif et troquer l'automitrailleuse de la prise du Palais d'Hiver contre la Jaguar du Prix Goncourt. À mon avis, il avait beau affecter cette *désinvolture* qui était un de ses idéaux et un de ses charmes, Roger en réalité se rongeait les sangs.

Il allait assez mal depuis quelque temps. Toux, fièvre, amaigrissement. Il fonça sur Paris à 200 à l'heure. Il avait rendez-vous à 8 heures du soir avec le professeur Jean Bernard. À 6 heures, nous étions au *Bar Vert*, rue Jacob. « Si c'est le cancer, dit Roger, je finis mon travail, je range mes outils et je choisis tranquillement le moment de ma mort. » À 9 heures, Roger me téléphonait : « J'ai une chance incroyable : un virus, qui ressemble comme deux gouttes d'eau au cancer, mais n'est *pas* le cancer. On va se battre, gagner, guérir. »

La *chance* de n'être atteint que de ce « virus » fit traverser à Roger les étapes classiques, hélas bien connues du premier venu, tous les signes extérieurs des traitements anticancéreux. Il ne parut cependant jamais douter de cette « chance » qui lui avait permis, malgré les apparences, d'échapper au cancer. Il perdait complètement ses cheveux, subissant chimiothérapie, rayons, etc. Rien ne semblait ébranler sa confiance. Plus question de choisir le moment de sa mort. Élizabeth dut le choisir pour lui et nous demander de l'assister dans ce « travail du deuil » poussé au paroxysme, l'euthanasie fraternelle.

Après l'opération de Gérard Philipe, Anne et les médecins ont assumé le poids terrible du plus doux, du plus dur des mensonges. Anne lui a fait don de mois et de mois de paix et d'espoir calme dans la *guérison;* le destin a « fait don » à Gérard de cette mort à l'intérieur du sommeil, sommeil dans le sommeil.

Kostas, lui, a pris ses distances avec la vérité, ou son expression publique. Une sorte de courage gai et courtois vis-à-vis de la réalité. Faire comme s'il ne s'était aperçu de rien. Il ne consentait ni à entendre ni à prononcer certains mots. Un aveuglement héroïque?

Georges Perec s'est précipité sur le livre qu'il avait en chantier, a travaillé pour l'achever jusqu'à ses dernières forces. Ne l'a pas achevé...

DEUX HOMMES
EN MOI   *10 juin 1982*

Le docteur a « mes » résultats, mais pas tous. Il faut attendre ceux de la biopsie, une huitaine de jours. Quant aux explications, au choix des termes, c'est le royaume de l'entre-chien-et-loup, de la pénombre ambiguë, de ces régions où tous les oiseaux d'Athéna sont gris à l'heure du crépuscule. Le bon docteur envisage la possibilité d'autres thérapeutiques, plus *agressives.* L'euphémisme me plaît. « Il faut considérer tous les aspects du problème. De toute façon, on ne pourra rien dire de définitif et d'assuré avant d'avoir en main tous les éléments. » Etc., etc. L'arrière-texte chuchote les mots *tumeur, opération, cancer, radiothérapie.* Le texte reste prudent, feutré, de bonne compagnie.

Huit jours joyeux m'attendent. Mais à évasif, évasif et demi. Je prends rendez-vous et congé, et m'en vais dans les rues, *ramonant* dans ma cheminée mentale enfumée par des humeurs de brume.

C'est un grand repos en effet, après une grande agitation

intérieure, que d'avoir décidé de ne rien décider. Ne rien savoir de sûr, ne pas savoir, ne pas vouloir savoir, attendre pour savoir, ne pas prononcer de mots qui réveilleraient une peur ou une douleur savamment engourdies, sommeiller dans le flou, ce malaise n'est pas dénué d'une sorte de charme nauséeux.

Je comprends très bien ceux que j'ai vus refuser de savoir ou de sembler savoir, s'abandonner sans poser de questions, ayant avec eux-mêmes et les autres la courtoisie de feindre d'avoir une maladie bénigne (ou de le croire).

« Je sens deux hommes en moi. » S'ils n'étaient que deux! Dans le genre de situation où je me trouve, une demi-douzaine de personnages sont à ma disposition. Il y a celui qui sait, mais ne soufflera mot, et que pour plus de sûreté on envoie à la cave. Il y a l'innocent de la famille, qui ne sait rien et d'ailleurs ne veut rien savoir. Il y a le rebouteux qui me chuchote qu'avec des plantes, l'argile, le vaccin Perlimpinpin ou le pendule du radiesthésiste on obtient aujourd'hui des résultats formidables. Il y a celui qui sifflote dans le noir, assuré que tout ça est un malentendu. J'en passe. Nos théâtres intérieurs n'ont jamais de problèmes de distribution : nous sommes toujours prêts à fournir dix personnages.

Je me suis toujours dit, quand *ça* arrivait à d'autres sous mes yeux, que si mon tour venait, je tiendrais absolument à savoir : ni phrases, ni périphrases.

Mais pour le moment, dans l'*attente*, il est clair pour moi que je souhaite que rien ne soit trop clair pendant les huit jours d'expectative. S'il y a une chance, si minuscule soit-elle, que le résultat de ma fibroscopie soit une fausse alerte, je n'ai pas le droit d'inquiéter davantage Loleh. Elle est déjà suffisamment tourmentée de ma bronchite chronique, de ma toux, de mon peu d'entrain. Surtout, ne pas lui mettre la puce à l'oreille avec l'*autre* maladie, celle qui a si mauvaise réputation, la gueuse, l'obscène.

On ne ment aisément que dans la gaieté, le pur plaisir. Un homme qui invente une fable pour ne pas faire de peine à la femme qu'il aime en allant retrouver une autre femme qu'il désire est un menteur en possession de tous ses talents. Il trompe avec art, brio, vérité, et la richesse d'invention des vrais créateurs. Ses mensonges sont contagieux comme la vérité vraie. Mentir de la sorte, c'est mentir par amour de l'amour et plaisir au plaisir. Mais celui qui doit cacher un mal, dérober une mauvaise nouvelle ou dissimuler un deuil a moins de ressources. Le malheur perce trop aisément derrière les masques empruntés.

Je prends par la peau du cou le Claude qui se savait atteint d'un cancer et je le jette dehors sans ménagements.

C'est comme dans la Résistance. René Blech me disait toujours : « Ce que tu ne sais pas, tu ne risques pas de l'avouer si tu es pris. »

Je ne *sais* pas que j'ai un cancer. Loleh ne risque donc pas de l'apprendre par moi.

Je ne suis même pas contraint de feindre la bonne humeur. Je n'ai qu'à ronchonner sur les désagréments de l'état de bronchiteux, m'installer dans le personnage, odieux mais inoffensif, du malade grincheux, égocentrique et qui se fait de l'atrabile. C'est le personnage que m'a attribué l'affection, à coups de bon cœur et de grande gueule, de notre ami Marcel. Marcel m'a décrit à son collège pneumologue et à Loleh comme un anxieux enclin aux maladies imaginaires. Il conseille de me traiter avec ménagements mais sans complaisance, de me secouer un peu pour me rassurer et de me prendre au sérieux sans me prendre au tragique. « N'entrons pas dans son jeu. Je le connais depuis trente ans. Je sais comment il faut le manier ! »

Parfait. Loleh a donc le droit de hausser les épaules devant ce Claude douillet, grognon et narcissique. Marcel l'y encourage par bonté d'âme. Je l'encourage pour plus de sécurité. Tant qu'elle ne doute pas que je suis un malade difficile, elle ne soupçonne rien de pire. Je me sens comme ces personnages emblèmes de la duplicité, qui peuplent Shakespeare, Musset et Henry James. Par dévouement à une juste cause, ils acceptent d'apparaître le contraire de ce qu'ils sont. Si j'avais envie de rire, je rirais de moi-même : cacher un zeste de grandeur d'âme sous un baobab de mesquinerie, beau travail, Lorenzo! (J'ai d'ailleurs toujours été enclin, curieux masochisme, à ressentir un vif plaisir quand je m'arrange pour paraître pire que je ne suis. L'extrême volupté intellectuelle, celle qui me fait rire sous cape délicieusement, c'est d'être pris pour un sot par un imbécile, et pour un ambitieux par un ministre.)

L'amour de Loleh s'emploie donc, suivant les conseils affectueux de Marcel, à me remettre en place, à ne pas me laisser me « monter la tête » ni me « faire du cinéma ». Loleh force son naturel. Naturellement avenante, timide mais généreuse, repliée sur elle-même mais sachant s'ouvrir et se prêter avec une grâce extrême, son versant de gravité pensive est aussi profond que solaire son versant rieur. Loleh a beaucoup de dons, sauf ceux d'une pédagogue tatillonne et pincée. Elle s'applique par devoir à me morigéner, essayant héroïquement de me *gronder*. Le personnage qu'elle croit devoir jouer pour mon bien ne lui va pas du tout : l'institutrice un peu bécheuse, la maman surveillante et pointilleuse. Mais l'effort qu'elle doit faire pour entrer dans ce rôle-là a du moins l'avantage de détourner son attention de mon angoisse. Il a aussi le bénéfice secondaire de me faire parfois sourire tendrement du mal de chien qu'elle se donne pour être désagréable sans y réussir vraiment. Je l'aime davantage d'être si peu douée pour la grinche et le ton pion : malgré elle, la mélodie perce sous le pointu peu naturel. Marcel est très content d'elle : elle tient bon, ne faiblit pas. Elle suit tant bien que mal ses conseils.

VOULOIR
NE PAS
SAVOIR...   *11 juin 1982*

Tentation de faire durer le repos du « ne pas savoir » (ne pas vouloir savoir...). Rien de plus facile. Les médecins américains, toujours menacés d'un procès par les familles s'ils ont donné au malade un faux diagnostic, ont pour principe de dire au malade la vérité nue. Les nôtres modulent leurs paroles selon le patient, sa capacité à supporter la vérité, ou son refus vital de l'entendre. En France, il suffit de ne pas poser de questions, de se laisser bercer par les phrases vagues et soigner sans montrer trop de curiosité. Rien ne sera prononcé qui puisse blesser. On restera dans une reposante pénombre. Comme on met sa tête sous les draps pour ne pas voir l'infirmière qui arrive avec un truc désagréable à vous faire. J'envie presque ces patients qui se laissent porter, conduire, soigner, sans curiosité ni questions, semblant ne pas s'intéresser aux causes de leur mal.

Oui, la trop vive lumière fait sûrement mal aux yeux, et à la tête. Mais quoi : depuis trop d'années, je me suis juré, s'il m'arrivait malheur, d'essayer de garder les yeux ouverts devant tous ces emblèmes auxquels on a fait la réputation de ne pouvoir être regardés en face : le soleil, le vieillir, notre diminution, la mort.

J'ai envoyé un billet au docteur. « Vous m'avez fait l'amitié de me demi-dire tout ce qui pouvait être dit à demi. J'espère que vous aurez celle de me dire tout entier ce qui pourra être entièrement dit. Si cancer il y a, ni phrases, ni périphrases. Merci d'avance. » Puis j'ai gagné la retraite où je me reclos la moitié du temps. La vague angoisse qui m'habite me rend peu sociable. Je supporte moins bien que d'habitude les sots, les agités de vanité, les bourdonnants.

Dans le jardin et le pré, les oiseaux sédentaires s'en donnent à chante-joie, tous déjà au travail. Les voyageurs reviennent. Les mésanges charbonnières, les rouges-gorges, les moineaux friquets tirent les plans de leurs nids sur l'été proche. Les hirondelles de cheminée et les fauvettes à tête noire sont de retour. Il manque encore celui qui frappe dans la forêt voisine les deux coups du printemps, le coucou qui dit coucou, le grand escroc de la race ailée. (Qui n'a pas vu la minuscule femelle du roitelet nourrir un poussin de coucou grand sept fois comme elle ne connaît pas les ressources d'humour de la nature!)

SAVOIR NE
PAS ENTENDRE

Le professeur Lucien Israel raconte une admirable histoire de vérité récusée. Une jeune femme qu'un confrère vient d'opérer pour une tumeur vient voir Israel et lui demande un diagnostic sans fard. Après l'avoir écoutée, interrogée, il la juge assez équilibrée et forte pour supporter la vérité. Il lui explique, devant ses assistants et les infirmières, la forme de mal dont elle est atteinte, le traitement qu'il envisage, les chances de réussite de ce traitement. La patiente écoute l'exposé du professeur sans faiblir, acquiesce et le remercie.

Après trois mois de traitement, celui-ci s'avère, hélas, inefficace. Il faut changer la méthode. Regrettant sa franchise première, Israel explique la situation à la patiente, minimisant les problèmes que pose la récidive. Et, à sa stupeur comme à celle de ses assistants et de ses infirmières qui ont assisté au premier entretien, il entend la jeune femme dire : « Docteur, tout cela m'est égal, et je ferai ce que vous voudrez. Depuis que vous m'avez expliqué que je n'avais pas de cancer, je suis prête à tout. »

SAVOIR NE
PAS VOIR

Je retrouve devant la maladie et la mort les problèmes qui m'ont passionné toute ma vie, les rapports étranges que les hommes entretiennent avec la vérité, dans leur vie affective, en politique, dans la religion, etc.

Parce que les hommes ont deux yeux, ils ont souvent besoin de se faire aveugles.

Harry Pollit, le secrétaire général du Parti communiste

anglais. À la publication du rapport Khrouchtchev sur Staline, il perd la vue pendant quinze jours. On ne trouve aucune lésion organique, aucune explication ophtalmologique de cette brusque cécité. Pollit recouvre la vue quand il a « digéré » la vérité. Mille exemples aussi frappants me viennent à l'esprit. Le monde des communistes aujourd'hui, c'est la cité des aveugles volontaires.

ANGST

Je mesure l'étiage de l'espèce de savoir-vivre que j'ai pu acquérir avec les années dans la disparition à peu près totale de ce que les analystes appellent l'angoisse virtuelle. Les brouillards de l'adolescence, que j'ai traversés sûrement plus longtemps que de raison, nous livrent facilement à une inquiétude sans objet précis, à l'appréhension d'on ne sait quoi, à des peurs et des paniques sans motif discernable (ou dont le motif apparent est saugrenu). Il est difficile de dissiper ces angoisses parce qu'il est difficile de les tirer au clair. Depuis que j'ai affaire à la maladie, je me dis qu'au moins la peur qui m'envahit par moments est rationnelle. Que mon cœur soit parfois lourd est explicable. Mes accès d'angoisse sourde sont très clairs, dans le fond. Le « mal de la mort » est une maladie sans mystère.

Mais cette *rationalité* du malaise ne détermine pas, loin de là, la totale rationalité de mes conduites. Je ris de moi-même. J'ai consacré des années à étudier les mécanismes de la superstition et la psychologie des croyances, à essayer de dépister les mobiles des *Chercheurs de dieux*, à tenter de distinguer et de séparer (en moi et chez les autres) les berceuses de la magie de l'expérience du sacré, à ne pas confondre l'horoscope du journal avec les éclaircies du mysticisme. Et je me surprends pourtant parfois à dériver de l'interrogation à l'exorcisme : « Est-ce que c'est vraiment un cancer? » « Après tout, on n'en est pas encore sûr... » « Si ça pouvait être autre chose... » « Oh!

faites que ce soit autre chose... » Le doute se mue en requête, et (d'un rien) la requête en prière-supplique, celle qui est adressée à un Vieux Monsieur Dieu installé au Bureau des Réclamations, disposant du pouvoir de donner suite aux demandes et de renverser un jugement en appel.

LE MENSONGE
DE VIVRE

Je me demande comment la plupart des hommes pourraient accepter la vérité devant la mort, alors que si souvent tout conspire à leur dissimuler la vérité de la vie. Alors que parfois tout en eux aspire à ne pas apercevoir, même un seul instant, la vérité de leur vie.

Pourquoi quelqu'un qui ne s'est jamais regardé en face de l'adolescence à l'âge mûr, qui ne s'est jamais avoué ses faiblesses, ses vices ou ses échecs, qui a vécu dans un cocon de pieux mensonges, de politesse trompeuse ou de lâches justifications, pourquoi celui-là irait-il, au « dernier moment », affronter une réalité pire encore que celles qu'il a refusées de voir pendant des années?

LA VÉRITÉ
VRAIE

Je poursuivais ces profondes réflexions sur l'usage ou le non-usage de la vérité, quand Marcel a fait une affectueuse irruption chez nous, avant son départ demain en vacances.

Je n'avais soufflé mot à Loleh de la situation, laissant encore une chance au destin (la possibilité que la biopsie soit négative, que le diagnostic final soit celui d'une tumeur bénigne). Il sera bien temps, quand j'aurai une certitude, de la partager...

— Eh bien, dit Marcel (chaleureux, efficace, utile, important), je me suis renseigné. Dans tous les cas, il n'y a qu'un chirurgien, c'est Merlier. Qu'un hôpital, le Centre Marie-Lannelongue. Merlier est le meilleur spécialiste du cancer du poumon. Marie-Lannelongue est un des hôpitaux les mieux équipés pour les opérations du thorax...

Loleh pâlit.

— Tu ne m'avais pas dit...

Je lui explique que rien n'est sûr encore. Qu'il est très probable que c'est d'un cancer du poumon que je suis atteint, mais qu'avant les résultats définitifs des examens, je ne voulais pas l'inquiéter – peut-être pour rien. Etc.

Marcel est comme le bon chien sauveteur, un peu brutal, mais débordant de bonne volonté.

CE QUI FAIT
PLAISIR...

Après le départ de Marcel, Loleh me dit :

— Si tu es vraiment malade, on ne fera plus que ce qui nous fait plaisir.

— C'est un bon programme. Peut-être difficile à tenir?

— On essaiera.

— Et on essaiera de rire, ou de sourire. Ou de ne pas se lamenter.

— Oh, dit-elle, il ne faut pas non plus nous interdire de pleurer quelquefois ensemble un bon coup.

— Entendu, dis-je.

SAVOIR

La biopsie a été positive. J'ai un cancer. Une *« tumeur bourgeonnante obstruant quasi complètement la bronche principale gauche »*.

La main sur l'épaule

Dieu, qui n'es pas, pose ta main sur notre épaule.

Yves Bonnefoy

Assuré maintenant de la *malignité* de mon état, la pensée vague et raisonnable du devoir-mourir-plus-tard fit place à la possibilité, très proche peut-être, de *ma* mort.

Je redoutai dès lors l'affaiblissement irrésistible et la défaite qui conduit *« la conscience des mourants à calomnier leur vie »*.

Autant pour tenter de prévenir, s'il était possible, cette défaite ultime, que pour m'aider à soutenir des épreuves immédiates, j'entrepris d'établir un inventaire (très incomplet, bien sûr) des moments de joie aiguë de ma vie, une liste-mémento de quelques-unes des *bonnes choses de la terre* : un pense-bête des bonheurs passés, et toujours présents.

— Et le mal? m'objecta mon ami Jacques Roubaud, à qui je racontais ce travail de catalogue-des-bonheurs.

— C'est assez qu'il habite mon corps, répondis-je à Jacques. Tant que ma tête marche encore à peu près, laisse-la essayer de *tenir tête* à ma carcasse...

Mémento des choses bonnes de la vie

Avoir envie de rire et rire dans le bain parce que maman me chatouille-caresse avec l'éponge douce qui mousse de savon.

La couleur cuivre roux du soleil couchant sur le papier peint à fleurs jaunes de ma chambre à huit ans, square de Châtillon.

L'odeur d'un album neuf des bandes dessinées de jadis, *Buster Brown,* cadeau de Noël.

Le ronronnement dans le grave de la voix qui semblait faire redémarrer le radiateur à gaz, quand nous faisions l'amour rue Fontaine (et les deux sourdines se mêlaient).

Découvrir avec Loleh à Venise une *Calle dell' Amor degli Amici.*

Les trois premières notes qu'Armstrong souffle dans sa trompette à son premier concert à Paris, après la Libération, « en chair et en os ». Comme une gorgée d'alcool très beau dans un grand froid hivernal.

Au crépuscule, dans les arbres d'Olympie, la petite chouette chevêche, *Athéna noctua,* qui vole, silencieuse, affairée, autour de nous.
Et dans le ciel encore très clair de Grenade, très haut au-dessus de l'Alhambra, les cercles d'une chouette, la même (semble-t-il).

En août, la nuit, sur la plage de Donnant, le sable encore chaud. Se sentir si comblé que je ne trouve aucun vœu à formuler sous la pluie d'étoiles filantes (et le grand chuchotement de la mer qui radote ses vieilles choses vagues).

Sur le cargo qui nous emportait en Amérique, aider le professeur Bernard Lyot et le docteur Raymond Latarjet à faire le point avec un compas fait d'un bout de miroir collé avec du chewing-gum et d'une grosse boîte d'allumettes cassée en morceaux. Aller vérifier chez le capitaine si « notre » point est juste, et découvrir que oui.

À Belle-Ile regarder à la jumelle les cormorans se sécher au soleil sur les rochers, après leur pêche, et retrouver exactement la même image autrefois sur les rives du Yang-tsé, le luisant lisse des plumes noires bleutées encore mouil-lées.

Avoir perdu dans un bois-bosquet Minna-la-chatte-aimée, qui n'en veut plus sortir, a disparu. Y revenir (une dernière chance) à minuit, la trouver sur la route, qui bondit vers nous.

Du haut des cintres, elle ne sachant pas que je suis là-haut, voir Loleh se recueillir avant d'entrer en scène jouer Mara, faire le vide-et-calme en elle, miroir dont une main essuie doucement la buée.

À la fin d'une journée d'été orageuse, sur la rivière, l'heure où les chevesnes et les ablettes moucheronnent. Ils montent à la surface et leur bouche fait des ronds, et comme il commence imperceptiblement à pleuvoir, on ne sait pas si les ronds viennent de dessous l'eau ou des premières gouttes de la pluie.

Rue du Bac, en juin, surpris par l'orage, s'abriter sous la tente d'un magasin et y trouver Octavio Paz qui, à brûle-pourpoint, me demande : « Que penses-tu de Sextus Empiricus? »

À six heures du matin, Pékin, beau temps, la jeune fille qui vocalise près des douves et du lac, aux remparts de la Cité Interdite, et l'eau matinale fait ricocher son chant.

À six ans, le jour où ma tante Lise m'a fait découvrir qu'avec un coquelicot on peut faire une dame en jupe rouge avec une ceinture verte, comme plus tard découvrir qu'avec une brassée de vie on peut faire un roman.

Dans mon métier de « lecteur de manuscrits », la dizaine de fois où j'ai refermé un manuscrit en me disant : « Cela est très beau, merci de l'avoir eu à lire » (*Le Grand Voyage* de Jorge Semprun, ∈ de Jacques Roubaud, les poèmes d'Ekelöf, et quelques autres).

Quand mes poumons étaient frais, les odeurs du jardin au matin, en juin, quand les oiseaux chantent encore avant la grande chaleur.

Les petits déjeuners sur la table de jardin, quand Loleh se concilie les guêpes en leur offrant une soucoupe avec du miel pour sauver ses tartines à elle.

De Brooklyn Heights regarder s'allumer les gratte-ciel de Manhattan de l'autre côté de la rivière.

La petite fille dans une école (onze ans, très grave) qui se lève : « Monsieur Roy, pensez-vous que le bonheur a des limites? » (La réponse serait : ni le malheur ni le bonheur n'en ont.)

À la radio, dans la voiture, seul, la nuit, entendre pour la première fois le mouvement lent, *adagio*, du dernier *Quintette* de Schubert, me garer, arrêter le moteur, et pleurer.

Les vieilles espadrilles catalanes ébarbillées aux pieds nus du vieil homme Maillol, dans sa métairie près de Banyuls. Le tricot de coton bleu à rayures de Picasso dans son atelier de Vallauris.

Au demi-clair de lune, après s'être baignés, faire l'amour dans le sable un peu humide à la jeune fille au sexe mouillé et avoir l'impression de faire l'amour à la terre – jusqu'au centre de la terre. Baiser la terre.

Dans les Pouilles, monter la route en lacet qui conduit à Montecalvello, au château de l'empereur Frédéric II, juste après l'incendie qui laisse noirs les arbres calcinés, et découvrir le vent dans le château fort, qui fait orgue, écho.

Quand on vient d'apprendre à monter à bicyclette, dans la côte qui descend entre Saintonge et Gondeville, se laisser aller pour la première fois sans freiner, « à toute vitesse ». Soixante ans plus tard, revenir, et constater que la côte est toute douce, et que le *vertigineux* se passait dans la tête du petit garçon.

Dans le désordre de la maison de Tchekhov, à Moscou, qu'on est en train de ranger, la petite valise de paille qu'il emporta à Sakhaline.

À tue-tête et à claire voix l'alouette lulu qui chante, quasi immobile dans le ciel. Et presque ne pas la voir, tant la lumière est vive. Ou bien : voir pour la première fois (et la dernière aussi), à Oakland, le moucherolle à queue en ciseaux.

Le jour de 1954 où j'ai cru-avoir-compris les grandes lignes de la théorie de la relativité (après deux mois de travail, Bouvard et Pécuchet de la physique en un seul corps).

Le rendez-vous dans la montagne au-dessus de Morzine avec José Herrera Petere et ses fils, qui venaient du côté suisse de la frontière quand nous venions de France. On a entendu la guitare et les chants qui s'élevaient vers le col du versant suisse, nous nous sommes rejoints et Petere chantait *Los Cuatros Generales*.

Le premier matin de printemps où on découvre dans le bois un parterre d'iris sauvages, leur bleu profond sur le

vert aux couleurs des charpentes des palais de Chine. Le
coucou chante au loin, et un couple de tourterelles des bois
roucoule.

En revenant de l'école, à quatre heures, Rose me fait
une grande tartine avec beaucoup de beurre sur lequel elle
sème un parterre de chocolat râpé. Quand j'ai fini, elle
essuie les moustaches que je me suis faites, de gras et de
choco.

Sur la route de montagne en sortant d'Aspen (Colorado),
un minuscule *chipmunk*, modèle réduit d'écureuil, qui traverse
sans se presser et (semble-t-il) sans avoir peur.

Un dimanche après-midi, à Nice, au fond de l'été, et G. se
brosse ses longs cheveux auburn, qui crépitent d'électricité,
puis elle joue à me brosser, les cheveux, le cou, le corps, et
nous faisons l'amour.

Les ressources du bleu : un champ de lin en fleur, une
éclaircie de ciel clair bleu ardoisé dans un ciel très noir de
pluie froide, les yeux de M.

Le soir très clair où on entend pour la première fois tourner
le cri aigu des martinets – de retour.

Après soixante années, retourner à Vouvant (Vendée) où
j'étais à cinq ans, et que la girouette au sommet de la tour
Mélusine en ruine ait exactement le même gémissement grince-
rouille qu'autrefois.

Entendre tout près dans la chênaie la légère rafale de coups
de bec du pic, son d'une balle de ping-pong qui dégringole
un escalier de bois. Tourner autour de l'arbre pour le voir.
Mais il tourne lui aussi et se moque de moi.

À Hang-tcheou, au bord du lac, en buvant du thé vert, un après-midi d'été, traduire avec Lo Takang un poème de Li Po. Trente ans plus tard, retrouver à Paris Lo Takang qui marche à petits pas, après les coups et les crachats de la Révolution Culturelle. Il me récite les premiers vers du même poème.

À Haut-Bout, fin d'été, avant la récolte du maïs, les grandes tiges droites de grappes dures sèchent déjà. Observer à la jumelle une compagnie de perdrix qui sort du maïs, en file indienne, guérilleros couleur de terre sèche.

Après l'anesthésie d'une opération sans gravité, revenir à la conscience lentement. La nuit, entendre chuchoter avec un très joli accent allemand l'infirmière de garde. Elle sent bon, elle a les mains douces, elle s'appelle Ulrika, je suis faible, je régresse de soixante-trois ans, je flotte dans la béatitude et je me répète le nom « Ulrika, Ulrika » comme si elle était la femme de ma vie.

En 1958, attendre dans la rue Loleh qui ne me voit pas, et marche vers le lieu de notre rendez-vous, hâtant le pas, courant presque d'impatience, son beau visage lisse avivé de gaieté.

En marchant sur la ligne de partage des eaux, entre Saint-Étienne et Montpellier, après cinq heures de marche, ayant faim et les provisions du sac épuisées, trouver abandonné et en ruine le village qu'indiquait la carte. Mais, au moment de partir, une petite voix nous hèle. Aveugle, octogénaire, la dernière habitante du village nous offre un peu de fromage de chèvre et du pain.

Une journée de printemps déjà chaud et « variable », à Haut-Bout. L'impression que chaque brin d'herbe, le chat qui ronronne, le rayon de soleil à travers le feuillage et la pluie sur le visage sont en train de me dire quelque chose de la plus haute importance, que je ne comprends pourtant pas clairement, et que je vais mettre une vie entière à essayer de traduire.

La jeunesse du monde, même si je suis de plus en plus vieux...

Même sensation (du même ordre) : la certitude parfois qu'il n'y a pas de hasard, que tout, de la motte de terre à mes pieds au cosmos, *s'emboîte* avec une rigueur parfaite – mais que les lois de ce fonctionnement m'échappent.

Être rempli, en faisant le marché rue de Buci, d'une bonne humeur débordant en bienveillance, qui obtient en effet des marchands de légumes, des passants qui se bousculent un peu, et des « connaissances » rencontrées, la *réciproque*. La belle humeur, ce don gratuit, provoque le don gratuit de son écho.

Les silences après les « questions » que pose le premier violon, au début du dernier mouvement du 16e *Quatuor* de Beethoven, et ceux du second mouvement *lento* – parole qui se poursuit sans rien dire, en pensée, sur son erre, comme le vol plané du busard après ses durs coups d'aile.

Pendant des mois Loleh travaille aux *Dames du jeudi,* puis le donne à lire, en fait faire des lectures. Tout le monde dit : c'est juste, c'est émouvant, c'est bien. « Mais rira-t-on aussi? demande-t-elle. J'aimerais tellement que le rire et l'émotion se mêlent. » Le jour où pour la première fois il y a du public dans la salle, le premier rire qui se lève et s'envole.

Monter en fiacre la route en lacet qui conduit à Catanzaro de la gare à la *piazza*, pendant qu'Emilio Sereni me récite en grec l'*Olympique* de Pindare où il est question de la ville. Et le cocher du fiacre me dit avec admiration : « L'*onorevole* Sereni parle toutes les langues, même le russe! »

En 1948, sortir de la Stazione de Venise et, sur le haut des marches, découvrir le Grand Canal. En 1980, y étant retourné dix fois et y rejoignant Loleh, regarder le visage de Nadine (qui débarque ici pour la première fois) au moment où le « motoscaphe » qui nous amène de l'aéroport pénètre dans le même Grand Canal, pavoisé de soleil cet après-midi-là. Elle rit, incrédule devant tant de beauté. Et le souvenir de tous les bonheurs que j'ai connus ici me remplit d'un bonheur de plus, celui de la promesse de bonheur qui est faite à Nadine.

À Haut-Bout, en août, prendre tout doucement dans le creux de la main un ver luisant qui luit au pied du mûrier. Il éclaire ma paume. Puis le reposer où il était.

À Peredelkino, avec Anne Philipe, sonner à la porte de la datcha de Pasternak, que son fils nous ouvre, le thé autour de la table et dans le cabinet de travail de P., les livres qu'il lisait à la fin de sa vie : Joyce, Proust et Saint-John Perse, entre d'autres livres en russe, en anglais, etc. Et, sur la barrière du jardin, en sortant, un bouvreuil chante.

À la fin de l'hiver, dans la plaine, une grande bande d'étourneaux qui tournoient sur un ciel gris sombre. Et comme le ciel s'éclaircit peu à peu, on dirait que les oiseaux l'essuient, comme une éponge, un tableau noir.

À Weimar, le 8 mai 1945, McCreany au mess du *press-camp*, où je vais prendre mon café, qui me dit « *The war is over.* »

Les chèvres curieuses sur la plage de Skyros, qui nous guettent derrière les rochers et les dunes.

Dans la forêt d'avant-automne, un écurcuil roux dont la marche est dessinée par la chute des feuilles, qu'il secoue de

branche en branche, dans ces bonds qui sont si bien liés et
gracieux, la queue ébouriffée comme un balancier souple, et
le chemin des hautes branches qui s'éloigne, une feuille tombe,
une autre plus loin, la flammèche de fourrure a disparu, la
forêt de nouveau silencieuse.

Dimanche 13 juin 1982 (Fête-Dieu)

Le sentiment désagréable que dans mon poumon gauche une termitière fait comme chez elle, ronge et obstrue, et dispute à l'air un passage qui m'était tellement utile (et agréable).

Comme écrivain, j'ai peur de bientôt manquer de souffle.

16 juin 1982

L'autre nuit, à Haut-Bout, la chatte m'éveille en apportant sur mon lit un de ses petits. Je la gronde, puis m'aperçoit qu'elle est agitée de convulsions, le souffle haletant, l'œil angoissé, gémimiaulant de façon continue. Le vétérinaire m'expliquera le matin qu'il s'agit d'une maladie commune aux chattes et aux femmes, l'éclampsie, provoquée par le manque de calcium. Un morceau de fromage apaise aussitôt l'animal. Mais le réflexe de la bête, qui se craint perdue, c'est d'abord de « faire passer » la vie, confier ses petits, puisqu'elle se sent incapable de s'en occuper.

Comme je comprends en ce moment cette réaction! Le mélange d'angoisse, d'espoir (de l'espèce) et de paresse désespérée : « Occupez-vous de cela, vous les vivants... Ce n'est plus de ma force, ni mon affaire. » Lâcher prise, après avoir fait la passe.

Attente, comme dans le beau film d'Agnès Varda, *Cléo de cinq à sept.* Du mal à distinguer si le calme qui est en moi est : *a)* l'insensibilité qui suit un grand choc; *b)* une inconscience animale; *c)* la paix de l'âme; *d)* une sorte de « sagesse » venue d'un patient émoussement.

En tout cas, pas *e)* la certitude tranquille de l'immortalité personnelle.

Si heureux depuis vingt-quatre ans avec Loleh que je ne me sens pas le droit de protester : « M'sieu, c'est pas juste! »

On m'avait prévenu que la vie, c'est pas pour la vie. Et même si demain, abîmé, je m'abîme, et dans la défaite me défait, j'essaierai de me souvenir du vieux Freud. À quatre-vingts ans, atteint d'un cancer, souffrant atrocement, Freud écrit à Hilda Doolittle, le 24 mai 1936 : « *La vie à mon âge n'est pas facile, mais le printemps est magnifique et tel l'amour.* »

*Je ne demande pas protection à ce qui pèse
aux murailles aux puissants aux dieux orgueilleux
Aux plus faibles je demande un peu de leur force
aux moins défendus leur protection en silence*

*Aux hirondelles qui en revenant cette année
à travers Tombouctou le Grand Erg Gibraltar
et la peau de taureau des terres rouges des Suds
ont trouvé détruit leur nid de chaque année*

et se sont mises à reconstruire la coupe
de boue et d'herbe maçonnée à l'angle de la poutre
puis ont pondu   couvé   éclos   nourri et préparé au vol
la nichée qui repartira vers l'Afrique à l'automne
et reviendra l'année prochaine (sauf ceux qui
auront péri sur la route dans le désert ou dans la mer)
je demande protection

À la chatte grise qui sans rien dire à personne
s'est trouvée un jour pleine   très douce outre duveteuse
puis après soixante jours a mis bas en ronronnant
deux tigrés et deux noir et blanc
qui se collent à ses tétines roses
et boivent en fermant les yeux et pétrissant ses poils
la source de toute vie qui nourrit toutes les bouches
je demande protection

Aux iris des bois qui dans la forêt de l'ouest
ont fait éclater leur cri bleu vif dans le vert de l'herbe
je demande protection

Aux moineaux friquets qui ont fait leur nid
dans le creux étroit du cerisier et s'y faufilent
pour apporter des vers à leurs petits
je demande protection

21 juin 1982

Réveillé très tôt, sans doute l'appréhension du résultat de l'entrevue de demain avec le chirurgien.

Pour trouver le calme, travaillé toute la matinée à mettre en français des poèmes de l'*Anthologie grecque*. Je feuillette tour à tour les deux volumes de la collection Guillaume Budé que j'ai emportés avec moi, celui des *Épigrammes funéraires* et celui des *Épigraphes amoureuses*. La mort, le plaisir, de l'une à l'autre, bonne gymnastique. J'ai l'inquiétude métaphysique un peu pédante. Mais le travail du grec tient la peur à distance. (Et, je peux l'avouer, le grec de l'*Anthologie palatine* est plus facile que celui des grands lyriques grecs...)

Avec un coupe-papier, je joue au jeu des oracles. Si la pointe tombe sur :

> *Ici repose quelqu'un qui fit naufrage.*
> *Mais toi qui passes ici, va de l'avant :*
> *le jour où j'ai coulé, d'autres ont franchi l'écueil.*

Theodoridas de Syracuse, VII, 282

C'est un bon présage. Les conseils de Rufin viennent un peu tard, mais (somme toute) je les ai suivis :

Ensemble baignons-nous. Couronnons-nous de fleurs.
Dans la plus grande coupe buvons du vin nouveau.
Courte est la saison du plaisir. Puis le vieil âge. Puis mourir.

Rufin, V, 12

Une des plus belles épitaphes est celle d'un tout petit insecte :

> *Ici tu reposes, cigale*
> *Plus d'été, plus de feuilles vertes, fini le chant.*
> *Mais tu chantais haut quand l'enfant t'a tuée.*

Panphilos d'Alexandrie, VII, 2Cl

Essayer de rendre en français la concision de Glycon m'occupe une partie de la journée.

> *Rien que poussière, rien que rire. Rien que rien.*
> *Raison sans raison, par qui tout advient.*

Glycon, X, 124

GUÉRISON,
RÉMISSION,
PROLONGATION   *22 juin 1982*

La pensée de la mort ne m'a guère quitté tout le long d'une vie déjà longue. Mais la mort n'a jamais pour moi calomnié la vie. Elle en avivait seulement le prix, fondé sur sa fragilité.

Le docteur Merlier me demande, faux bourru :

— Vous savez ce que vous avez?

— Oui, un cancer.

— Bon. Étant donné la situation, la forme et l'importance de votre tumeur, il y a trois hypothèses : on vous fait des rayons et puis on vous opère. On vous opère et puis on vous fait des rayons. Ou bien on vous fait des rayons.

— Dans ce cas, je suppose que les chances sont faibles?

— Oh, dit Merlier, on obtient aujourd'hui de très longues rémissions. Plusieurs années, même...

(Précision des nuances entre les mots : *guérison, rémission, prolongation...*)

Il poursuit :

— Nous pourrons prendre une décision quand nous aurons fait une assez longue série d'examens pendant lesquels je vais vous hospitaliser.

— Combien de temps?

— Dans dix jours nous serons fixés.

C'est un peu long, dix jours à ne pas être encore *fixé*. Et à tenter de fixer le point final.

Le jour où mon ami Gaston Madru fut tué en Allemagne, mon copain Bill, qui partageait toutes ses bouteilles de whisky avec Madru depuis leur première rencontre, six mois auparavant, me dit d'un ton furieux : « À la guerre, on ne devrait pas se faire d'amis. Ensuite il faut aller à leur enterrement. »

Nous étions jeunes alors. Nous savions, mais ne savions pas, qu'il faut dans la vie aller à pas mal d'enterrements, sauf au nôtre. Les funérailles sont des cérémonies chargées de réconforter un peu les vivants : ils y sont en majorité.

Le cancer a une mauvaise réputation. Il la mérite, il est vrai. Et les guérisons *frappent* moins que les morts.

Il y a trois ans, j'ai retrouvé Susan Sontag à Venise. Plus belle encore que dans mon souvenir de New York : les cheveux gris, quand les yeux sont vifs et le visage jeune, vont bien au teint. J'avais lu le livre furieux et intelligent où elle s'en prend à *La Maladie comme métaphore* et récuse l'air psychanalosomatique bien connu, d'autant plus redoutable qu'il frôle des vérités : si vous êtes malade, c'est que vous l'avez bien voulu (même sans le vouloir). Si vous mourez, c'est que vous avez décidé de jeter l'éponge. La tuberculose, ça veut dire que... Un cancer signifie que... La maladie comme conséquence de nos erreurs, punition de nos péchés et choix de notre inconscient : nous sommes responsables de tout, y compris des conneries de nos cellules, et de casser sa pipe. Docteur Freud, que d'imprudences on commet en ton nom...

Susan Sontag, plutôt inclinée à danser brillamment sur toutes les cordes raides de la mode intellectuelle, avait refusé violemment de donner dans ce panneau-là. (Elle a joint l'action à la parole : elle a guéri de son cancer, pour prouver que son livre était juste.)

Mais Gérard Philipe est mort du cancer. Sans le savoir, lui, et sa femme Anne le sachant.

Roger Vailland est mort cancéreux, sans vouloir le savoir. Chez lui, le déclic du « ne pas vouloir savoir » a joué.

Les mois pendant lesquels Roger devient chauve sous l'effet du cobalt, s'affaiblit, continue dérisoirement le jeu de ses personnages intérieurs. La « comédie » jouée par tous, et d'abord Élizabeth.

Et ce jour où Élizabeth m'appelle avec Anne-Marie et Jean. Le dernier dîner avec Roger, la piqûre de morphine, la main d'Élizabeth sur la bouche de Roger, « endormi », et ses baisers sur son visage, tandis que nous la laissons seule.

Kast en « tira » un film. Non de la réalité, atroce et si riche. Mais de la réalité fantasmée par ce que voudrait être Kast, la vie et la mort qu'il voudrait avoir eues. La bonne vie, deux filles par jour, et la gaie mort. *L'Office du tourisme portugais présente* Mourir en Algarve, *un film de P.K. Jet-tour vous propose son forfait* Happy Death, *5 600 francs tout compris, mer et soleil, musique folklorique, minettes pour les derniers moments, citations d'Épicure et de Boris Vian sur le suicide, obsèques comprises.* Un « travelogue » sucré et menteur, la mort « chic », une sirupeuse niaiserie, et l'agonie sans larmes.

La presse fut d'ailleurs ravie. « Le meilleur film de Pierre Kast. » Quelle misère!

SOUVENIR
DE K.P.

Il n'y a pas longtemps que, impuissant, déchiré, j'ai regardé mourir le plus malin des Ulysses, le plus source-à-idées et coule-parole des Grecs, mon ami Kostas. L'angoisse envahissait son regard. « Il n'y a pas une partie de mon corps qui ne soit contre moi », disait-il.

Je me suis retrouvé, l'autre jour, au cimetière Montparnasse. À trois tombes de distance on enterrait en même temps Michèle Charreau, une des « chevilles ouvrières », du *Nouvel Observateur,* qu'un cancer avait emportée en trois mois, et Walter Carone, notre Rouletabille de la photo. « Wally » avait baladé sa caméra dans pas mal de points chauds. Un cancer l'emporta en six mois. J'allais d'une fosse à l'autre. Arlequin serviteur de deux morts.

À mon tour maintenant. Le peuple élu du cancer. C'est banal. J'y suis arrivé, comme tant d'autres.

Je me demande comment je vais *prendre ça.* Je suis comme celui perdu dans une foule qu'un flic interpelle, et qui se demande si c'est vraiment à lui qu'on en veut.

— Hep, vous, là-bas!

— Moi?

— Oui. Vous.

Pas d'erreur. C'est bien de moi qu'il s'agit. Inutile de prendre l'air ahuri.

Je m'aperçois que j'ai toujours vécu avec un œil en coin sur la mort, comme on garde en réserve un sujet qu'on se propose de traiter sérieusement et à fond, un jour, plus tard. Mais on a bien le temps.

DIAGNOSTICS   *23 juin 1982*

Hier, journée de vérité décisive.

Subjectivement, je ressens depuis le début de l'année une certaine fatigue vague, qui suit de longs mois où j'ai eu la sensation d'un tarissement de ma vitalité (travail, sexualité, humeur). Les deux derniers mois ont été une aggravation quotidienne : souffle qui me manque, efforts terribles pour gestes les plus simples, quintes de toux, etc.).

Objectivement, la description de Merlier et Miranda est sombre. La « marge » de tissus sains dans lesquels on peut trancher est très réduite. L'opération implique la suppression totale d'un poumon (celui de gauche, côté du cœur). Cela me laisserait avec un seul poumon pour vivre, poumon dont il n'est pas certain qu'il puisse assurer seul ma survie. Ce que les examens que je vais subir à l'hôpital Marie-Lannelongue doivent préciser c'est donc : *a)* si l'opération est possible; *b)* si elle doit être précédée ou suivie de rayons au cobalt dans le cas où elle serait possible; *c)* ou si, impossible, le cobalt peut procurer une certaine stabilisation de la tumeur, me *prolonger*.

La crainte d'accroître le chagrin de Loleh, de la désespérer quand elle s'accroche à l'espoir, m'a retenu de pousser trop loin les questions. Quand je serai seul avec les chirurgiens, je le ferai.

Notre amour demande que je ne jette l'éponge qu'à la

dernière seconde. Je dois à Loleh de tenter tout ce qui est possible pour m'assurer, comme disent les médecins, une « *survie de qualité acceptable* ». Si je choisis le moment de ma mort, je ne dois pas laisser Loleh avec l'idée lancinante : « S'il avait tenu encore un peu, on pouvait le sauver. » Il faudra qu'elle sache, au fond du cœur, qu'il n'y avait plus rien d'autre à faire.

Avant d'aller dîner sur le balcon de Suzanne avec elle et Hélène, merveilleuse promenade dans le Luxembourg avec Loleh. Merveille à fleur de larmes. Je voudrais dire à Loleh tout le bonheur qu'elle m'a donné depuis vingt-quatre ans. Bonheur est un mot trop flou : tout ce qu'elle a exigé-tiré-révélé de moi, en moi. Loleh me dit de son côté que sans moi elle ne serait pas devenue écrivain. Je ne l'ai pourtant pas « aidée ». Seulement encouragée, après. Mais, dit-elle, notre vie commune l'a élargie, poussée de l'avant.

Je la nomme depuis toujours : ma merveille.

Il faut qu'avant le désir d'être prêt à une fin honorable passe la volonté de n'en pas finir de si tôt.

Ne pas « faire ça » à Loleh. Ne pas me faire ça.

EXAMENS   *24 juin 1982*

Entré à Marie-Lannelongue pour une semaine d'examens. On décidera vendredi en huit de la « marche des opérations ». Comme le jour de la rentrée on accompagne en pension le petit garçon, Loleh m'accompagne. Elle partira directement de l'hôpital pour Orly, et de là pour Nîmes, où elle tourne demain.

L'hospitalisation nous fait jouer en sens inverse la scène admirable du *Galilée* de Brecht, où le cardinal, au fur et à mesure qu'on le revêt des vêtements et des emblèmes du pape change d'allure, de voix, et devient de plus en plus puissant, calme et souverain. Ici on dépouille petit à petit l'homme qu'on était « dans la vie », mais en descendant vers la faiblesse.

Dans cette petite chambre où toutes les trois minutes quelqu'un entre sans frapper, on se sent vite dépossédé de soi. Il faut résister, bien sûr. Mais si c'est relativement facile quand je ne suis encore que grignoté par le cancer, ce sera certainement plus dur quand mon corps sera davantage atteint.

L'heure de la fermeture des cellules à la prison. Naïveté, bien sûr, vers vingt heures, de me dire : « Il fait beau, je vais faire un tour dans le parc de l'hôpital. » Mais les portes sont closes. Me défends mal de l'angoisse du reclus, l'oppression physique de la chambre-cellule, le sentiment de solitude. Mais de quoi te plains-tu, qui as le téléphone, et le sourire de Loleh (même si elle est déjà dans l'avion, et bientôt à Nîmes)?

Comment disait Calet? « *Ne me secouez pas, je suis plein de larmes.* »

Dormir, afin de n'être malheureux qu'en rêve.

LA PLUIE
EN RÊVE   *24 juin 1982*

> *C'était un rêve où il pleuvait*
> *mais Loleh et moi étions à l'abri*
> *Il y avait une grande baie*
> *sur laquelle ruisselait la pluie*
> *et à travers l'eau brouillée*
> *on devinait la mer tout près*
> *Je prenais des bûches et du petit bois*
> *je roulais un journal en boules*
> *Le feu déjà crépitait*
> *Loleh faisait bouillir de l'eau*
> *dans la cuisine à côté*
> *« Veux-tu des toasts avec le thé? »*

Elle allait franchir la porte
j'entends ses pas s'approcher

Un voleur de rêves
entre à pas de loup
Il plie prestement mon rêve
et le met dans un grand sac
puis s'en va comme il est venu
les pieds nus

Je me réveille en sursaut
dans la chambre d'hôpital
Il ne pleut pas   Pas de feu
pas d'eau qui bout.
La mer est très loin
Je suis seul Loleh n'est pas là

Je voudrais tant qu'elle soit là
et mon cœur bat la chamade

UNE SORTE
DE LIBERTÉ
D'ESPRIT...   *25 juin 1982*

Je vais beaucoup mieux depuis que je sais que je vais très
mal. Aucun des symptômes physiques n'a disparu, bien
entendu. La toux (la fameuse grippe qui n'en finissait pas), le
souffle court (la si commune bronchite chronique...), la sensation désagréable d'une termitière affairée qui prend ses aises
dans mon poumon et, baignant le tout, cette fatigue vague
qui m'embrume depuis des mois, m'obligeant pour travailler
à un effort qui semble disproportionné, tandis que j'ai
constamment l'impression déprimante d'un lent tarissement
de vitalité.

Mais depuis que j'ai obtenu des chirurgiens un diagnostic

sec et clair, plutôt sombre d'ailleurs, j'ai atteint bizarrement une zone de grand calme. L'angoisse est moins angoissante, d'avoir un objet précis.

Certes, pour plusieurs jours encore l'incertitude domine. Je me sens pourtant comme délivré. Pendant les trop longues semaines de tâtonnements, d'ignorance, de « pressentiments », je vivais dans un malaise visqueux, flou, oppressant. Comme sous l'effet de certains des plus abominables « tranquillisants », ceux qui interposent entre le malheur et l'esprit un gluant matelas de brume. Ce coussin protecteur ne « tranquillise » que parce qu'il supprime les défenses. Il « détend » le patient, sans empêcher cependant la menace de demeurer présente en sourdine. La cause du malaise persiste, mais ce sont ses effets sur le malade que le médicament modifie. On n'atteint pas le mal qui attaque. On se borne à assommer le sujet attaqué.

Parce que je sais enfin que mon corps est aux prises avec une maladie qui laisse peu de liberté de manœuvre aux médecins, j'ai retrouvé, inattendue, une sorte de liberté d'esprit.

CURIOSITÉ

Dans mon corps d'occasion, le moteur qui a fait des milliers de kilomètres, la carrosserie plutôt fatiguée, et l'embrayage qui patine, il ne doit plus y avoir une seule cellule de mon corps d'il y a quarante ans. Je m'en allais en guerre avec de bonnes reprises, le sang vif et un excellent souffle. Autre chose que la déplorable carcasse actuelle, rouille et tartre dans la tuyauterie, et le poumon gauche aux trois quarts obstrué par un carcinome épidermoïde. Je retrouve pourtant, devant un *danger* si différent, le même sentiment (exactement le même) qu'avant les premiers combats. L'appréhension, la peur, la tentation de m'attendrir sur moi-même sont, bien entendu, beaucoup plus puissantes qu'à l'époque où j'attendais dans la tourelle d'un char l'instant d'ouvrir le feu. Mais ce qui me tient et soutient, c'est la même curiosité : qu'est-ce qui va arriver? Comment vais-je arriver dans ce qui m'arrive? Cette curiosité donne une sorte de détachement intellectuel, de distance. Être intrigué par l'incertitude où on est de ce qu'on va faire empêche de se défaire.

Ce n'est pas tant le souci de faire bonne figure vis-à-vis d'un « public » que celui de ne pas me laisser dé-contenancer, décomposer. Pour moi-même, pour Loleh, pour mes enfants.

LOG-BOOK   *25 juin 1982*

Loleh me fait penser toujours à la phrase de l'*Imitation* : *« Je cherche un cœur pur et j'en fais le lieu de mon repos. »* Elle est le lieu de mon repos – non le seul, car mes enfants, mes amis ne m'abandonnent pas, mais le plus constant.

26 juin 1982

À trois heures et demie du matin, les violentes quintes de toux du voisin, qui retentissent dans le couloir pendant une heure, les voix des infirmières et leurs pas, s'affairant, et la solitude du creux de la nuit, l'angoisse – la présence de la mort.

*

Sauf la fatigue des années, le vieillissement et le corps défraîchi (ah, ce n'est pas rien!), je me retrouve devant la maladie dans les mêmes sentiments qu'à la guerre, devant le combat : curiosité de ce que je vais être devant le danger, trouille intense, souci de me « bien conduire » (non pas faire *bella figura* devant le monde extérieur, mais en moi-même, le *je* devant le *moi*).

Dimanche 27 juin 1982

« Permissions » de la journée, hier samedi et aujourd'hui. Retour à l'enfance, à l'internat, à l'adolescence, à la caserne. Déjeuner hier avec Milan et Vera. Déjeuner aujourd'hui avec Roger, Yannick et Angelo. « L'amitié fait la ronde autour du monde... »

Il est clair que de mon cancer et de moi, l'un des deux est de trop.

Lundi 28 juin 1982

De loin, je croyais que le « travail de la mort », c'était d'abord l'arrachement (ou le détachement) du *je* et du *moi* contraints de s'oublier, de revenir au *ça*. Mais est-ce que le plus déchirant n'est pas : je vais faire ce chagrin à ceux que j'aime?

Le *« Je me regrette »* de la nièce de Mme d'Houdetot fait sourire et déchire dans la bouche d'un jeune mourant. Mais il y a un regret plus amer encore, la douleur de laisser ceux qui vous aimaient vous regretter.

Est-ce que la mort ne serait pas une affaire trop sérieuse pour en laisser le soin aux vivants? Non. *« Peu profond ruisseau »*?

LE PEU DE
RÉALITÉ   *28 juin 1982*

Tu te souviens Loleh   dans Alice au Pays des Merveilles,
Tweedledee quand il explique à la petite fille
qu'elle existe seulement parce que le Roi la rêve

« Si le Roi se réveille   *menace Tweedledee*   bang!
tu vas t'évaporer comme quand on souffle une chandelle.
Mais c'est pour de vrai que j'existe, *dit Alice en pleurant.*

Il y a aussi Platon   son histoire de caverne
et Tchouang Tzeu qui rêve qu'il est un papillon
et qui se demande au réveil s'il n'est pas plutôt
un papillon qui rêve d'être Tchouang Tzeu   Il y a
encore Descartes et la possibilité que tout ça ne soit
que le tour que nous joue un Mauvais Génie   Et l'autre
l'Irlandais qui voulait se réveiller enfin
du cauchemar de l'Histoire.

Peut-être après tout ai-je seulement rêvé
que je marche avec toi
                    Si je rêve que je t'aime
Si je rêve d'être moi qui rêve qu'il y a toi
qui se réveillera à la fin de mon rêve?

Mais le vieux sage chinois sourit doucement
Il me rassure   Je pourrais accepter l'idée
de n'avoir jamais eu lieu pour de bon
mais que Loleh n'ait pas été
je trouverais la chose amère

                    Oui tu es là
et le vieux maître chinois murmure
S'il n'y a pas d'autre que moi
il n'y a point de moi

LOG-BOOK

Loleh a été obligée de partir pour Nîmes achever le tour-
nage d'un film de télévision commencé il y a deux mois.
Ces longues (brèves) années de vie avec Loleh m'ont tant
imprégné d'elle que son absence même est celle du Chat du

Cheshire, dont le sourire continue à flotter dans l'air quand il s'est fait disparaître. Loleh me sourit même quand elle n'est pas là.

Si je vis encore quelques années, nous travaillerons ensemble, côte à côte; je « t'inciterai » à travailler, Loleh. Mais si je suis obligé de m'en aller, il faut que tu te remettes au travail le plus vite possible, que tu écrives, que tu dises : « Claude me demande de finir ma pièce, il l'aimait beaucoup. »

Tu peux faire ça pour moi, non?

À France-Musique le 13ᵉ *Quatuor* de Beethoven. Merveilleuse tristesse de la cavatine, qui donne tant de bonheur. Ce n'est ni la tristesse amère du reproche ou de la fureur, ni celle de l'attendrissement sur soi. « Cela est ainsi », c'est tout.

29 juin 1982

À l'échographie, où mon foie, ma rate ont la finesse d'une gravure de Bresdin (ou d'Erik Desmazieres), mauvaise nouvelle : j'ai aussi un calcul dans la vésicule, la grosseur d'un pois chiche. Bonne nouvelle : pas de métastase au foie. Enfin : pas encore.

> *L'ombre de l'ombre demande à l'ombre*
> *pourquoi suis-tu mes pas pas à pas?*
> *Quand je m'arrête tu fais halte*
>
> *Va le demander au maître de l'ombre*

30 juin 1982

Journée (désagréable) de l'angiographie. Regarder sur l'écran un flexible se balader via l'artère fémorale, par un trou percé à l'aine, jusqu'au poumon, en vous lançant dans la poitrine des jets d'un liquide chaud qui donne la nausée...

Loleh me téléphone le matin et le soir. D. vient tous les jours. Bonne visite de Madeleine, et de Nadine. Longue conversation avec Ariane.

Jeudi 1er juillet 1982

Le garde-malade, l'hôpital ou la clinique tendent tout naturellement à nous faire boucler la boucle et à ramener l'homme affaibli vers l'origine, vers l'enfance. C'est un grand repos et un grand bien, mais aussi un grand péril et tentation. Se ressourcer dans l'abandon du bébé à la mère, s'abandonner aux mains, aux bras de femme, à leur douce autorité, reprendre forces dans ce consentement à la faiblesse : cela est bon. Mais le retour paresseux au ventre originel, le consentement au mourir, cela est redoutable.

PENDANT
LA HALTE   *1er juillet 1982*

J'ai soixante-six ans, fin de mon automne, début de mon hiver. Quand je suis tombé enfin malade, ou que la maladie enfin est tombée sur moi, un ami m'a écrit : « Vous n'étiez pas quelqu'un fait pour être malade. » Jugement bizarre. Est-il vrai ? Quand je demandais à Ilya Ehrenbourg comment il avait réussi sous Staline à sortir vivant des années de purges, il me répondait : « La mort ne m'était pas recommandée. » À qui est-elle recommandée ? Qui *est fait* pour la maladie ? Qui *est fait* pour souffrir ? Qui *est fait* pour mourir ? Vous, moi, le premier venu.

Quand la mort a frappé à ma porte et demandé poliment la permission d'entrer, je n'ai pas été tellement étonné. On ne pouvait pas lui reprocher de s'être pressée. J'avais beau me sentir plutôt usagé, et en même temps être pris si souvent encore de l'envie de jouer à la marelle et sauter à cloche-pied, il faut bien avouer que j'ai usé et abusé du temps : j'ai pris mon temps, été de mon temps, passé le temps. J'ai dû lasser le temps. Est-ce que finalement je n'ai pas fait mon temps?

Je n'ai pas toujours traversé les rues dans les passages cloutés, ni traversé les guerres du côté où ça ne tombe pas. J'ai commis diverses bêtises et plusieurs folies, connu plusieurs continents, vécu de bonnes et de mauvaises passes. Je ne me suis jamais ennuyé, mais il m'est arrivé de me ronger les sangs. « Couvre-toi bien avant de partir pour l'école », disait jadis ma mère inquiète. Mais je ne me suis jamais tellement *couvert* dans la vie. Malgré (ou à cause) d'un goût assez vif du bonheur. J'ai souvent remis au lendemain la précaution que j'aurais pu prendre le jour même : mettre « de côté », penser à une « carrière », arrêter de fumer, ne plus baguenauder, ne pas se faire trop de souci pour la marche du monde et ne jamais me poser les questions sans réponse, c'est-à-dire éviter comme la peste la métaphysique et la politique, les deux sources du souci.

J'ai toujours envié les grands costauds impassibles, les coffres-forts sans peur ni nerfs, style héros de western. On leur annonce que cent tonnes de dynamite vont faire sauter le fort et que deux mille Cherokee encerclent leur garnison de trente hommes, mais pas un muscle de leur visage ne bouge.

Au lieu de ça, je suis plutôt émotif, le cœur prompt à battre la chamade. Maintenant que me voici malade, et peut-être invité sans égards à débarrasser le plancher, je me demande comment je vais me conduire.

« CE QUI
ARRIVE AUX
AUTRES »

Mourir, pourtant, rien de plus répandu. C'est une possibilité que tout le monde est amené à envisager. Mais quand la possibilité est devenue une probabilité, que ça risque d'être à moi de jouer, que je crois déjà entendre les pas du fameux gardien de la cellule de Pascal, celui qui, à intervalles réguliers, vient chercher un condamné, j'ai eu beau toujours savoir que la vie, ça ne serait que pour la vie, me voici tout de même embarrassé. Dès la nuit des temps, les sociétés humaines ont été d'une infinie politesse avec leurs défunts. Il y a cependant une habitude solidement ancrée dans notre espèce, et que chaque individu ressent avec force : c'est que la mort, puisque les vivants ne peuvent en être que spectateurs ou auteurs, c'est ce qui arrive aux autres. Mais il faut bien que j'envisage sérieusement le seul problème qu'il est raisonnable, pendant la vie, de remettre au lendemain plutôt que de s'en acquitter le jour même.

Oui, avoir à mourir, rien de plus banal. Mais quand c'est de vous qu'il est question, le premier mouvement est d'incrédulité vague et d'étonnement poliment attristé. « Me faire ça à moi... », « J'ai bien le temps... » Si on se laissait un peu trop aller, on se surprendrait même à dire : « Ils auraient dû prévenir. »

Quand j'étais militaire, l'adjudant qui ignorait encore le nom de ses « bleus », et en quête d'un homme de corvée, désignait dans le tas, d'un geste vague, le malheureux élu. Celui-ci feignait d'abord de n'avoir pas compris qu'il s'agissait de lui. Il tournait innocemment les yeux à droite et à gauche pour voir de qui il pouvait bien être question. Il ne sortait des rangs que quand il n'y avait plus de malentendu possible, plus aucune chance que ce soit un autre, le voisin, auquel avait pensé l'adjudant pour aller en corvée. Depuis que le cancer m'a fait signe, « Hep, vous, là-bas... », j'aimerais bien pouvoir jouer les éberlués, faire comme si un doute planait encore, prendre l'air dégagé de celui qui n'est pas concerné, siffloter les mains dans les poches en pensant à autre chose. Pas moyen. C'est mon nom qu'on appelle pour entrer dans la salle d'examen. C'est moi qu'on va interroger. J'ai beau avoir déjà entendu pas mal parler du sujet, je ne l'ai pas vraiment potassé. Depuis quelques siècles, l'habitude de passer une partie de la vie à se préparer à mourir, la tradition de la

« bonne mort » sont en train de disparaître. Mais c'est bien mon nom que l'huissier appelle. J'ai l'impression de perdre tous mes moyens. Je vais me faire recaler à l'examen de passage. Et, par-dessus le marché, depuis des mois je ne me sens pas en forme, je me traîne, j'ai de la peine à respirer. L'ennui avec la mort, c'est que neuf fois sur dix ça arrive à des gens qui n'ont pas les moyens de lui résister : la sournoise prend ses clients en traître. S'il y avait une justice, on devrait avoir au moins le droit de mourir en bonne santé, en possession de tous ses moyens. À armes égales, si j'ose dire. Mais ça se passe rarement comme ça. Élève Claude Roy, qui vous demande votre avis, d'ailleurs ?

SÉPARATION

Ariane part demain pour Avignon terminer sa mise en scène de *La Nuit des Rois,* que le Théâtre du Soleil va créer au Festival après avoir repris *Richard II.* Elle vient me dire au revoir. J'ai beau essayer d'éviter soigneusement tout le méli-mélo-mélasse de ma « situation », je sens bien qu'Ariane se dit que je me dis qu'elle se dit que « nous ne nous reverrons peut-être plus ». Arrière-pensées difficiles à secouer...

Je la vois repartir, réchauffé par sa présence, ce *rayonnement* (de soleil, en effet) qu'elle a dans l'amitié comme dans son travail. Rasséréné aussi de la sentir-savoir de nouveau rebondissante et vivante, après une dure crise qui l'a secouée.

Sur le pas de la porte, déjà entrouverte, elle revient vers moi : « Tu vas lutter, n'est-ce pas ? »

Je lui promets que oui. Ariane a raison. Mais la difficulté, c'est qu'à ce *passage* de ma vie (ou de sa fin ?) je ne sais ce qui m'est le plus nécessaire : cette paix et ce calme qui peuvent en effet se confondre avec l'abandon à la « pulsion de mort », ou la volonté de vivre et de « s'accrocher ».

Ariane partie, j'écris un petit poème d'au revoir ou d'adieu. Qu'elle ne trouverait pas sans doute assez *combatif...*

Hommage à Wang Weï

pour Ariane Mnouchkine

Je ne sais pas si nous nous reverrons
Nous partons tous les deux en voyage
Nos chemins ne se croiseront pas
J'aimerais avoir de vos nouvelles
mais les messagers seront rares
entre votre route et la mienne
Je penserai à vous à la halte
Vous penserez à moi de très loin.

LOG-BOOK

Pendant que nous regardions le Mundial à la télévision, auditoire en grande majorité composé d'éclopés, d'opérés du poumon, qui regardent courir les joueurs et les exhortent dérisoirement à shooter, à foncer, « allez-y! », S., l'infirmier, me dit : « Hier et aujourd'hui, on a opéré trente cancers du poumon. »

La retransmission terminée, il se met à la fenêtre de la salle, la tête au-dehors, et allume en douce une cigarette. Je lui dis : « Trente opérés hier et aujourd'hui, et vous fumez? — Il en faut plus pour me faire peur », répond-il fièrement.

2 juillet 1982

Au bien : Loleh est revenue de Nîmes. Au mal : mauvaise journée, à la suite d'une piqûre « tranquillisante » (bien inutile) avant la fibroscopie, qui me fait perdre connaissance et me blesser au front. Absurdité des distributions mécaniques et autoritaires de drogues psychiques.

En écoutant Loleh me parler doucement, je pense à l'histoire que raconte Freud, de l'enfant qui dans le noir demande qu'on lui parle. « Ça ne changera rien, tu resteras dans le noir. » L'enfant répond : « Il fait plus clair lorsque quelqu'un parle. »

3 juillet 1982

Décision prise. On m'opère mercredi. La maladie et le destin ont de ces ruses : vous faire apparaître comme un bonheur ce qui, un mois plus tôt et de but en blanc, serait apparu comme un terrible malheur.

4 juillet 1982

« Permission » de la journée, rue Dauphine. Merveille d'un déjeuner seul avec Loleh.
Lettres, télégrammes, fleurs : on se croirait à une veille de générale. Il ne faut pas que je rate « ma générale ».
Un poète amical m'exhorte à vivre, avec éloquence. Pour m'y aider, il ajoute qu'il m'a relu avec émotion. Cela part d'un bon sentiment, un peu littéraire peut-être.
Journée de brume épaisse et fraîche, où Loleh est le soleil.

4 juillet 1982

J'ai tellement attendu tous les jours de la vie l'*inattendu* que, me pensant au terme de ma vie, je continue encore d'attendre – je ne sais quoi.

*

Les huit jours décisifs, ceux pendant lesquels Merlier m'a soumis à la série d'examens. « Je pense que vous êtes opérable, mais je ne pourrai vous le dire avec certitude qu'après ces examens, que je terminerai moi-même à mon retour (d'opérations en province) par la fibroscopie. »

Non opérable, c'est la certitude de ne pas m'en tirer, le sort de Georges Perec (ou de Gérard) – malgré les « bonnes paroles » de Merlier sur les bons résultats du cobalt ou de la chimiothérapie quand l'exérèse n'a pu être pratiquée.

Le dernier matin de ce « voyage initiatique » d'une semaine (un peu plus, je crois), un brancardier imbécile me laisse me lever avant de me conduire à la fibroscopie, alors qu'on m'avait fait une piqûre « sédative ». Je m'évanouis, blessé au front sur l'angle du lavabo, inondé de sang (blessure d'ailleurs très superficielle). J'entends l'infirmière en chef qui dit, en me pansant : « La fibroscopie, dans l'état où il est, ce sera pour une autre fois. » Ça m'a réveillé. J'ai protesté comme un beau diable et on m'a finalement emmené à la fibro, où j'ai entendu Merlier qui, en examinant mon poumon, marmonnait : « Là un bon centimètre... Pas la moindre infiltration... Ça se fait très bien. »

Quelle joie!

INVENTAIRE   *4 juillet 1982*

Une voie d'eau dans la coque. Au sens propre (un carcinome dans le poumon gauche, dont Merlier et Miranda vont faire l'ablation mercredi) et au sens figuré (l'envie de pleurer soudaine, qui parfois passe aux actes). Ainsi hier, disant au revoir à Roger Grenier, l'embrassant – ce que nous n'avions fait de notre vie – j'ai eu les larmes aux yeux, ce dont je crains qu'il ne se soit aperçu, et me suis mis à sangloter, sitôt la porte refermée.

Pas un jour, depuis que je suis malade, où l'amitié de Roger ne m'ait *soutenu* (le beau mot, si vrai).

De tous mes amis, Roger est sans doute celui qui m'est d'autant plus précieux qu'il me ressemble le moins. J'admire, j'envie (sans jalousie) ce don de simplicité qui est le sien, l'instinct du mot juste. Là où j'inclinerais à l'excès de *trouvailles*, Roger a *déjà* trouvé : la phrase exacte et nue.

Toutes les vertus qui ont d'habitude le défaut d'être des qualités couleur de muraille, des vertus d'homme invisible,

Roger leur donne leur tranchant, leur éclat, leur feu. Il est modeste avec humour, discret avec une élégance qui confine au brio, réservé avec style, et *commun* avec une rare distinction.

Loleh. L'idée qu'elle devrait m'en vouloir de lui faire ça, si je meurs. (Pourquoi dans tous les folklores, dans l'imaginaire en général, est-ce plutôt le mort qui – « revenant » ou demeuré présent – apparaît comme rancunier, « en voulant » au survivant?)

Mais la merveille est que, justement, Loleh ne « m'en veut pas », tendue dans la volonté que je vive.

Pour elle, par elle, « se battre » donc (comme m'y exhorte une galerie qui, parfois, m'agace un peu. Il faut vivre, lutter, d'accord. Mais laissez-moi décider aussi, mes bons amis, bons conseilleurs!).

Pour tenir en échec la voie d'eau et ne pas me laisser couler, j'ai à ma disposition :

– un sentiment diffus et en même temps assez fort de tendresse-pitié, d'indulgence-ironie pour ceux que j'aime tant, ou aime bien (sentiment dont je ne m'exempte pas moi-même);

– l'« humour d'échafaud » dont Freud parle (si bien);

– le sentiment du comique dans une situation dite « tragique » : les billets, lettres, télégrammes, fleurs qui font ressembler le péril de mort et une veille d'opération à une veille de générale de théâtre;

– les visites au malade, obligé de « faire la conversation » (quel ennui!), visites qui ressemblent, tout en étant d'intention contraire, à des visites de condoléances, etc.

Je ris de mon malheur : *a)* pour l'apprivoiser; *b)* le défier (tu n'es pas si malin que ça, monstre cancer); *c)* pour affirmer ma supériorité « spirituelle » (dans les deux sens du mot *esprit* en français) sur le cancer et la mort; *d)* en le tenant à distance d'ironie et *e)* en détendant par l'humour mes proches et mes interlocuteurs, souvent tentés par une attitude dramatique ou mélodramatique (la fameuse « politesse du désespoir » de Chris).

Suis animé aussi par une sorte de curiosité intellectuelle obstinée : voir ce qui va arriver, et comment je vais arriver dans ce qui m'arrive.

Ai ressenti ça au combat, pendant la guerre.

Ce goût bizarre de l'*expérience* (celle qu'on fait, celle qu'on acquiert) ferait presque croire, sinon à une immortalité personnelle, du moins à une aspiration (irrationnelle) à l'immortalité personnelle : à quoi rime en effet la curiosité pour ce que pourrait apporter une expérience qui est, par définition, finale, *terminale?*

En quoi est-ce que mourir peut apprendre à vivre? C'est donc que je n'envisage en fait, dans mon inconscient, que le « risque de mourir ». Le « risque de mourir » nous enrichit en effet. Il apporte au vivant un savoir, ou plutôt une sorte de *sapientia,* qu'il ne possédait pas avant. C'est donc que le bonhomme est peu enclin à mourir, même s'il est en grand danger de succomber. Fabrice à Waterloo est jeune. Je ne le suis plus. Il a l'humeur cavalière. Me voici depuis belle lurette descendu de cheval. Fabrice galope avec allégresse. Je ne caracole plus. Mais l'idée d'*aller au feu* et que le temps de mourir est peut-être venu m'aiguise en même temps qu'elle m'accable. Une part de moi est tentée de se débander. Un bizarre intérêt me soutient cependant. Je me sens moins singulier et répréhensible en découvrant que Montaigne exprime le même sentiment. Montaigne est entouré de guerres de religion et de massacres, comme nous par l'Iran, le Liban, etc. La « mort publique », et la sienne propre excitent sa *curiosité :* « *Ainsi faict ma curiosité* [...] *de veoir de mes yeux ce notable spectacle de notre mort publique, ses symptômes et sa forme. Et puisque je ne la puis retarder, suis content d'estre destiné à y assister et m'en instruire.* » C'est là se contenter d'un mince contentement, mais qui, en effet, me *contente.*

Étrange idée : qu'il y ait matière à s'instruire sur l'existence au moment d'aborder à l'inexistence.

Sachant l'absurdité de ce sentiment, j'y cède cependant : après tout, mourir (ou le risquer) peut aussi être une expérience, pourra m'apprendre quelque chose. Ce qui veut dire

probablement que j'ai une si grande peine à imaginer ma fin
que je considère cette fin comme le commencement d'un
savoir, où le mourir pourrait apprendre à vivre.

La mort me trouve intéressé – et vaguement incrédule.

MUSIL
MYSTIQUE

Je relis le journal de Musil. Il écrit pendant la Grande
Guerre :

« *On croit toujours que l'homme, devant la mort, jouit plus
follement de la vie, qu'il la boit à plus longs traits. Ainsi parlent
les poètes. Ce n'est pas vrai. Simplement, on est débarrassé d'un
lien, comme on peut l'être d'une ankylose du genou ou d'un
havresac trop lourd. Du lien avec la volonté de vivre, de la peur
de la mort. On n'est plus ficelé. On est libre. C'est la splendeur
de la souveraineté* » (écrit sur le front italien, vers 1916
(*Journaux* I, p. 425).

Musil compare le coït, « *cette mimique proche de la catastrophe* », à la mort à la guerre « *quand un homme, debout dans
sa santé, sa vigueur, son orgueil, se retrouve l'instant d'après avec
une balle dans le corps, rendu à la poussière dans laquelle il roule* »
(1920, *Journaux* I, pp. 449, 500).

« *Un autre état* » (*Journaux* II, pp. 156-157) est décrit par
Musil dans *Anmerkung zu einer Metaphysik* (avril 1914) d'après
ce que lui a dit Rathenau :

« *Tout désir a disparu. Nous ne sommes plus nous-mêmes et
cependant pour la première fois nous sommes nous-mêmes. L'âme
qui s'éveille à cet instant ne veut rien et ne promet rien, et demeure
cependant active.* »

Ce que Musil nomme « *l'expérience fondamentale du mysticisme* ».

La mort évitée de très peu (le feu d'un avion qui le rate
sur l'Isonzo) lui donne la présence physique du divin, « *l'expérience de Dieu sur l'Isonzo* » :

« *C'est comme si l'angoisse de la mort, qui pèse évidemment comme une pierre sur l'être humain, était balayée, et que fleurissait à proximité de la mort une étrange liberté intérieure* » (*Die Amsel*, janvier 1928).

Cet état de l'expérience mystique « *n'a pas de sens car les théologiens lui ont donné un pseudo-sens* » (*Der Deutsche Mensch als Symptom*, publication posthume).

AVANT-VEILLE
D'OPÉRATION   *5 juillet 1982*

*C'est sûrement l'été   les arbres ont leur ombre couchée en rond
à leur pied*

*On a fauché l'herbe qui sèche au soleil et sent bon   un peu de
vent frais fait bouger le peuplier*

*arbre longue main   qui fait non du doigt mais si doucement que
rien n'est vraiment défendu*

*et à l'ombre du saule pleureur un merle se rengorge d'être d'un
noir si noir*

*son bec est jaune orangé   vif comme l'attaque des premières notes
du hautbois sur fond des cordes pianissimo*

*le ciel est d'un bleu soutenu mais aimable   strié de cirrus très
légers effilochés avec un peigne fin*

*un papillon blanc inspecte les buissons musardant   comme s'il
avait l'éternité devant lui*

*et il l'a   en effet   dans la mesure où la notion d'avenir est
quelque chose qui se passe dans nos têtes*

*et parce que faire des projets est une habitude généralement
réservée aux hommes*

*malgré l'existence d'animaux qui mettent de côté et font des pro-
visions pour l'hiver*

*l'écureuil l'abeille le hamster et ces oiseaux migrateurs qui avant
de traverser les mers*

*font des réserves de graisse pour pouvoir voler pendant des jours
sans ravitaillement.*

*C'est sûrement l'été   et d'ailleurs je connais la date   nous sommes
le 5 juillet   quinze jours après le solstice et la plus courte nuit de
l'année*

   *mais je ne suis pas sûr d'être tout d'une pièce en été   ni qu'il
fasse soleil des pieds à ma tête   ni que mon corps habite en entier
la chaleur gentille de ce juillet bien tempéré.*

   *Quand je traverse mes espaces et mes terrains vagues   il y a des
zones de brume et des microclimats de froid   Il fait nuit noire dans
mes fondrières*

   il pleut à verse dans ma lande   une pluie froide de novembre

   *et je ne remonte au soleil d'été   qu'en voyant la porte s'ouvrir   et
toi   entrer.*

L'ENVERS   *6 juillet 1982*

                                                      pour Loleh

   *À l'envers de l'ombre il y a un chant
   d'oiseau   au bord d'un étang   le grand soleil d'été
   L'ombre est celle d'un frêne   il frémit imperceptible
   Le chant   la voix d'une mésange   quatre notes flûtées
   L'ombre c'est moi encore peut-être qu'elle ombrage
   Ce fut moi qui écoutais l'oiseau   Le ciel pâle
   en moi se mire dans l'eau de l'étang
   Les feuilles du frêne éparpillent leur chuchotement
   et l'herbe vive crépite de sautereaux verts*

   *Je voudrais toucher une à une chaque note du chant
   de la mésange   avec mes doigts   pour être sûr
   que ce qu'elle chante c'est   pour de vrai
   chaque note une anémone blanche   très petite
   dans l'épaisseur du sous-bois   Chaque son pur
   qui se lève et dit   C'est moi le sol mineur
   à haute enfantine irrécusable voix*

Les années autrefois étaient plus immobiles
les frênes les mésanges l'herbe les étangs
plus certains   Tout était pour de vrai
Ce qui existe a l'air d'exister moins
d'être moins sûr de son droit   ou bien
est-ce moi?

À l'envers du temps la mésange s'arrête de
chanter   l'arbre de frissonner   Je reviens sur mes pas
je te parle   tu me réponds   toi ma vie à
l'endroit de l'ombre et du temps

ma pour de vrai

BLOC
OPÉRATOIRE   *7 juillet 1982*

6 heures du matin

Venue l'heure du dépouillement. Dans tous les sens : pour
aller tout à l'heure en réanimation, après les quatre heures
d'opération, une « chemise américaine », les affaires de toilette, les lunettes, un livre (un Shakespeare que je n'aurai pas
la force de lire avant longtemps). Et, en pensée, Loleh, P.E.,
J. et A. et Roger – et autour de ce cercle essentiel, en rayon
le soleil des amis.

Au-dehors, grand soleil. Été.

« Nous allons jouer les prolongations. »

Voix du docteur Merlier, parlant avec mon autre chirurgien, le docteur Miranda : « C'est un bon cas. »

Mercredi 7 juillet

L'anesthésiste me dit que quand je me suis réveillé, l'opération à peine terminée, je me suis mis à parler. Je n'ai pas

le moindre souvenir de cela. Qui parlait pendant que je n'étais pas là? Qui était là quand j'étais encore endormi? Dans mon inquiétude de dormeur éveillé, je voulais savoir si les chirurgiens ne m'avaient pas fait la même chose qu'à Gérard. Ils ont demandé qui était ce Gérard, et ce qu'on lui avait fait. Leur ai expliqué que je pensais à Gérard Philipe qu'on opéra sans l'opérer, et à qui Anne et les médecins eurent la force de cacher la vérité. Merlier et Miranda m'ont rassuré : on avait *tout* ôté. Il paraît que je me suis calmé.

Le 8 et le 9. En réanimation

Ça ressemble à *Mash* et aux frères Marx. La première nuit plutôt comique, dans l'horrible. La seconde plutôt sérieuse, dans la dérision.

Isabelle, une jeune infirmière qui s'occupe de moi la seconde nuit, me dit qu'une des choses les plus dures, quand on travaille en réanimation, c'est le contact avec des patients qui sont *tubés.* Ils ne peuvent absolument pas communiquer. Il y a seulement leur regard. Cette jeune fille a vingt et un ans.

Après-midi du 9, retour au service normal. Retrouvé Loleh (elle était venue tous les jours). La nuit, fait un rêve qui télescope l'obstruction de mes poumons, le Liban, l'enquête actuelle du *Monde* sur le journal intime. Roger et moi, nous sommes chargés dans mon rêve de ranger et de classer tous les journaux intimes des peuples où il y a une censure : soviétique, argentin, chilien, palestinien, chinois, etc.

Cela devient petit à petit une espèce d'invasion frénétique, d'avalanche : des tonnes de papier obstruent les pièces.

Je dis à Roger : « Nous n'en viendrons jamais à bout. » Roger me dit : « Mais c'est à nous qu'ils ont confié tout ça. »

Je suis bientôt noyé sous une succession de vagues de papier. J'étouffe. Je me réveille et je crache. Et je me dis qu'il faudrait que le monde puisse cracher.

Ma voix est complètement modifiée à la suite de l'opération.

Le docteur Miranda me dit qu'elle se rétablira progressivement. Pour le moment, je m'entends comme un étranger en moi-même.

> *Est-ce ma voix? Celle d'un autre?*
> *Quelqu'un qui ne me connaît pas*
> *est à l'envers de la paroi*
> *Il marmonne et parle tout bas*
> *Il m'entend respirer et dit à mi-voix*
> *Est-ce ma voix? Celle d'un autre?*
>
> *Méfie-toi de ce bon apôtre*
> *qui prétend qu'il n'est pas toi*
> *et qui peut-être le croit*
> *car il vit sous le même toit*
> *que toi qui demandes tout bas*
> *Est-ce ma voix? Celle d'un autre?*

POST-
OPÉRATOIRE   *9 au 15 juillet 1982*

Dans mon poumon gauche qui ressemble à un quartier bombardé de Beyrouth-Ouest, quand la fumée de l'explosion s'est dissipée, il reste, encore *branché,* étiré sur ses fils, un cœur un peu grelottant. Suspendu dans le vide parmi les gravats, dans un décor à la Beckett, ce cœur manque évidemment de confiance. Il s'emballe, il cogne.

Je suis comme un wagon qui n'est pas sûr d'être encore accroché au train, ces wagons qu'on voit dans les gares de triage nocturnes passer tout seuls, poussés au départ par une locomotive qui est restée en arrière.

Je suis le passager clandestin d'un wagon de marchandises qui n'est plus accroché à aucune locomotive.

Dans leur langage essoufflé, d'une voix tremblée, mes organes protestent contre les libertés qu'on a prises avec eux.

Ma voix a tour à tour cent vingt ans, soixante ou cinquante ans.

Le courage est la façon la plus pratique de se tirer des situations où le courage est la seule façon de se tirer d'embarras (sans forcément se tirer d'affaire).

Mon cœur bat-breloque, me parle avec une petite voix de personnage de dessin animé.

Beautés de l'imbécillité : la fille de salle, mi-Cosette, mi-débile, qui me dit en réanimation : « Dans un sens, vous êtes bien ici. Au moins vous n'avez pas de moustiques. Au-dehors c'en est plein, et ça craque partout. »

Étrange « perspective » du condamné qui continue à prendre des notes sur la dernière marche de l'échafaud.

17 juillet 1982

Nuit et jour à « négocier » une place où la souffrance serait supportable. Souffle qui manque aussitôt. Mon corps entier m'est comme de trop. Pas de contrôle sur la pensée. Esprit humilié. Baudelaire : *« Le droit de s'en aller? »* Mais je ne me sentirais ce droit que si Loleh était d'accord.

Ma situation actuelle m'incline à trouver plus que jamais folle cette religion qui imagine qu'un Dieu puisse avoir l'idée de se faire homme. Mais j'accorde au christianisme le bon sens d'avoir imaginé du moins que ce dieu-fait-homme ne pouvait qu'être un supplicié.

23 juillet 1982

Transféré à Maisons-Laffitte, clinique de l'Éducation nationale.

Le surveillant chargé du contrôle des températures dans ma chaudière centrale débloque complètement (dépression nerveuse). Il est très attentif à maintenir *cool* les rapports avec la maladie, le cancer, les risques de mort. Mais toute relation affective, la plus légère, la plus « banale », me fait fondre, littéralement : fondre en larmes.

Je n'ai aucun contrôle sur mon « état liquide ».

24 juillet 1982

Opération : tumulte assourdissant, total désaisissement de soi. Comme si j'avais habité quelques heures l'intérieur d'une cloche en train de sonner.

Télescopage brutal de tous les bruits effrayants de ma vie : naissance, bombardements, combats de chars, accidents d'auto, opérations, etc.

Le docteur Miranda et le docteur Merlier, mes deux chirurgiens, se transforment en chefs de chars. Le visage du sage indien maya qu'est Miranda est remplacé par celui du commandant Fruhinszolz, le chef de mon bataillon de chars pendant la guerre. La doctoresse Marchal et Loleh en « costume de réanimation » (masque aseptique, bottes de caoutchouc blanc, blouse blanche, etc.) se mélangent à des images d'hôpitaux de campagne, d'infirmières de la Croix-Rouge militaire.

J'essaie d'exprimer ce fracas. Le contraire d'un « silence de mort » : un « tonnerre de mort » (pour rendre la vie?).

> *Maternité   Nu et gluant*
> *Le médecin m'a suspendu*
> *par les pieds   puis frappé*
> *afin que je crie afin que je pleure*
> *La bombe est tombée*
> *tellement près*
> *que le char a presque fait*

un demi-tour sur lui-même
et que je suis devenu sourd

Dans le bloc opératoire
je me suis retrouvé nu
Le chef de char
qui m'avait relevé
s'appelait Miranda.
Je lui ai dit dans mon sommeil
« Ne tire pas sur moi »
Il est devenu en riant
l'ogre masqué des histoires
celui de la légende de saint Nicolas
« Je vais te mettre au saloir »

Je me suis réveillé
en réanimation
avec le docteur Marchal
et Loleh derrière
un masque aseptique

Si je vis pensais-je
sans le dire
c'est sur un fil
J'ai eu envie de pleurer
ça ne m'a pas quitté
depuis

RÉANIMATION I   *Souvenir de la nuit*
                                        du 8 au 9 juillet 1982

À tout instant sur le point de quitter
    mon corps   je rentre et sors de
ce qui me sert de corps   Salle des pas perdus
Mon incendie du côté gauche

me brûle tant   je renonce je prends congé
Pourtant je reste sur le pas de la porte   et me retourne
vers Loleh   qui porte un masque aseptique
Mon cœur est le battant de la cloche
qui me rend sourd de nausée
Si on téléphone répondez pour moi
que je n'ai rien à répondre
que je n'y suis pour personne
et surtout pas pour moi-même
Est-ce que cela vaut la peine
d'insister? Mais ils m'ont amarré
avec des tubes   à la rive

Faites ce que vous voulez de moi
Je suis la cloche et le battant

RÉANIMATION II

à Yannick

Dans un miroir embué terni de durée   qui ne laisse émerger que
des reflets brouillés
  celui que je rencontre et qui me dévisage   celui dont les mains
collées au froid de la glace
  sont le décalque un peu différent de mes mains à la rencontre de
ses mains
  Celui qui vient vers moi   remonte du temps d'avant la parole et
d'avant la clarté des désirs
  il n'a pas d'âge et n'a pas de date   ni en amont ni en aval
  ce n'est pas tout à fait un je et pas du tout un moi
  mais dans la gelée vivante   dans le tissu encore indifférencié
  une vague et violente nébuleuse d'appels sans mots
  qui pourraient se traduire   si on avait la force   par
  « S'il vous plaît aidez-moi   tenez-moi la main je pèse si peu que
je ne sais pas où je vais
  tous mes pas sont perdus   j'habite un corps à claire-voie   quand

*je crois me rencontrer   c'est un autre qui prend ma place   un autre
qui ne sait plus parler   qui ne sait plus ce qu'il a su*

*S'il te plaît donne-moi la main   toi avec qui j'ai marché   venant
de si loin*

*et empêche-moi de pleurer   sinon je m'en irai de moi avec mes
larmes*

et il ne resterait qu'une vitre lavée d'eau

*à travers laquelle il y aurait seulement la lumière blanche d'un
matin couvert*

une pelouse verte   où courent deux merles noirs

*et le souvenir d'un étonnement aujourd'hui éteint   qui quelque
temps porta mon nom*

CORPS PERDU   *25 juillet 1982*

Ils disent que c'est mon corps qu'on m'a rendu après l'opération, juste un peu équarri. Mais je n'en suis pas sûr. Comme
dans le magasin d'habillement du régiment, quand on équipe
les bleus et leur jette au hasard une paire de treillis, une
vareuse, des godasses, une capote, et débrouillez-vous avec
ça, j'ai reçu au petit bonheur la chance un corps approximatif,
assez monstrueux, déjà déformé, un corps bien évidemment
d'occasion et usagé. Il faut que je m'en arrange.

Pourquoi dans ce tohu-bohu post-opératoire les « sentiments » prennent-ils une intensité, une valeur, un prix incom-
parable? Parce que sans doute le *je*, le *moi* ne sont que ce que
le corps qui les exprime est, rien de plus, rien de moins (j'ai
trop de liquide dans mon poumon, donc je suis angoissé-
oppressé. On me fait une ponction, retire 600 grammes de
liquide – j'ai 600 grammes de moins d'angoisse). Mais l'affec-
tivité est un échange, où en revanche je peux recevoir plus
que je ne suis capable de donner. CR + CR = CR, inexora-
blement. Mais LB + CR > CR et LB. Mal expliqué, je le
crains. Mais je vais essayer, malgré l'effrayante pesanteur molle

de mon intellect, de revenir là-dessus et de clarifier la « loi
du + et − de l'échange affectif ».

> *L'homme s'use comme une chose pourrie*
> *comme un vêtement qu'ont mangé les mites*

Job, XIV, 2

Tachycardie. C'est quelqu'un de sournois, qui s'applique à
me prendre à contre-pied, sans en avoir l'air. Il joue un rien
à contretemps, mais ce rien est taraudant, parce que insaisis-
sable, et imparable. « La paix du cœur », allez donc la chercher
quand le cœur est ce galopin, une araignée farceuse au centre
de sa toile, qui tricote sans rythme et cherche à vous « rendre
fou ».

IL FAUDRAIT
POUVOIR...   *27 juillet 1982*

> *Il faudrait pouvoir traverser des moments entiers du passé en les*
> *effleurant sans que rien pourtant en soit perdu*
>   *comme ces villages qu'on traverse à midi l'été en descendant une*
> *rivière en canoé*
>   *à fleur d'eau et parce que le lit de la rivière est encaissé*
>   *On ne voit pas tout ce qui passe et bouge et vit dans le village*
>   *seulement les enfants sur le pont qui pêchent à la ligne et disent*
> *bonjour*
>   *et les vaches à l'abreuvoir de la prairie qui relèvent la tête en*
> *laissant couler de grands fils d'eau paresseuse*
>   *ou bien la cabine rouge d'un tracteur qui cahote sur le chemin*
> *de halage*
>   *Mais on entend sonner midi au clocher de l'église*
>   *et chez le forgeron ça cogne et ça martèle pour réparer une pièce*
> *de batteuse*

Un coq fait le faraud dans le caquètement des poules qui lui
rendent hommage
    il y a quelque part dans le lointain une tronçonneuse qui attaque
des souches
    et sur la place de la Mairie le garde champêtre-cantonnier passe
l'herbe à la tondeuse.

LE MARCHAND DE
PEAUX DE LAPINS   *28 juillet 1982*

Le gitan-ramoneur-rétameur-rempailleur-marchand de peaux de
lapins, le rom dont la femme lit l'avenir dans les lignes de la main
    a mis à sécher sur des pinces à linge la vieille peau du poumon
qu'on m'a arraché
    il l'a raclée avec de la pierre il l'a soigneusement poncée et elle
devient cette chose transparente   légère   nette et parcheminée
    qui pourrait peut-être servir un jour à construire un tambour de
soleil à souvenirs
    On en joue en l'effleurant du bout des doigts avec une extrême
douceur
    pour faire remonter les échos des soupirs anciens   de rires d'au-
trefois   l'hésitation du souffle devant une merveille découverte
    la fumée d'un feu d'herbes sèches un soir de juillet dans la prairie
communale de Gondeville
    les six cent quatre-vingt-trois nuances de rouge du feuilleté de
rocs   au bord de la faille du Grand Canyon avec le coucher du
soleil
    ou le corps doré de Gladys qui sortait de la douche tiède au retour
de la plage
    s'essuyait paresseusement et restait nue sur le lit en attendant que
je la prenne.
    Un gitan qui sait jouer du tambour de soleil à souvenirs réussit
parfois sans en avoir l'air
    à faire basculer le temps à l'envers.

QUE DIT LE
TEMPS

> *Le temps chuchote à ton oreille*
> *qu'il te l'avait bien dit*

Quand l'insupportable est devenu si familier qu'on n'y prend plus garde, presque amical, quelqu'un tellement de la maison qu'on n'y fait plus attention

quand l'envie de pleurer se réveille avant toi pour être avec toi quand il fera jour

quand tu baisses les yeux pour ne voir que ce qu'il y a à tes pieds parce que tout le reste s'appelle *autrefois jamais plus never you*.

Tu n'avais pas eu dans ce siècle ta part de prison. Sois heureux que la tienne ici ne soit qu'une chambre d'hôpital, et dont la porte est ouverte.

Tu n'avais pas eu ta part de torture. Sois heureux que le mal qu'on te fait soit pour ton bien, et qu'on veuille seulement te sauver.

Bouger le moins possible, sinon tout dégringole.

Eh bien, mon ami, tu n'es pas brillant, cette nuit. La nuit porte conseil : celui de s'abandonner. Mauvais conseil.

J'essaie les pensées une à une, mais il n'y en a pas une qui ne me donne envie de sangloter.

CE QUI
RESTERAIT
À FAIRE   *29 juillet 1982*

Mourir m'aurait laissé vaguement insatisfait inquiet mécontent Comme celui qui ayant quitté la maison se fait

du souci parce qu'il a laissé tout en désordre   ouverte la
fenêtre du bureau   et si un orage survient ce sera du beau   ai-
je au moins fermé le gaz?

Il me reste pas mal à faire   Achever avec le moins de mots
possible le récit auquel je travaillais, l'histoire du vieil homme
seul   dans une maison qui attend la mort   Acheter les man-
geoires et les nichoirs pour les oiseaux que je me promets
depuis des années d'installer à Haut-Bout   Lire *Les Somnam-
bules* de Broch puisque Milan dit que c'est un chef-
d'œuvre   Apprendre avant ma fin les noms des arbres comme
j'ai appris ceux des oiseaux   Pouvoir dire c'est un tilleul un
frêne ce sont des sorbiers des oiseleurs   Me faire enfin une
opinion définitive sur la validité de la théorie de Marx sur la
plus-value (dont dépend tant de choses).

La vie pareille au moment où on va faire les commissions
et on a écrit sur un papier *Pain Viande Javel Fruits Café*   Et
avoir coché l'une après l'autre les lignes de la liste et revenir
à la maison sans avoir rien oublié.

On sait que ça ne se passe jamais comme ça, mais on peut
toujours essayer, selon le principe bien connu qu'il n'est pas
nécessaire d'espérer pour entreprendre et que *réussir* est un
mot assez léger de sens.

MORT D'UNE
CHATTE   *30 juillet 1982*

Je croyais avoir surmonté (sans l'aide des capsules « anti-
dépresseurs » qu'on m'a automatiquement assignées, et que
je balance systématiquement) la *déprime,* le château d'eau de
larmes prêtes à s'avalancher. Mais hier Suzanne, Hélène et
Loleh sont là, j'ouvre une lettre qui me semble une erreur,
un vétérinaire qui demande ses honoraires. Loleh monte plus
tard dans ma chambre, où je suis seul après la séance de
rééducation. Elle m'avoue ce qu'elle me cache depuis le 17 ;
Myrna est morte, s'est « éteinte », après une maladie à virus.

Gabrielle Rolin s'est montrée dévouée et efficace. Elle a réussi à « caser » Myrna dans une clinique vétérinaire. La chatte y est morte pendant que Loleh courait de la rue Dauphine à Maisons-Laffitte. Loleh, sur les épaules de qui pèsent depuis tant de jours trop de soucis et de responsabilités, soutient cela avec douceur et grâce. Mais moi, hélas, sous le choc de la nouvelle, mettant pourtant avec ma tête « tout en place » – la vie des hommes et la mort d'une petite chatte –, je ne parviens pas à ne pas « craquer ». Fondant en larmes, me voici secoué de sanglots – comme s'il n'y avait qu'une seule mort aux mille visages, celle des êtres humains, des bêtes. Ce qui sans doute est vrai.

Merveilleuse Loleh, inépuisables les raisons de l'aimer-admirer.

Gabrielle Rolin dit que Myrna était devenue légère comme une écharpe, qu'elle s'était retirée progressivement : « Je ne suis plus là, je pars. »

Épitaphe d'une chatte des Chartreux

Il m'a aidée à faire ce que j'étais venue faire
À vivre quand les marchands d'esclaves-bêtes avaient
fait de moi une petite déportée qui allait mourir
Il m'a aidée à boire du lait à manger du foie
à prendre des forces   à ronronner
À être dans la maison   Celle qui fait comme ça
lui plaît
et vient se coucher à tes pieds loin de toi et en te tournant le dos
et va chez la voisine voir Iris quand ça lui chante.
Il (elle) m'ont aidée à porter mettre bas et lécher
torcher élever quatre beaux petits éclatant de gaieté
Puis j'ai pris congé   Ma tâche était faite

Épitaphe II

J'étais grise, ronde, laineuse.
Ils me sauvèrent, nourrirent, caressèrent.

Aux Portes-en-Ré je marchais sur les toits.
Je mis bas, nourris et léchai
quatre chenapans à cent volts chacun.
Un jour le fil s'est cassé.
J'avais obéi à la vie.
J'ai obéi à la mort.

ANESTHÉSIE   *1ᵉʳ août 1982*

Il fait encore jour   Et tu n'as pas fini
de raconter l'histoire   Il est beaucoup trop tôt
pour aller se coucher   Aucun enfant ne dort
avant que les vers luisants soient sortis de leur trou

L'enfant qui ne veut pas dormir
s'endort sans le savoir en continuant à dire
d'une voix de plus en plus engourdie de brume
qu'il n'a pas sommeil et ne veut pas dormir
Il dort sur l'épaule qui le porte à son lit
et il entend dans la pièce à côté
les grandes personnes parler au ralenti avec des mots
qui glissent simplement les uns après les autres
comme des ondées de cloches résonnent
dans le clocher

LOG-BOOK   *3 août 1982*

J'aspire à retrouver une certaine assise d'*insensibilité*, une
« assiette », un minimum de fermeté sur quoi, enfin, me reposer. Je crois n'avoir pas fléchi entre le moment où j'ai su ce
qu'était ma maladie et l'opération. Mais depuis je me sens
comme une terre *meuble* à force d'avoir été labourée, traversée. Sables mouvants d'émotions, qui rendent instable la

démarche. Entre larmes et rires, tourbillon des nerfs. Guérir, ce sera aussi retrouver ce refuge, parfois.

Ces jours où je respire grâce au bouche-à-bouche de Loleh.

Choses tristes

Les grilles du jardin public après la fermeture.
La toute petite gare sur la grande ligne où passent en sifflant les trains sans s'arrêter sauf la micheline de 7 heures 30 et celle de 20 heures.
Le café où il n'y a qu'un seul client qui joue tout seul au baby-foot sa main droite contre sa main gauche.

5 août 1982

Science, philosophie, poésie. « Par quel bout » prendre le monde ? Ce qu'a été par exemple l'ornithologie (amateur) pour moi, le *birdwatching* depuis des années. Comme dans l'atmosphère, les diverses hauteurs et couches, un planeur « attrape » un courant, se laisse conduire par lui. Le monde-oiseau est simplement un des courants, un des réseaux qu'on peut épouser. Plaisir de l'observation, la pacifiante guette-sans-traque avec les jumelles. Les heures passées au jardin, à observer les fauvettes, mésanges, moineaux friquets, hiron-delles et, à la saison des fruits mûrs, les soûleries des grives dans les pommes... Les rochers de Belle-Ile avec les cormorans se séchant au soleil pour pouvoir replonger-pêcher quand ils seront secs. Le manège de l'huîtrier-pie. À Ré, les avocettes dans le marais, les grands vols d'oies cendrées, l'aigrette blanche. Ça c'est le côté jeu, amusant. Mais aussi, mais surtout l'appréhension des « grands rythmes », la perception de lois. Le darwinisme visible, l'« outillage » des oiseaux qui se modifie selon les modifications du milieu (ce que « racontent » la forme des becs, l'élongement du cou, etc). Les cycles de migration. Les hypothèses et expériences sur les mécanismes de l'orientation (les fauvettes tête noire et la carte céleste nocturne, le « compas dans l'œil »).

Le « tout se tient » de la nature (mais n'ayons pas la présomption de croire « tout tenir »).

*

La proximité (l'approche, croit-on) de la mort : ce pouvoir extraordinaire que donne l'absence totale de *pouvoir* (sauf celui qu'on essaie encore d'exercer sur soi).

Rencontrer de moins en moins le souffleur vif-argent embusqué dans notre coulisse, grâce auquel on fait mouche sans même avoir visé.

Dans les leçons de littérature de Nabokov : « *La beauté plus la pitié, c'est ce qui approche le plus d'une définition de l'art. Où il y a la beauté il y a la pitié, pour la simple raison que la beauté doit mourir, que la beauté meurt toujours; la manière meurt avec la matière, le monde meurt avec l'individu.* »

On ne *résout* les *problèmes* qu'en mathématiques. L'idée qu'il y ait des solutions, idée absurde. Et *une* solution, idée plus folle encore.

P. M., homme d'action, d'idées, d'affaires. Un « jeune loup », un « battant ». Plein de projets, les réalise, mène son équipe au pas de charge. « Sale caractère ». De droite, intégriste d'instinct. Il m'explique : « Je me suis fait, ou j'ai choisi, la religion " la plus bête " : la foi du charbonnier. Je ne pense pas qu'un Dieu puisse s'occuper de nous, pauvres humains. Les mystères, les miracles, difficile d'y croire. Je crois donc à tout, en bloc. Comme je suis un violent, que j'ai peur parfois de moi-même, la religion me tient et me contient. *Ma* religion... »

LE RÔDEUR
DE L'ENVERS   *6 août 1982*

*Il y a sûrement dans le profond   là où commence la nappe d'eau
noire*
   *qui communique avec la nuit des grandes profondeurs avec le
clapotis à la base de tout*
   *il y a sûrement cela   qui veille et dure et sait   cela que rien ne
peut atteindre*
   *et qui n'est ce que je suis   que comme celui qui passe et se prête
mais n'appartient à personne parce qu'il fait partie de tout.*
   *Ce n'est pas celui-là que je crains   le silencieux l'humide endor-
mi   le vivant vague et ténébreux   le renaissant de toutes les naissances*
   *Celui dont j'ai peur   attend que je m'absente   survient quand
je m'éclipse*
   *Il rôde aux lisières du sommeil   il traîne dans les absences de la
rêverie*
   Son heure et son triomphe   son lieu et son moment
   c'est l'heure blême et frileuse du milieu de la nuit
   *où n'ayant ma tête qu'à demi   le sournois peut n'en faire qu'à
sa tête à lui*
   *Il change en un tournemain   les draps de mes pensées les rem-
place par des haillons   souille mon lit de cendres et d'épluchures*
   *Le souvenir que je rêvais   la plage au clair de lune   Hammamet
autrefois un été   l'odeur des citrons verts   Le rire de Loleh parce
que Jean-Marie Serreau pourtant mort depuis dix ans dit quelque
chose de drôle*
   *Le rôdeur de l'envers me souffle   m'éteint me laissant dans le
noir   et suscite cauteleusement un cauchemar presque vrai.*

Un mois depuis l'opération. Faible encore, mais progrès.
La souffrance du côté gauche use un peu. Mais soulagé de
savoir Loleh depuis hier au pavillon Henri-IV à Saint-Germain. Elle a terriblement besoin de repos.

*

Mémoire

Le vieil homme avait une mémoire méticuleuse et exacte.
Il savait que dans le casier de droite de son secrétaire il y
avait ses lettres d'amour, des photos bien classées dans le
tiroir, ses carnets de compte à côté. Il connaissait la place
exacte de son linge dans le placard, des livres sur les rayons.
Il pouvait infailliblement indiquer à distance la place du
moindre objet lui appartenant.

Il avait seulement oublié que tout cela, et tout ce qu'il avait
possédé, avait été détruit et brûlé dans le bombardement, et
qu'il ne lui restait plus que le souvenir – et rien d'autre.

*

Cette littérature de commentateurs, interprètes, glossa-
teurs, herméneuticiens, sémiologues, si curieusement *suffisants* qu'ils finissent par croire qu'ils sont aussi les créateurs
de l'œuvre à partir de laquelle ils glosent et causent.

*

La justification du « jugement dernier », ce serait d'être le
compte qui met fin aux comptes.

*

Bruits que j'ai entendus, mais qu'on n'entend plus :
Le « ding-ding » des trams dans les rues de Paris.
Le battoir des laveuses au lavoir communal.
Les « Hue! Rrrié! Ho » du paysan à ses chevaux.
La râteleuse mécanique à foin tirée par un cheval.
Le « grand ton » des « speakers » de la « T.S.F. ».

*

9 août 1982

Progrès lents, mais sûrs. Cet après-midi, Loleh m'emmène en voiture dans le parc, du côté des écuries. « Grande » promenade à pied dans le parc, au moins une demi-heure, après la visite de Georges et Jeanne Neveux.

10 août 1982

Les tueurs de juifs, paisibles, de la rue des Rosiers. Jacques Roubaud, rentrant chez lui, en croise deux, mitraillette à la main, qui marchent simplement un peu vite, mais tranquilles.

Dans les jours que je viens de traverser, l'horreur ne manquait pas, au coin de la rue : Beyrouth écrasée, l'imbécillité terroriste partout en apothéose, le mensonge d'État roi, et jusque chez nous les inquiets tâtonnements du « socialisme à la française ». Que le mal (et sa sœur la bêtise) *soient*, comment ne pas le voir? Est-ce une débilité optimiste qui me fait pourtant garder de ces deux mois une sensation réconfortante, une « haute idée » de l'humanité? Le sentiment presque physique d'être soutenu par une chaîne d'amis, la gentillesse et la bonté de tant d'infirmières, soignants, médecins, tant de sourires au moment où on en a besoin, de mains sur l'épaule quand on va flancher, de *dons* gratuits d'inconnus, oui : je garderai de ces deux mois un des plus beaux souvenirs de ma vie. Le mal est infini. Le bien aussi.

*

L'enfer, ce n'est pas les autres : c'est le miroir qui au menteur fait douter de toute parole, au voleur craindre d'être volé, qui inspire à l'envieux l'angoisse de se voir envié par tous. L'enfer, c'est la part d'enfer qui est en nous.

*

10 août 1982

Hugo, dans *Choses vues* : « *La mélancolie, c'est le bonheur d'être triste.* »

12 août 1982

Souvenir des vols d'oies sauvages, avec leur très long cou de Boeing, dans le ciel du crépuscule, au-dessus des marais salants. Et deux avocettes dans les roseaux, leur gracieux balancement du col.

Levé très tôt, un jour clair et pâle, l'herbe durcie de gelée blanche qui craque sous les pas.

Une minuscule grenouille brune posée sur le plat d'une grande feuille de nénuphar blanc, et qui saute dans l'eau à mon approche.

Dans l'orme très grand et haut, le tout petit *raptaptap* moqueur d'un pic invisible.

La dernière couche, nappe d'eau profonde, du calme et du *tout*. Là où dans les instants d'*être* intense prenait source l'illumination (extase?). Et où doit prendre source aussi, je suppose, cette étrange paix de la mort proche comme si on avait atteint un en delà, un au-deçà de la souffrance, surmonté le brouillage des émissions de la vie, le *fading* provoqué par notre faiblesse, neutralisé la corruption par la maladie du corps encore vivant. « Tu ne deviens pas un peu *mystoc*? » me dira Jaime. Mais non : ce dont je parle est tout à fait empirique, une observation de soi froide, nulle trace de *métaphysique*.

Vendredi 13 août 1982

Cette nuit (pour la première fois depuis des semaines) me vient « une idée », le sujet d'un conte d'enfants.

Léo et sa petite sœur Léa, dont les parents travaillent, sont confiés toute la journée à la garde de leur grand-mère, Mère-Grand. Elle les aime tant et craint tant qu'elle les étouffe de prescriptions, rappels, mises en garde, tracas.

Léo et Léa ont lié amitié dans le jardin avec un merle et sa merlette, Merlibeau et Merlibelle. Ceux-ci ont six petits merlinets au nid. Ils leur apprennent à voler avec une formule magique du genre :

> *Volicour voliva*
> *Volivole et volera*
> *Vole vole vole*
> *et volijoie*

Léo et Léa essaient la formule sur Mémé Tracas. Et ça marche. Elle s'élève à cent mètres, elle croit que sa vue baisse de plus en plus, mais ne se rend pas compte qu'elle « lévite ». Léo et Léa jouissent d'une paix bien gagnée. Jusqu'au jour où ils oublient de redescendre Mémé Tracas avant le retour des parents. Ceux-ci, médusés, découvrent en arrivant la vieille dame à bonne altitude dans le ciel, en train de tricoter paisiblement.

Vendredi 13 août 1982

Une de ces journées où je me sens «remonter». Loleh m'emmène en voiture à Saint-Germain, me fait visiter le pavillon Henri-IV où elle séjourne, et sa jolie chambre. Bonheur de la savoir au calme, dans ce décor gracieux, après tant de dures semaines. Nous allons nous promener sur l'admirable terrasse.

14 août 1982

Visite de Roger, le fidèle, et de Yannick. Mal à respirer.

UNE CERTAINE
DIFFICULTÉ
D'ÊTRE   *14 août 1982, nuit*

Chien et loup

J'étais absent de moi   un nuage étonné
Un passant pas très sûr d'être vraiment quelqu'un
Quelquefois j'hésitais sur le pas de la porte
Si on m'avait poussé j'aurais franchi le pas

Quelquefois j'étais là   Parfois j'étais ailleurs
Je ne savais pas où   Je dormais sans dormir
présent les yeux fermés   absent les yeux ouverts
j'habitais en sursis dans l'entre-chien-et-loup

Tenté   J'étais tenté de ne plus résister
Je serais bien sorti comme on quitte une pièce
où il y a tant de monde que ça ne se voit pas
Mais tu tenais ma main   Tu disais   Je suis là
J'ouvrais les yeux   Le jour   Ma vie   Toi   Oui

Et tu fermais la porte qui donne sur le noir

15 août 1982

L'infirmière de nuit. Espagnole, de Galice. Beau visage, cheveux gris, cinquante ans. A souffert jeune d'être maigre, laide (dit-elle!), pauvre. Honte de ses bras et jambes trop «allumettes». Partie de chez elle à treize ans. New York. Venezuela. Son mari la quitte au moment où elle espérait une vie plus aisée, calme. Désormais seule. Deux filles, vingt-quatre et vingt-six ans, très gentilles avec elle. Mais, dit-elle, les hommes et les femmes sont fait pour être deux. Leurs amis, tous des couples, s'écartent insensiblement d'elle. Sa vieille mère, quatre-vingt-douze ans, lui donne peu ou pas de tendresse. Elle a reçu de l'argent de sa fille toute sa vie comme s'il venait d'une riche, trouvant cela tout naturel. La maison que la fille possédait en Galice n'est plus sa maison. Ici, elle travaille la nuit. Ce qui la coupe un peu plus de la vie, de la société. L'accule à la solitude.

Courage et dignité. Mais en effet si solitaire...

Ne se *plaint* pas. Mais, à mi-voix, parle de l'«autre vie», la vraie vie qu'elle aurait souhaité avoir.

16 août 1982

Quitté à 11 heures la clinique de Maisons-Laffitte. Loleh m'attendait (depuis combien de temps?) dans la rue à la sortie du taxi. Monté très très lentement, mais finalement sans trop d'encombre, les étages. Plaisir de retrouver sa maison, ses affaires, son trou...

Loleh a « emprunté » le chaton de Myrna qui était en pension dans un appartement vide de la rue, où la concierge le nourrissait en attendant le retour de sa maîtresse. Loleh va faire faire un rappel de vaccin à la bestiole chez le bon docteur Nienat. Elle rencontre une cliente qui a des petits chats à donner, la dernière portée de sa chatte. Parmi lesquels une petite chatte noire de deux mois, exactement ce dont j'avais envie. Nous voyons là un « signe » à ne pas enfreindre et Una, minuscule puce noire, entre en ronronnant dans la famille.

Là-dessus, pour tout simplifier, bien sûr, l'autre chaton est pris d'éternuements violents. Loleh passe une mauvaise nuit à se faire de la bile pour notre « chaterie ». Pendant que je dors dix heures...

17 au 25 août 1982

Progrès lents. Sorties. Été chez Gallimard, au *Nouvel Obs.* Promenades un peu plus longues dans Paris. Hauts et bas respiratoires. État nerveux toujours plutôt « friable ». Difficulté à travailler (écrit « pour voir » un petit article).

Les chats (guéris depuis belle lurette, après la peur qu'ils nous ont faite) se sont révélés charmants. Una est une compagne de sommeil très « tranquillisante ». Joue des heures avec le fils de Myrna, délicieux chaton. L'imite et le suit, la queue raide, sur le sentier de la guerre et dans les expéditions. La petite sœur éperdue d'admiration pour le « grand ».

25 août 1982

Presque tout était devenu si peu important qu'existant à peine. J'étais comme celui qui, ayant laissé s'ouvrir par mégarde son balluchon pendant qu'il traverse le gué, regarde l'eau emporter ce qu'il possédait, sans même faire un geste pour en retenir quelque chose.

Tenir la main de Loleh, la sentir dans la mienne. Elle était le cœur du cœur de la paix.

Ramené à l'humilité d'être simplement vivant. L'orgueil humaniste d'appeler les humains des « mortels ». L'escargot, la guêpe, le hérisson seraient-ils des éternels?

Non pas privé d'émotions, ni insensible. Mais les émotions condensées en une seule vibration lente (comme si le son d'un verre de cristal heurté s'écoutait lui-même s'éteindre).

La douleur de Loleh troublait ce qui en moi était déjà détaché. Compris le sens profond du mot *attachement :* comme les amarres qui retiennent au vivre.

Dans les yeux du chat le ciel au couchant.

Je m'étais préparé à mourir. On dirait que, pour le moment, je suis sauvé. Il faudra donc tout recommencer.

Je me dois d'avoir bonne vue et bien-veillance pendant cette *prolongation* qu'on m'a accordée.

UN RÊVE   *25 août 1982*

> *Le balancier de l'horloge en hiver*
> *compte les pas de mon sommeil*
> *Il fait nuit dans la maison*
> *il est midi   juin dans mon rêve*
>
> *L'enfant qui grimpe au cerisier*
> *entend à travers le feuillage*
> *le souffle du vieil homme qu'il sera*
> *et le tricot du balancier*

Dans le noir de l'oreiller
le dormeur soixante ans plus tard
entend le gamin qui froisse les branches
et les cerises tomber sur l'herbe

27 août 1982

Message de Jeanne Neveux : « Georges est mort. » Un peu poussé-forcé par Jeanne, après m'avoir trois ou quatre fois annoncé sa visite, il était venu me voir à la clinique de Maisons-Laffitte. Il s'est trouvé mal le jour de son quatre-vingt-deuxième anniversaire. Mort le lendemain, sans souffrance. C'était pour moi, depuis 1941, un personnage des comédies de Shakespeare, enfant, clown, égoïste et capricieux, d'une originalité d'esprit et d'une bizarrerie extrêmes. Un « exquis » poète (exquis et trop mal connu, ces temps-ci) et un ami, imprévisible et sûr à la fois.

Les tireurs visent posément, avec des fusils à lunette, une cible après l'autre.

LE JARDIN
PERDU   *27 août 1982*

Il est venu un jardin cette nuit
qui n'avait plus d'adresse
un peu triste il tenait poliment
ses racines à la main
Pourriez-vous me donner
un jardin où j'aurais
le droit d'être jardin?
Il faudrait arroser mes laitues
et un mur ayant bu beaucoup de soleil
pour mûrir mes poires en espalier

Deux carrés pour mes asperges
et des plates-bandes de fraisiers
Si vous aviez la bonté
de mettre aussi un vieux figuier
pour donner de l'ombre
et beaucoup d'arbres fruitiers
pour les saisons de confitures
N'oubliez pas un puits profond
et un jet d'eau à volonté
C'est une vie qui n'est pas une vie
que d'être un jardin égaré
qui n'existe qu'en souvenir
et ne sait plus où fleurir.

LIGNE
DE VIE   *28 août 1982*

Les mots à l'encre sympathique
les paroles en silence que les flocons
écrivent sur les labours et les chaumes
quand la neige commence à tomber
et que les étourneaux tourbillonnent
en sens inverse des flocons
dans la lumière blême du crépuscule d'hiver
les messages chiffrés rédigés blanc sur blanc
     qui saura les traduire
     avant le lever du jour?
Il neige sur la campagne jusqu'à l'horizon
Il neige sur les lignes de ma main
Il neige sur les poteaux indicateurs
Sais-tu comment on va à la Croix des Vents par le chemin des bois?
Sais-tu comment s'achève ma ligne de vie?

Demande au corbeau freux
de traduire s'il peut

le texte écrit par le réseau des chemins du temps
où l'on enfonce dans la neige
et les graffitis cachés dans les lignes de ma main.

Le corbeau dessine à l'encre de Chine
sur le blanc plus blanc que blanc
le caractère chinois qui signifie
(en trois traits de pinceau et deux points)
Dur-Désir-de-Vol-aigu-porté-par-deux-ailes-coupantes
et quand il a posé sur la neige
le sceau de son signe
              le corbeau s'envole

Avant qu'on ait passé le rouleau
dans les labours
les mottes de terre femelles
ont épousé exactement la forme
des socs mâles de la multi-charrue
(exactement le même luisant d'acier)

Demande à la terre en vagues froides régulières
de traduire ce que le ying *dit au* yang
et la lame dure à la terre grasse

et ce que toi *dit à* moi
quand nous ne disons rien
seulement
              tu *es* là
                   et je   *avec toi*

CELUI QUI...   *29 août 1982*

   Celui qui sans rien dire attend tous les jours que le facteur
apporte une lettre   qui n'a jamais été postée

Celui qui ne dort pas la nuit et voudrait retrouver le prénom de la jeune fille rousse au bord de la mer il y a quarante-cinq ans   mais le nom se dérobe

Celui qui a planté à l'automne une passiflore Mariquita qui devrait éclore au printemps   mais il ne sait pas que l'homme de journée en bêchant l'a arrachée avec les mauvaises herbes

Celui qui a besoin d'aide et fait obstinément le même numéro sur le cadran du téléphone   sans s'apercevoir qu'il se trompe d'un chiffre   ni savoir que l'appartement est vide où sonne le faux numéro qu'il compose

Celui qui croit en un Dieu   mais ce Dieu se tait et ne répond pas aux questions

Celui qui est   attend   espère   est déçu.

MORT DE
V. G.   *30 août 1982*

F. me téléphone. Victor Garcia est mort à l'hôpital. J'avais lié amitié avec Victor en 1968, en travaillant avec Peter Brook et lui sur un projet que Mai interrompt, et que Peter et Victor allèrent poursuivre à Londres. Garcia avait des accès de génie du spectacle et des traversées d'angoisse, de drogue, de vacillement profond. Il m'avait mobilisé ensuite pour travailler avec lui à un *Gilgamesh* (qu'il réalisa plus tard... en langue arabe). Mais, après un mois de travail entrecoupé de fugues, la dépression de Victor fit naufrager l'entreprise. Il s'enfuit à Barcelone, laissant en détresse l'équipe et en plan le Festival d'Automne, qui « produisait » le spectacle.

Victor était tout petit, entre l'enfant et le nain. Quand il grelottait de froid, j'avais envie de le prendre dans les mains, comme un oiseau qu'on voudrait réchauffer.

Souvenir de V. G.

L'oiseau de liberté qui chantait plus pur que les autres

l'oiseau qui dans la cage refusait les barreaux
l'oiseau fou qui se cogne aux vitres durement
captif des mains   avant qu'on le relâche
il a peur et courage   il bat des ailes il se débat

Quelqu'un dans la pièce les volets clos
à côté de la chambre où sont allumés les cierges
a peut-être parlé à voix basse toute la nuit
à celui qui n'est plus là   ne se débat plus
parlé longtemps   parlé tout bas   (n'a plus de
larmes
pour pleurer)

À l'heure où la lumière baisse
il a fallu dans la maison rallumer les lampes
L'heure où on aurait voulu dire
Reste encore un moment avec nous
Mais à quoi bon?   Les mains
se sont ouvertes   et sans bruit l'oiseau fou
s'est envolé dans le noir et perdu

LA MALADIE
A-T-ELLE SES RAISONS
QUE LA RAISON
PEUT CONNAÎTRE?

Les théories de *causalité* des maladies reflètent successivement les conceptions culturelles de l'époque : la maladie châtiment divin, dans les sociétés dominées par le sacré religieux; – la maladie malédiction, sort jeté, résultat du « mauvais œil » dans les sociétés archaïques sous l'emprise du *chaman* ou du sorcier; – la maladie faute sociologique, contamination microbienne par négligence et absence de soin, dans les sociétés « sociologiques », etc.

Je suis le contemporain de la théorie issue de Freud, que Groddeck et les psychosomaticiens ont formulée : la maladie

résultat d'un conflit intérieur qui n'a été ni élucidé ni surmonté. C'est cette théorie que Susan Sontag a attaquée violemment quand elle a été atteinte elle-même du cancer : ajouter au poids de la maladie celui de la culpabilité du malade
lui semble absurde.

Les causes organiques ou mécaniques n'expliquent pourtant
pas tout : j'ai été atteint d'un cancer du poumon *parce que* j'ai
trop fumé une grande partie de ma vie. Exact. Mais *pourquoi*
ai-je trop fumé? Pourquoi ai-je été habité de cette nervosité
qui ne trouvait de palliatif que dans la fumée-poison?

Hypothèse de travail : quelle est la plus constante contra-
diction que j'aie nourrie en moi au cours de ma vie? Quel est
le plus obsédant déchirement qui m'ait habité?

Ce n'est, me semble-t-il, ni d'ordre psychologique, familial
ou sexuel. Non que je me sente ou croie exempt du lot
commun : inconscient, refoulement et retour du refoulé,
œdipe, culpabilité, etc. Mais j'ai vécu aussi, et je vis encore,
un écartèlement proprement *historique*. Écartèlement qui m'a
investi, obsédé, rongé, usé, jusqu'au cancer inclus.

Écartèlement entre deux évidences.

L'évidence qu'il existe sur la terre des millions d'êtres à
qui on vole leur vie, leur temps, à qui on prend une livre de
chair chaque jour. Le *sang des pauvres* coule sans cesse.

L'évidence aussi que le système social qui prétendait porter
remède à ce malheur fondamental s'est révélé une imposture,
un remède équivalent au mal qu'il assurait guérir, et souvent
pire.

Le remords que je ressens encore d'avoir été communiste,
non seulement pendant l'occupation et la Résistance (ce que
je ne regrette pas), mais pendant dix ans au-delà. Le remords
d'avoir encouragé, soutenu et fait avancer dans la limite de
mes moyens l'oppression totalitaire. Ce remords coexiste avec
l'amertume que je ressens à constater tous les jours la fructueuse poursuite du travail des voleurs de vie, des voleurs de
destins.

Au nom de l'existence de ceux-ci, les derniers défenseurs
du communisme continuent à nier, impavides, que le système

généralement établi dans le « camp socialiste » n'est qu'une variante souvent plus cruelle de l'exploitation de l'homme par l'homme. S'ils concèdent l'existence de bavures, d'arriérations, de fautes, etc., ils parient néanmoins sur l'évolution du système qui, d'après eux, devrait finir par porter, dans un avenir indéterminé, des fruits délicieux. Ils ne semblent pas avoir aperçu la logique inéluctable qui conduit du principe du parti unique et du groupe dirigeant d'« avant-garde », se renouvelant par cooptation, à la dictature de quelques-uns, à la terreur, à la planification centrale, à la pénurie et au gouvernement par la police.

Oui, je confesse ma naïveté et ma bêtise. Il y a presque une quarantaine d'années que je ne suis jamais tout à fait dans mon assiette, que je perds la boussole, file un mauvais coton, ronge mon frein, me fais de la bile et un sang d'encre, me ronge les sangs et me fabrique patiemment une belle tumeur cancéreuse, parce que Marx nous a clairement fait voir qu'on vole aux pauvres leur sang et que Lénine a cru pouvoir en déduire qu'une dictature des « meilleurs » et la suppression radicale de toute démocratie résoudrait la question.

Bien entendu, mon organisme a heureusement produit des anticorps et des défenses. L'amour, la poésie, l'amitié, les oiseaux, les chats, la nature et l'art (qui est avec l'amour le plus court chemin d'un homme à l'autre) m'ont empêché de périr aussi vite que beaucoup de mes compagnons, étranglés par ce dilemme. Mais j'en porterai jusqu'à ma fin les cicatrices.

CARNET EN
CHEMIN   *Jeudi 2 septembre 1982*

Comme la météo annonce un beau temps d'été pour ce week-end, décidons d'aller à Haut-Bout, pour la première fois depuis ma maladie. Joie de retrouver la maison, le jardin plus que jamais embroussaillé, et nos voisins du village. Le temps, en effet, est radieux. Yannick avec nous.

Vendredi 3 septembre 1982

Journée « glorieuse » de soleil et d'activités. Je me sens
« ressuscité ». Loleh va à la piscine.

Samedi 4 septembre 1982

Je paie sans doute un peu d'excès. Souffle très court, péni-
blement entravé, fatigue. Reste allongé au jardin sur le lit de
toile orange pour la plage.

Vendredi 10 septembre 1982

Séance de « cadrage » en vue des rayons, à la Salpêtrière.
La petite assistante qui travaille avec le docteur Catach. Elle
dessine sur ma poitrine des repères, en tirant la langue comme
quand un enfant s'applique. J'ai le sentiment d'être devenu
le cahier sur lequel elle fait son devoir.

Retourné le soir à Haut-Bout. Dîner avec Aurélien.

Samedi 11 septembre 1982

Été de la Saint-Martin à Haut-bout.

Angelus Silesius :

> *Ich weiss nicht was ich bin, Ich bin nicht was ich weiss :*
> *Ein Ding und nit ein Ding; Ein Stüpffchin und ein Kreis.*

(Je ne sais pas ce que je suis, je ne suis pas ce que je sais :
une chose sans être une chose, un point et un cercle.)

*

« Je ne cesse de m'étonner, je m'étonne de cesser », application
quotidienne de la formule d'Angelus Silesius.

*

Le très vieux Fontenelle qui dit : *« Il est temps que je m'en
aille : je commence à voir les choses comme elles sont. »*

Première séance de cobalt. Premier Comité de lecture Gallimard de la rentrée. Ému d'être là, avec les amis, dans les
gestes et les travaux familiers, que j'ai cru ne jamais revivre...

*

Picasso
     Quand Fargue, en train de déjeuner au *Catalan* avec Picasso,
est frappé par une attaque, son visage brusquement déformé
et coincé, Pablo s'écrie : « Qu'est-ce qui t'arrive? Ta figure
n'est plus dans le calque! »

*

17-18 septembre 1982

Week-end à Haut-Bout, grand été. Déjeuner chez Domi-
nique le dimanche. Una apprend l'usage de la chatière (et me
rend enragé, sortant par là pour aller miauler sur mon balcon,
qu'elle escalade par la glycine).
     Cet objet que possédait Paul Éluard rue de La Chapelle :

une tête de mort en bronze, avec un déclic; on ouvrait une petite porte et il y avait à l'intérieur une pendulette. Comment disent les maximes de cadran solaire? « Chaque minute tue. »

Journées coupées par la séance de rayons cobalt quotidiens à quatorze heures. Week-end de soleil et chaleur à Haut-Bout. La merveilleuse Loleh, ensemblière de dîners amicaux à mon chevet pour ne pas me laisser à la morosité solitaire : Élisa et Minouche, J. B. et Brigitte, les Broyelle retrouvés, Angelo, Jean-François, Roger, Hector, Sonia...

Fatigue, échardes de douleurs fulgurantes dans l'ex-poumon. Sentiment que les rayons « mettent à vif » l'écorchure intérieure.

*

Je flâne dans Hugo. Deux admirables vers sur la mort :

> *Le dur faucheur avec sa large lame avance*
> *Pensif et pas à pas vers le reste du blé.*

La même simplicité que dans ces deux autres vers :

> *Je suis comme celui qui, s'étant attardé,*
> *Attend sur le chemin que la voiture passe.*

*

Fin de la seconde semaine de rayons. Rituel quotidien du taxi vers l'hôpital. S'étendre, torse nu, sous la bombe à cobalt, qui vous « grille » de face, de dos et de côté. Fatigue qui croît. Vagues nausées. Petites décharges électriques et coups de stylet dans l'ancien poumon. Et, si souvent, le souffle qui me manque.

J'essaie de continuer à réfléchir. D'entreprendre, sinon un vrai travail créateur, du moins la rédaction de quelques articles (écrit un petit essai sur *L'Art de la retouche*, forme moderne d'art gouvernemental, les tyrans d'aujourd'hui faisant retoucher les photos du passé pour mieux s'approprier l'Histoire, et un autre sur Orwell – deux sujets liés, après tout).

L'ennui des maladies, de la souffrance, même aussi limitée (somme toute), que celle que je ressens, c'est que ça n'élève pas l'âme ni n'enseigne rien à l'esprit. Mon corps se rappelle à moi avec une insistance butée. Il est affaibli (envie de pleurer), ce que le médicament qu'on m'a prescrit pour me « redonner des forces » (?) appelle dans son prospectus *« l'excitabilité neuromusculaire »*. On devient obsédé par sa physiologie, rétréci et limité, dépendant de petites malformations ou de pannes, irritable et mesquin. Le peu d'ouverture d'esprit, de générosité de cœur, de curiosité utile que j'ai pu acquérir, c'est dans et par la santé, dans l'indifférence à mon corps ou dans l'intérêt porté à son plaisir. J'ai été heureux et j'ai pu rendre parfois les autres heureux, non pas dans la « spiritualisation » qu'amèneraient la douleur ou les épreuves, mais dans le bonheur de me porter bien : qui bien se porte, bien se comporte. Le mal apprend à supporter le mal? Bien sûr. Mais si la patience se change en résignation, est-ce un progrès? La sérénité est enviable, mais la résignation, pouah!

*

On entend dire constamment que ce qui unit Juifs et Arabes, c'est leur divinité commune, le Dieu d'Abraham et de Jacob. C'est comme si on disait que ce qui unit Abel et Caïn, c'est leur père commun. Mais Dieu ne réunit pas le peuple de l'Ancien Testament et celui du Coran, puisqu'il a la maladresse d'élire *un* peuple et d'écarter l'autre.

*

« Qui aime la vérité hait Dieu et les dieux », dit Schopenhauer. Mais pourquoi *haïr* ce à quoi on ne *croit* pas? Inutile déperdition d'être et de forces.

*

Émile Cerquant est venu me visiter en rêve, comme il était de son vivant, solitaire la nuit devant les printings des télex, dans la salle de rédaction de *France-Soir*. Toute la nuit, seule sa lampe était allumée au-dessus de sa bouteille de rhum. Dans mon rêve il venait à moi et m'expliquait que la vie est sans importance. Ce que je sais. Mais pourquoi Cerquant, de tous les vivants que j'ai rencontrés?

*

Je n'oserais dire à personne, sinon à Loleh, que depuis ma maladie je vis une des périodes les plus heureuses de ma vie. Malgré le délabrement physique dont je sors lentement, malgré le gâchis nerveux dont j'émerge. Pourquoi cet étrange bonheur? Parce que l'amour de Loleh éclaire ma vie d'une lumière calme, et que je suis en paix avec moi-même depuis ce « travail du deuil-dans-la-vie » que j'ai dû faire pour me préparer à mourir. Douleur-joie.

*

Est-ce insolence, défi – ou simple sagesse? Le duc de Charost, raconte le bourreau Sanson dans ses *Mémoires*, lit un livre en allant à la guillotine. Avant qu'on lui lie les mains, il corne la page où il a arrêté sa lecture.

*

Le héros intellectuel le plus répandu de notre temps n'est probablement ni Tocqueville, ni Vico, ni Marx, mais l'Homme à la Cloche de Lewis Carroll, celui qui répète, dans *la Chasse au Snark : « Ce que je vous ai dit trois fois est vrai. »*

La littérature à l'estomac dont parlait Julien Gracq a proliféré dans tous les domaines : politique à l'estomac, philosophie à l'estomac, n'importe qui peut désormais écrire et dire n'importe quoi n'importe quand. La seule règle du jeu étant de parler haut, de crier très fort et de faire taire les autres. On ne se sert plus du langage comme d'un moyen de communication, mais comme d'un tam-tam. Les mots ne sont plus des signes, mais des pétards. Les faits importent peu : seul l'effet compte.

Le brouillamini verbal ambiant et la bouillie idéologique, qui sont la chose la mieux partagée de l'époque, nous ont donné constamment de superbes « son et lumière » de la confusion. Partout, on hurle pour ne rien dire et bavarde pour tout mélanger.

Il est vrai que l'emploi des mots à contresens, à sens flasque, sens dessus dessous ou sans la moindre trace de sens, ne date pas de la dernière pluie de bombes ou de l'ultime déluge de contrevérités premières. On sait que les jurons, le vocabulaire érotique et le jargon idéologico-politique s'usent lorsqu'on s'en sert. Si on veut être grossier, il faut être de plus en plus *gros*. Ennuyer quelqu'un, dans les années 30, c'était le faire suer. Aujourd'hui, c'est le faire déféquer. La gauche traitait hier ses adversaires de *réactionnaires*. Il faut maintenant frapper plus fort : *fasciste* apparaît déjà un peu faiblard. Le doux Roland Barthes nous a appris que la grammaire elle-même est fasciste. Le « fascisme quotidien » des feux rouges, du sens giratoire et des interdictions de stationner a considérablement affaibli l'impact du terme *fascisme*. Agacé par les railleries d'un quotidien, le bon Roger Hanin a même expliqué au *Figaro-Magazine*, benoîtement tout oreilles, que *Libération* est un journal *« fasciste »*.

L'habitude de l'inflation verbale ne date pas d'hier. *Révolution* a désigné autrefois les quelques moments véritablement fatidiques où les portes de l'Histoire ont tourné sur leurs gonds. Le mot est aujourd'hui devenu aussi creux que les réalités qu'il désigne. On parle indifféremment de la révolution des *jeans*, de la révolution bureaucratique ou du Parti révolutionnaire institutionnel *(sic)* du Mexique. Quant aux révolutions « politiques », elles exténuent les simulacres de la Grande Révolution de 89. L'Iran a pris pour modèles Fouquier-Tinville et Carrier. En Albanie, où la nouvelle de la mort de Staline n'a pas encore été annoncée au peuple, Enver Hodja se croit sa réincarnation. La Roumanie est aux mains d'un paranoïaque. En Corée du Nord, le despote essaie d'établir un nouveau modèle de monarchie « socialiste » en faisant lui succéder son fils sur le trône.

Pourtant, imperturbables comme des canards au cou coupé qui poursuivent leur marche, le dernier carré des bavards occidentaux continue à employer le mot *révolution* à tort, à travers et à l'envers. Il est vrai qu'en politique comme au théâtre le *contre-emploi* peut faire son petit effet. On n'a pas oublié la célèbre trouvaille du rédacteur en chef de *L'Humanité* à la télévision, traitant Jean-François Revel de *« stalinien »*.

Le poids des mots devient vite celui des plumes au vent. Qui ne connaît plus le sens des mots a beau parler beaucoup, il ne parle de rien.

AUTRE
RÊVE   *11 septembre 1982*

Tard dans la nuit j'ai frappé longtemps à la porte obscure
Là-haut derrière les persiennes une lumière a filtré

Puis des pas descendirent l'escalier
Les verrous ont grincé l'un après l'autre
la clef a tourné en claquant trois fois dans la serrure
Celle qui est venue tenait une lampe à la main
et de l'autre main serrait sur sa poitrine
un grand châle de laine noire
que j'ai reconnu
comme j'ai reconnu les cheveux blancs dénoués

Entre m'a-t-elle dit   Tu connais ta chambre
Le lit est fait depuis toujours   Si les draps
sont froids tu es jeune encore tu les réchaufferas
Prends une lampe sur la console   Allume-la
Monte sans faire de bruit   Je fermerai la porte
Je vais pouvoir enfin me reposer un peu
Je rêve que je dors et je dors d'être morte
Tu sais que je suis morte depuis quarante ans
mais je t'ai attendu pour m'endormir vraiment

Et quand je m'éveillai   la maison était vide

L'OR DE
L'AUTOMNE   *12 septembre 1982*

Cinq brèves

1

Perlée d'eau claire   au petit jour
la toile de l'araignée épeire
ordonnée en prélude et fugue
tissée en réflexion majeure

2

Ricochets dans la nuit noire
éclairs de chaleur

3

Le jour était sûrement levé depuis longtemps
mais quand j'ai ouvert les volets
la brume très blanche et claire
était à la fenêtre et me léchait la main

4

Ces journées de lumière vive
l'or de septembre
On a prolongé mon visa

5

J'ai reçu des nouvelles de la gelée blanche
de l'hiver prochain
d'une vague en train de retomber en mousse
sur le sable de Ré
et du héron cendré dans le marais salant
qui ne se souvient plus de moi

POUR NE PAS
SE PRENDRE
TROP AU
SÉRIEUX   *16 septembre 1982*

Adagio un poco
metafisico

Cette façon sérieuse et ponctuelle
(avec des accrocs, parfois, mais enfin...)
qui caractérise le cœur des mammifères
pompant sans discuter le sang dans la machine

en suis-je vraiment digne   capable de
l'égaler   de la prendre pour modèle?
Et la précession des équinoxes
les mouvements des galaxies
les particules élémentaires   les
trous noirs et   en mathématique
la Théorie des catastrophes
comment oserais-je m'immiscer
dans ce micmac cosmique
prétendre être pris en considération
en regard de ces événements
tellement plus considérables?
Considérables   certes   Mais tout dépend
de qui les considère? *Je ne*
suis   je le concède   qu'un ciron
peu sérieux   un humain assez usagé
rescapé de la traversée de plusieurs rues
à grande circulation   de plusieurs guerres   de
pas mal de bévues   pneumonies   cancers
sans compter le temps irrémédiablement
perdu en divertissements stupides
et en formalités bureaucratiques
Mais selon le principe connu qu'un chat
regarde bien un évêque   je ne me
lasse pas de regarder les cœurs fonctionner
les équinoxes précesser   les particules
se mouvoir   les galaxies aussi   de lorgner le trou des
trous noirs, et d'écouter René Thom développer
la Théorie des catastrophes   Je ne dis
pas que l'univers tient un grand compte
de l'existence précaire de Claude Roy
mais moi je considère l'univers
et cela fait passer le temps.

RECOMMANDER

Stephen Spender me raconta un jour qu'étant allé voir son ami Cyril Connoly, qui se mourait à l'hôpital, les deux hommes parlèrent « de choses et d'autres » pendant une heure. Spender allait partir. Sur le pas de la porte, Connoly le rappelle et lui murmure à l'oreille : « *Stephen, I do not recommend dying...* » (« Stephen, je ne recommande absolument pas la mort... »)

AUTOMNAGE   *1ᵉʳ octobre 1982*

> *Le vent d'automne caracole dans les éclaircies*
> *impatient d'enfourcher la grande pluie d'octobre*
> *qui ne se décide pourtant pas à tomber*
> *Les arbres du verger et ceux de la forêt*
> *sont encore très verts pour l'arrière-saison*
> *Juste ici et là une morsure de rouille*
> *ou bien une tache de sang vif sur une feuille étonnée*
>
> *Odeur calme des pommes que le vent a secouées*
> *Une noix qui craque dans l'herbe sous le pas*
> *Dès qu'on tourne le dos une bande de grives*
> *vient piquer dans les fruits tombés dans l'herbe*
> *et un vol erratique de vanneaux huppés*
> *cherche des vers dans les labours avant de reprendre*
> *sa route vers le sud*
>   *J'écoute le vent qui chevauche le vent*
> *J'écoute bouger les branches   Je regarde les nuages de pluie*
> *jouer à cache-cache avec les embellies de soleil*
> *Je sens l'odeur acide et crue des pommes couleur ocre*
> *Je regarde les grives draines se gorger de fruits*
> *et je me demande sans pouvoir le leur demander*

où s'en vont les vols de vanneaux quand ils lèvent
le camp

Le moine tibétain Milarepa
qui savait pourtant la vanité de l'illusion
célébrait (pendant qu'il était là)
la joyeuse diversité des voies   des apparences
et l'heureuse variété de tout ce qui semble être
là   et nous abuse en ayant l'air
d'exister

                    Chaque matin ouvrir les yeux   je te parle
tu me parles   caresser la chatte noire contente que
ses maîtres soient là   le parfum du café frais passé
une grappe de raisin noir sur une assiette blanche
Tu me souris   Il n'y a rien d'autre à demander
et seulement se dire   merci d'être là
J'aimerais pourtant (mais je le dis tout bas)
voir encore une fois l'herbe rejaillir   piquée d'iris bleu
les hirondelles de retour   déjà au travail sous la poutre
pour rebâtir leur nid   toujours au même endroit
et que tu dises   en même temps que moi
« Tiens, le coucou... »
                         Si c'est trop demander
le moine Milarepa lui même   détaché de tout
fait pourtant l'éloge de la diversité des apparences
et parmi les choses dont il avoue se réjouir
il y a   douce à l'oreille   la chanson du coucou
avec ses deux notes en trébuchet qui nous
font dire   toi et moi   d'un seul mouvement
(ah j'aimerais bien que cet instant se retrouve au printemps)
« Tiens, le coucou »

Comme d'habitude, l'employé-derrière-le-guichet, qui tamponne les papiers, n'a pas précisé jusqu'à quand mon permis de séjour est prolongé. Mais il semble l'être. J'ai beau avoir le souffle court et parfois coincé, ressentir ces mille et une douleurs dans le dos et dans la poitrine, qu'il faut bien trouver très supportables, ma ressource de forces a beau se tarir vite, j'ai beau sentir une de mes épaules jouer à saute-mouton, plus haute que l'autre, les médecins ont pourtant tenu leur promesse précise : « Assurer au patient une survie de qualité acceptable. » « Avez-vous repris une vie normale? » me demande-t-on parfois. J'hésite toujours à répondre. Une vie *normale*, qu'est-ce que c'est? Tant de vies ne sont vécues comme *normales* que par la faible force de l'habitude : on se fait à tout, notamment à se défaire.

Ce qui me paraît « anormal » après la succesion de coups de grisou, d'éboulis, d'explosions et de nécessaires désastres chirurgicaux qui m'ont secoué (et laissé en partie invalide), c'est de me sentir dans une zone de silence et de tranquillité, où je ne m'attendais pas à me trouver. Il m'est arrivé, au cours de ma vie, d'être investi, sans l'avoir cherché, par ces *états* qui semblent nous inonder d'un sourire muet de l'Être, nous placer en surplomb enjoué de nous-même et de tout, en suspens du temps, dans la grâce imméritée d'une accalmie souveraine. Rien de tel aujourd'hui : aucun ravissement ne me ravit. Mais simplement (ah, certes, ce n'est pas si *simple!*), une paix silencieuse. Comme si toute peur, toute angoisse, tout désir de se défendre-et-d'attaquer avaient cédé la place à une confiance sans questions, à un accord sans abandon. Dans ce crépuscule inconfortable de mon corps abîmé, je ne me sens ni vaincu, ni résigné, ni croyant, ni immortel de quelque immortalité que ce soit. D'où vient ce *oui* que, malgré tout, je prononce à voix basse, tout entier?

MORALE ET
TEMPS   *6 octobre 1982*

Le mot « morale » désigne généralement un ensemble de règles communément reçues (des dieux, de Dieu, des pouvoirs, de l'impératif catégorique, etc.). Je préférerais définir la morale comme la nécessité dans un temps compté, et dans la vie unique des habitants d'un seul corps, de choisir un *emploi du temps*. Êtres finis, n'ayant pas la possibilité de *tout* faire, ce que nous faisons à chaque instant est le résultat d'un choix : la croisée des chemins est à chaque pas du chemin, même quand nulle route ne semble le croiser.

Bien entendu, le critère du *temps compté* ne permet de fonder aucune *valeur*, ni de trancher entre le bien et le mal. De même que nous avons, situés dans l'oreille interne, le sens de l'équilibre et celui de l'orientation, j'incline à croire que tous les hommes ont le sens inné du bien et du mal. Mon optimisme philosophique empirique repose sur la certitude où je suis que personne ne fait le mal en pensant que c'est le bien. Avec l'exception (de taille) des bonnes intentions qui pavent l'enfer, de ce mal que l'on sème en croyant « bien faire », de ces bonnes actions qui ont des conséquences néfastes – et imprévues. Plus du quart de l'humanité « socialiste » vit actuellement dans un enfer dont l'accès a été pavé pendant des années des plus généreuses intentions du monde.

ÉCONOMIE   *7 octobre 1982*

À l'hôpital, revenant à la vie, petit pas après petit pas, je me promettais, si un sursis m'était accordé, de ne plus gâcher une seule minute du temps qui me serait accordé. De ne plus jamais rien accepter ou choisir qui soit ennui, vanité, gaspillage, politesse creuse, gentillesse prodigue et dilapidatrice. Le temps qu'on me rendrait, si on me le rendait, ah, ne pas en perdre un instant!

Il est vrai qu'ayant moins de ressources, de forces et d'endurance, j'écarte nécessairement beaucoup de choses qui encombraient ma vie. Ne plus répondre aux lettres des fâcheux, ne plus recevoir les chronophages, dévoreurs du temps d'autrui, ne plus feindre de s'intéresser à l'inintéressant, jeter vite au panier les questionnaires imbéciles, les circulaires inutiles, les invitations stupides – quel repos!

Rire de la lettre aigre du romancier dépité auquel on a dit que vous étiez guéri, qui vous a croisé dans la rue, et qui s'indigne que vous n'ayez pas consacré un grand article à son livre.

Mais je découvre ce que je savais déjà : c'est mourir avant l'heure que de faire des économies de vie. Le bonheur (du moins le mien), ce n'est pas de gagner du temps : c'est de savoir le perdre. Pouvoir écouter patiemment la longue confidence d'un inconnu bavard. Se mettre en retard de son propre travail pour donner un coup de main ou d'esprit à quelqu'un qui en a besoin. Donner impulsivement l'objet qu'on aimait bien à quelqu'un à qui ça fait plus plaisir de l'avoir qu'à vous. Et (aussi) prendre son temps, muser dans l'air du temps, traîner gaiement, bayer aux corneilles (oiseaux charmants, d'ailleurs, dont je ne sais pourquoi les ignorants prétendent qu'ils « croassent », corneilles joueuses dont on a grand tort de dire du mal, voltigeurs joyeux qu'on calomnie trop aisément).

Dans la biologie-physique-et-chimie de l'être humain, une saine économie, c'est de ne pas faire d'économies. Calculer sa dépense est un mauvais calcul. Qui craint de se dépenser se tarit.

J'ai vu vivre et vieillir un couple où, vers la trentaine, le mari fut atteint d'une fausse angine de poitrine, ou de l'un de ces maux sans gravité que noue dans le corps une conjuration des nerfs, du surmenage et de l'inquiétude. Tombés dans les mains d'un médecin à système fanatique, ils gouvernèrent désormais leur vie selon les règles strictes d'une comptabilité de l'énergie vitale : dépenser le moins possible ses forces, donner et se donner le moins, et, plutôt que de brûler la chandelle par les deux bouts, l'éteindre la plupart du temps. Le « malade » passa donc pendant trente ans au lit la plupart des journées. Comme, après cela, il vivait toujours, mais si peu, il en conclut que le traitement d'« économies vitales » de son médecin-gourou l'avait guéri. Ayant perdu l'habitude de toute activité, sinon la plus restreinte et la plus immédiatement nécessaire à la vie, détournés de tout exercice et mouvement, ayant réduit à presque rien les relations humaines, par peur de la fatigue que peut donner autrui, satisfaits de s'entraider et s'entre-parler sans guère d'autres commerce ni relations, égoïstes à deux autant que craintifs aux contacts, les époux vécurent très vieux une vie à peine vécue, une longue somnolence effarée, obsédée par la balance des comptes, le *doit* de ce que l'on donne et l'*avoir* de ce que l'on thésaurise. Parvenus au-delà de quatre-vingts ans, ils se félicitaient des résultats éclatants de leur système d'économie vitale : cette longévité leur apparaissait la preuve du bien-fondé de leur pari sur une vie avaricieuse mais prolongée. J'avais toujours en les retrouvant l'impression d'une horrible erreur de calcul : cœur qui bat vraiment ne tient pas de comptes. Cœur qui calcule trop ralentit trop : au lieu de vivre, il survit.

Non, je ne ferai pas de ce qui me reste encore à vivre, au jour le jour, de ce contrat renouvelable chaque matin par tacite reconduction, une entreprise bien organisée, aux bilans raisonnablement balancés. J'essaierai de terminer les tâches que je m'étais assignées, de dire (ou répéter) ce que j'ai eu l'illusion de croire important ou utile de dire et de « faire passer ». J'essaierai de donner le plus de bonheur possible, et de paix, à ceux que j'aime et qui m'aiment. Je tâcherai d'accomplir jusqu'au bout, le mieux possible, mes « devoirs d'état », ces fonctions de dégustateur de manuscrits, de conseiller et de journaliste, qui m'ont donné parfois de très grandes joies, celle de « découvrir » un être et un talent, ou celle d'aider une œuvre à s'accomplir ou à être connue. Mais je refuse de soumettre le temps qui me reste à vivre aux critères de l'utile-inutile, du doit-avoir, du donnant-donnant. Dans la vie quotidienne, j'ai toujours trouvé atroce la pratique si répandue de l'échange de bons procédés, du « je te passe le sel, passe-moi le sucre ». Parce que me voilà, fort sainement, un peu plus conscient d'être mortel, davantage oiseau pensant perché sur un roseau penchant, et menacé à tout moment de rompre, je ne vais pas maintenant demander au destin de me « renvoyer l'ascenseur », ni m'appliquer à être « bien sage » afin de gagner des jours de plus à vivre, comme le bon élève « fayote » pour gagner des bons points.

Je m'étonne de ceux qui, dans mes âges, ont besoin, pour oublier l'ombre qui avance, d'honneurs, de commissions, de décorations, d'académies et de guignolades. Le bruit ayant dû courir que j'allais « casser ma pipe », un officiel bien intentionné m'a offert l'autre jour une rosette. Je me suis amusé à répondre (avec un rien de sotte jactance-insolence) que la seule décoration que je n'ai pas eu à solliciter me suffit : une croix de guerre avec citation à l'ordre du bataillon.

Est-ce que les hochets, les grandeurs font rempart au néant ? Je croirais plutôt qu'ils y poussent. Plus on se sent acculé au rien, plus on est tenté de *meubler* le vide par du « décoratif ».

L'AMITIÉ
AUTOUR
DU MONDE   *2 novembre 1982*

En entrant à l'hôpital Marie-Lannelongue, ma mémoire, effilochée par les circonstances, était en quête d'une citation grecque exacte. De qui est, comment se formule exactement la phrase célèbre sur l'amitié et sa ronde autour de la terre, qui dansait, incomplète, dans ma tête? Je mis en chasse Jacques Lacarrière et Bruno Marcenac. Deux télégrammes arrivèrent presque ensemble dans ma chambre de clinique : « *L'amitié danse autour du monde nous criant à tous de nous éveiller au bonheur   Stop Signé Épicure.* »

Non, qu'on ne me dise pas que c'est une pensée archaïque, une foi obscure et sans fondement dans la *magie* qui me donne cette certitude : pendant tout le temps où les médecins ont comploté afin de me tirer sur le rivage, *au sec*, en demi-sécurité pour encore un temps, j'ai été comme soutenu par des dizaines de mains amicales, par la ronde de l'amitié, par des voix qui me criaient de rester éveillé à la vie, au bonheur d'être ensemble. Tant pis si la comparaison paraît saugrenue : je me sentais pareil au léger guéridon que la chaîne des mains tressée autour de lui soulève au-dessus du sol. Non que l'esprit de l'au-delà vienne habiter le bois, mais parce que les doigts liés sans le sentir soulèvent sans le savoir le meuble. Le désir de vivre qui habite tous les humains se condensait bénéfiquement sur moi. Chacun redoutant sa propre mort tentait par l'esprit d'écarter la mienne. Spinoza a très bien expliqué le phénomène : « *C'est lorsque chaque homme cherche avant tout l'utile qui est sien*, dit-il dans l'Éthique, *que les hommes sont le plus utiles les uns aux autres... Car plus chacun cherche l'utile qui est sien et s'efforce de se conserver, plus grande est la puissance dont il est doué...* »

Je me trouvais ainsi le bénéficiaire d'une conjuration spontanée de veillances et de bienveillances. Elle s'exprimait par des messages, des visites, des lettres, des cadeaux, de grands vols de signes de vie qui bruissaient autour de mon lit d'hôpital. Il y avait un chaleureux ébranlement de l'espace de ma chambre de malade, des vibrations multiples d'ondes bénéfiques. Pendant les pires jours et nuits de l'épreuve qu'il fallut traverser, tandis que je sentais mon corps soumis à l'équarrissage de la chirurgie, mes organes mutilés, une détresse mortifère et des larmes impossibles à maîtriser envahir mon sac de peau, obscurcir ma pensée et pleuvoir sur mes sentiments, dans la proche coulisse un chœur fraternel m'exhortait à *tenir*. Je ressentais physiquement l'élan d'affection de Paul-Emmanuel ou de Jaime, mes enfants pourtant absents ce matin-là. Une pensée de Paul Sebag, qui était à Carthage, me donnait la force de faire un pas de plus. J'étais soutenu par l'attention d'Hector, au loin, et d'Angelo, au large. Je me sentais *gardé* par Nadine ou Dolores, par Jean-François et Rosemonde, par Robert et Janine et Renée. Il y avait des voix au téléphone ou dans la chambre, Roger, Yannick, Odette. Mais les voix au loin n'étaient pas moins proches, de cette évidente « communion des saints ». J'ai repensé souvent, pendant ces jours, aux deux films de Yannick qui me sont les plus chers, *Quelque part quelqu'un* et *Jamais plus toujours.* Yannick a su y suggérer avec une force discrète la chaîne invisible des vivants et des morts.

Je sentais en moi coexister la double situation qui se joue dans la grande scène de la prison du *Trouvère* de Verdi. Éléonore et Manrique pleurent la mort imminente de celui-ci, tandis que dans le lointain, avec une douceur d'ailes qui battent lentement, le chœur chante la paix miséricordieuse refusée aux amants, mais qui leur est pourtant promise quand ils auront surmonté l'épreuve.

Il y avait dans ma vie le hourvari du bloc opératoire, ma carcasse dépecée pour en arracher le mal, l'horreur du tumulte et du sang. Et tout autour, au-dessus de cette marche au supplice, le don inattendu d'un calme extrême, le lisse et frais de la mer en miroir, dans la douceur d'un beau soleil levant.

Toute magie est de l'esprit, mais, blanche ou noire, la magie en effet *fonctionne*. Ceux qui te veulent du bien te le font. Ceux qui te veulent du mal te le donnent. Autour du foyer central de Loleh, tout entière concentrée sur ma vie, la constellation de l'amitié a rempli son office, assistant le travail des médecins, soutenant l'effort des soignants, et me défendant contre le grand repos de l'abandon, contre la tentation de me laisser glisser. Je riais de l'espèce de fureur aimante qu'Ariane apportait, juste avant l'opération, à m'exhorter à « lutter », à « me battre ». Cette *furia* militaire, ce vocabulaire guerrier me touchaient en me faisant sourire. Mais Ariane avait raison, et Groddeck aussi, à sa manière : on ne meurt que lorsqu'on le veut bien. Et ce ne peut être qu'*au nom des autres* que le désir de vivre persiste : l'homme absolument seul est probablement absolument indifférent à *to be or not to be*.

L'AUTOMNE
À MARRAKECH   *Marrakech, novembre 1982*

J'ai du mal à m'accoutumer aux brutaux franchissements de siècles, à l'avion Paris-Marrakech qui conduit du XXᵉ au XIVᵉ siècle, à ce que nos « serviteurs » me baisent la main le matin en arrivant, à ce que notre voisin immédiat du *derb* vive avec huit enfants dans un taudis sans eau courante pendant que la fontaine chante dans notre patio. Le « temps des assassins » rend rares aujourd'hui les pays peu sanguinaires. À Moscou ou Ankara, à Kaboul ou Pretoria, à Prague ou Buenos Aires, le sang est à peine sec ou encore frais. Ici, il n'a pas eu le temps de sécher. Le roi, de l'affaire Ben Barka à la mort du général Oufkir, est devenu « respectable », à l'usure. On prépare près de chez nous le palais qui va accueillir en visite officielle François Mitterrand. Il sera salué à son arrivée par deux ou trois des tortionnaires et assassins de Ben Barka, dont le général Dlimi (*Note de 1983 :* il semble que Dlimi ait disparu avant d'avoir pu souhaiter la bienvenue au président de la République). Sur la place Djemaa-el-Fna, entre les charmeurs de serpents et les montreurs de mangoustes, les riches homosexuels européens cherchent (et trouvent) la chair fraîche.

Ni Nadjib, le gentil Scapin qui s'est institué le majordome de notre demeure, ni son père Si Brahim, ni Rabea la cuisinière ne savent quel peut être le nom de cet oiseau tout noir au bec plus clair que celui du merle, qui vole en bandes de centaines de piailleurs au-dessus du patio et des cours voisines. J'aurai du mal à identifier enfin, inconnu en France, du moins en Ile-de-France, l'étourneau unicolore, *sturnus unicolor.*

Il y a pourtant deux moments délicieux de la vie dans notre *derb*. Le premier, c'est la prière des muezzins à la fin de la nuit, que nous montons écouter sur la terrasse. Tout autour de nous, des minarets dispersés à tous les points de l'horizon, monte l'appel qui ira *crescendo,* dans une sorte d'émulation liturgique – comme si les voix rivalisaient entre elles pour contraindre le jour à se lever.

Avant le coucher du soleil, les grands palmiers engoncés de paille sèche mal taillée, qui se dressent à côté de notre terrasse dans les cours des anciens palais du Glaoui, sont l'objectif des bandes d'étourneaux qui cherchent un dortoir pour la nuit. Les escadrilles d'oiseaux noirs montent et plongent, virent et glissent, dessinant de grandes nuées élastiques, les virages et les piqués de centaines d'ailes accordées, un incessant mouvement brownien, dans la vive lumière du couchant, passant du battement d'ailes au vol plané, éparpillant le groupe comme une volée de graines noires jetée à pleines mains, puis le reconcentrant. Peu à peu les étourneaux se coulent dans les failles de la végétation morte, le long du tronc des palmiers. Ceux-ci résorbent progressivement la foule jacassière. Un bavardage volubile s'exhale des grands arbres. Les retardataires tournoient, vont d'une niche à l'autre, se font chasser aux cris de « C'est complet ici! », repartent. La nuit tombe. Il n'y a plus que deux ou trois hurluberlus qui n'ont pas encore une chambre pour la nuit. Ils se faufilent enfin à leur tour dans une cache. Le silence se fait. Les grands palmiers chenus couvent leur cargaison d'ailes. Les étourneaux dorment. Le muezzin les réveillera demain.

LES COURTES
JOURNÉES   *Le Haut-Bout, 15 décembre 1980*

Envie de me faire hiver, d'être l'équivalent humain d'une journée courte. Dormir jusqu'au lever tardif du jour, dormir déjà quand la nuit est tombée. Flotter.

Vais-je me *blaser* d'être « encore là »? Non. Je m'étonne en sourdine d'exister toujours. (Et la douleur persistante, là où fut mon poumon, me rappelle le prix dont est payée cette *prolongation*.)

Dans le jour griseux et brumé, le *tiatia* des grives litornes et les *cra-cra-cra* des freux sur les emblavures et les guérets — c'est à peu près tout pour le monde des ailes. Où sont les mésanges, les vanneaux huppés, les accenteurs mouchetés que j'observais encore il y a quelques semaines?

Bien moins proches qu'à Marrakech, et moins noirs, les étourneaux nouent et dénouent des écheveaux d'ailes qui tournoient dans le ciel bas de plafond.

Les « tout-petits » sont là, furtivement. Un troglodyte court sur le sol du jardin comme une souris rousse. Le rouge-gorge vient sur l'appui de la fenêtre chercher des miettes, gonfle son jabot et lance un trille qui prévient tout autre rouge-gorge qu'il vaut mieux ne pas empiéter sur son territoire.

Dans la bibliothèque d'en face, je cherche un exemplaire relié du *Journal de guerre* de Romain Rolland. Un loir l'a creusé en forme de sarcophage capitonné de poussière de papier et dort du sommeil hivernal, gracieux et froid – vivant. Laissons-le dormir. Romain Rolland comprendra.

Notre nouvelle compagne, la petite chatte, Una-la-Noirpiaude, découvre avec ivresse la vie à la campagne. Elle abandonne le pied de mon lit, où ma convalescence s'attarde.

Elle expérimente avec jubilation la double chatière métallique anglaise, orgueil du *pet department* d'Harrod's. Et comme je me demandais où sont passés les oiseaux, comment ils supportent l'hiver, elle rentre en faisant joyeusement claquer les portes battantes de métal et vient déposer fièrement sur mon lit, encore tiède, déjà mort, un rien de sang sur le jabot jaune soufre, un tarin des aulnes. Puis elle ronronne et demande mes félicitations.

C'est la vie – donc la mort.

LE RÊVE DU
LABYRINTHE   *Paris, 20 décembre 1982*

J'ai vu revenir depuis des mois l'obstiné rêve rusé, son théâtre multiforme, une vieille connaissance, le rêve du labyrinthe. Il prend depuis l'enfance bien des masques. Il présente de faux papiers, déguise sa voix et travestit sa forme. Il est un carrefour dans la forêt où je suis égaré, ou les interminables couloirs d'une aléatoire correspondance, dans un métro où on ne parle que le hongrois. C'est un croisement dans une ville inconnue où l'horizon amène par bouffées (mais de quel côté?) des rafales de guerre civile. Il est bifurcation, fourche, croisée des chemins. Il fut cet été (mais je n'ai pas rêvé) le docteur Merlier qui ouvrait trois chemins possibles : « Étant donné la situation et la forme de votre tumeur... » Il fut (mais ce n'était pas non plus un rêve) cette route au Mexique sur la droite, la route qui coupait l'isthme de Tehuantepec vers le Pacifique, mille kilomètres au lieu des trois mille que représentait le long détour. Mais la route courte était-elle franchissable en pleine saison des pluies? Notre petite Renault avait-elle un empattement suffisant? Les pistes n'étaient-elles pas déjà coupées par les inondations? Au carrefour, les rares voyageurs mexicains que nous interrogions au passage étaient évasifs. Loleh murmura : « Si nous avions vingt ans, on tenterait le coup. » Nous décidâmes donc d'avoir vingt ans. La frêle voiture franchit des torrents à gué, traversa la jungle qui déjà exsudait de la boue, changeant les pistes en fondrières. Nous rêvâmes pendant dix heures du Pacifique, mot magique. Fourbus au volant, nous nous voyions déjà plongeant dans une mer lapis-lazuli, ourlée de plages blondes. Nous aperçûmes enfin le Pacifique au loin. La plage de Salina Cruz était de sable noir et d'ordures, entre la barre, un rouleau assassin et l'égout épandeur, son odeur de latrines. C'était ça, ce soir-là, le Pacifique. Mais, dix heures plus tôt, à la croisée des chemins, nous avions pourtant joué et gagné.

Il ne s'agit plus de jouer, maintenant. Faut-il être joué?

À dix ans, je suis descendu avec un camarade de classe (je le reconnais dans mon souvenir, c'est Gabriel Arout) dans les souterrains du lycée Montaigne. Nous avions très peur. Peur de nous tromper de chemin, peur d'être surpris par le « surgé ». On a le Minotaure qu'on peut. Un demi-siècle plus tard (Arout est mort l'an dernier), mon Minotaure habite toujours le bureau encaustiqué qui ouvre sur le péristyle d'entrée : « Surveillant Général. » On ne donnerait pas son âge à la peur de la mort.

Le rêve du labyrinthe remonte d'ailleurs plus haut, plus loin, bien avant la « vie scolaire ». Ce rêve qui n'est pas un rêve, c'est celui de l'enfant qui ne veut pas se coucher, qui ne veut pas s'endormir. L'enfant qui dit *encore*, qui répète *non, non*, qui supplie *pas maintenant*. L'enfant qui ne veut pas fermer les yeux. Je perds pied cependant, je cède, et le marchand de sable, ayant fait son travail, s'en va, silencieux, les pieds nus étouffés dans le noir des sables de la nuit. Alors mon père me prend dans ses bras et m'emporte le long du couloir jusqu'à ma chambre. Je ne peux pas résister, mais je sais qu'on m'éloigne de la pièce où la vie est encore vivante, la pièce dans la lumière ronde de la lampe et le bruit amical des paroles. On m'emporte, et je voudrais tellement revenir.

Ici commence le rêve du labyrinthe. L'homme déjà bien usagé que je suis devenu fait encore souvent le même rêve. Quand j'étais tout petit, c'était un rêve si fort que parfois il cessait d'être un rêve. Je me levais, endormi, quasi somnambule, en chemise de nuit et pieds nus, et j'entreprenais le seul voyage que nous ne nous découragerons jamais d'entreprendre, et au terme duquel nous n'arriverons sans doute jamais, ou peut-être trop tard, ailleurs que dans le temps : le voyage du grand retour. Au bout du corridor, après l'angle à l'extrémité du labyrinthe, d'où vient le reflet atténué de la lampe, j'entends les grandes personnes. Elles parlent une langue étrangère avec les mots de tous les jours, amortis par la brume de sommeil et par la distance. Les mots ordinaires sont devenus aussi mystérieux que les dialogues d'un film japonais sans sous-titres. Mais la fine oreille de Maman a entendu mes pieds floc-floquer nus sur le parquet du couloir. Elle survient. *Veux-tu aller vite te recoucher.* Je me blottis contre elle. Elle me borde, elle éteint à nouveau. La seule façon maintenant de *revenir*, ce sera de rêver que je reviens dans l'incertitude et l'angoisse du labyrinthe. Je m'y retrouve aujourd'hui encore de temps à autre, avançant à tâtons, croyant apercevoir la lumière de la pièce où bavardent les grandes personnes qui m'aiment – et qui pourtant m'ont exilé. Les grandes personnes sont d'ailleurs mortes depuis longtemps, mais elles poursuivent dans mon sommeil leur conversation familière, son bourdonnement lointain. Si je me trompe au carrefour, au lieu d'arriver dans la sécurité de la chambre heureuse et chaude, je déboucherai dans la caverne noire où respire, dans une odeur d'étable mauvaise, le muffle obscur de la bête à demi homme. Ou bien je tomberai, remuant son trousseau de clefs et chaussé de semelles de crêpe, sur le terrible surveillant général. « Roy et Aroutchef, huit heures de retenue... en attendant la décision du Conseil de discipline. »

Les labyrinthes du rêve, les vrais labyrinthes, je me doute bien de ce dont ils sont l'image et la projection : le labyrinthe du dedans, le dédale intérieur d'artères, de veines, de capillaires, de neurones, le réseau des voies aériennes et le tableau électrique du système nerveux. Quelque part à un de mes croisements, au profond du sac de peau, j'ai dû, à un moment donné, hésiter, me laisser distraire puis méduser. J'ai dû prendre la mauvaise direction et laisser entrer le mal...

J'ai gardé le jeu de l'oie de ma vieille tante Blanche, qui doit dater du Second Empire, avec ses personnages à barbiche ou en crinoline. La notice jaunie imprimée sur le couvercle de la boîte annonce que ce jeu « *éducatif et distrayant* » « *enseigne aux présomptueux que celui qui veut aller trop vite et trop loin est bien souvent contraint de revenir sur ses pas* ». Ah, j'ai dû plusieurs fois revenir sur mes pas! Pas seulement en jouant jadis au jeu de l'oie ou à la marelle, pas seulement dans les labyrinthes du sommeil, mais aussi dans le labyrinthe de la vie. Les Chinois pensent que les méchants démons peuvent seulement marcher droit devant eux. Cela permet de les tenir à distance en interposant entre eux et nous, à l'entrée des pièces, ces écrans brise-démons sur lesquels les sottes créatures, qui ne savent ni se détourner, ni revenir sur leurs pas, vont buter et se perdre.

J'ai parcouru dans le monde plusieurs de ces labyrinthes plus ou moins ruinés qui sont le théâtre symbolique de nos destins. Dans le boyau rusé et étranglé qui conduit à la salle du sarcophage de la pyramide de Khéops, les touristes qui rampent ou se courbent dans le tunnel, plaisantent grassement, pour exorciser l'angoisse. Les labyrinthes des pyramides mexicaines sont en général obstrués depuis des siècles. La grotte de Lascaux est maintenant fermée aux visiteurs. À Stra, près de Venise, dans les jardins de la Villa Pisani, le labyrinthe de feuillages est le seul labyrinthe où l'on puisse s'engager sans inquiétude : il est pour moi l'image de ce qu'il faudrait obtenir. Le dédale de buissons bien taillés est dominé en son centre par une tour-observatoire au sommet de laquelle conduit un escalier de fer forgé en spirale. À la fin du parcours (facilité, il faut le dire, par l'entrevision fréquente de la tour) on escalade enfin celle-ci. Du haut du belvédère, on peut déchiffrer à loisir le tracé des chemins de verdure qu'on a crus inextricables. Pareil à Dédale, qui dans *L'Énéide* « *débrouille les ruses et les détours* » du labyrinthe, on crie gaiement à ceux qui sont encore égarés dans les prémices du parcours de tourner à droite, et puis ensuite à gauche, afin de nous rejoindre enfin, délivrés du réseau rusé.

Celui qui, ayant lentement appris à s'élever au-dessus du labyrinthe, en a compris la clef, en a déjoué les stratagèmes, n'en redoute plus les pièges, parce qu'il a trouvé le chemin et gagné le centre du dédale.

Mais l'illusion, c'est sans doute qu'il y ait un centre et que la fin soit d'*arriver.* Le centre du labyrinthe n'est qu'au centre de toi. Tu y seras parvenu quand tu sauras que le jeu qui te joue-déjoue est un grand jeu de pas perdus. En t'éloignant de toi tu ne fais que chercher le cœur du centre – où tu es déjà.

J'AI BIEN
LE TEMPS   *Noël 1982*

J'ai peu de souffle   et peu de force   et moins d'élan
Mais je ne me presse plus   J'ai bien le temps d'attendre
Depuis qu'il se fait tard   j'ai du temps devant moi

Je suis comme celui qui a fait sa journée
et réfléchit   assis   les mains à plat sur les genoux
aux choses qu'il veut faire   et fera   en leur temps

si la source du temps lui compte encore des jours

Œuvres de Claude Roy (suite).

Documentaires

CLEFS POUR L'AMÉRIQUE, 1949.

CLEFS POUR LA CHINE, 1953.

LE JOURNAL DES VOYAGES, 1960.

LA FRANCE DE PROFIL, 1952 (La Guilde du Livre).

LA CHINE DANS UN MIROIR, 1953 (La Guilde du Livre).

Descriptions critiques

DESCRIPTIONS CRITIQUES, 1950.

LE COMMERCE DES CLASSIQUES, 1953.

L'AMOUR DE LA PEINTURE, 1955.

L'AMOUR DU THÉÂTRE, 1956.

LA MAIN HEUREUSE, 1957.

L'HOMME EN QUESTION, 1960.

LIRE MARIVAUX, 1947 (À la Baconnière).

ARAGON, 1945 (Éd. Seghers).

SUPERVIELLE, 1964 (Éd. Seghers).

STENDHAL PAR LUI-MÊME, 1952 (Le Seuil).

JEAN VILAR, 1968 (Seghers).

Essais

DÉFENSE DE LA LITTÉRATURE, 1968.

MOI JE, 1969 (Édition Folio, 1978).

NOUS, 1972.

SOMME TOUTE, 1976.

LES CHERCHEURS DE DIEUX, 1981.

Théâtre

LE CHARIOT DE TERRE CUITE, 1969.

En collaboration avec Anne Philipe

GÉRARD PHILIPE, 1960.

Livres d'enfants

LA FAMILLE QUATRE CENTS COUPS, texte et collages, 1954 (Club Français du Livre).

C'EST LE BOUQUET, 1964 (Delpire).

LA MAISON QUI S'ENVOLE, collection Folio-Junior, 1977.

PROVERBES PAR TOUS LES BOUTS, collection Enfantimages, 1980.

LE CHAT QUI PARLAIT MALGRÉ LUI, collection Folio-Junior, 1982.

LES ANIMAUX TRÈS SAGACES, collection Folio-Junior, 1983.

Clefs pour l'Art

ARTS SAUVAGES, 1959 (Delpire).

ARTS FANTASTIQUES, 1961 (Delpire).

ARTS BAROQUES, 1963 (Delpire).

ARTS PREMIERS, 1967 (Delpire).

*Composé et achevé d'imprimer
par l'Imprimerie Floch
à Mayenne, le 11 janvier 1984.
Dépôt légal : janvier 1984.
1er dépôt légal : septembre 1983.
Numéro d'imprimeur : 21557.*

ISBN 2-07-070031-3 / Imprimé en France